Im Mai 1998 jährte sich die Gründung Israels zum 50. Mal. Ruhe war dem Staat der Juden in diesem Jahrhundert eigentlich nie beschieden, und es scheint, als werde dies auch in den nächsten Monaten und Jahren so bleiben. Die außenpolitische Dauerkrise hat sicherlich auch mit der Gründungsgeschichte Israels zu tun.

David Ben Gurion, der legendäre erste Ministerpräsident des Staates Israel, hat 1969 seine Memoiren vorgelegt, auf deutsch erschienen sie erstmals 1973. Jetzt liegen die spannenden Kapitel über die Staatsgründung erneut vor. Es handelt sich mittlerweile im doppelten Sinne um eine erstklassige Quelle: Ben Gurion erzählt aus erster Hand von den dramatischen Ereignissen der jüdischen Einwanderung, der Staatsgründung und dem Unabhängigkeitskrieg 1948/49. Und wie er dies tut, erhellt den Lesern, wie die Zionisten dachten und was sie wahrnahmen von den angestammten Bewohnern Palästinas.

Damit Ben Gurions Erinnerungen auch heutigen Lesern von Nutzen sein können, hat Joachim Schlör die Texte ediert, ein Glossar angelegt und ein Nachwort verfaßt.

David Ben Gurion, 1886 als David Grün im polnischen Płońsk geboren und 1973 in Tel Aviv gestorben, ging als früher Zionist bereits 1906 nach Palästina und organisierte in den folgenden Jahrzehnten den Landkauf durch jüdische Einwanderer sowie die jüdische Einwanderung. Von 1948–1953 und von 1955–1963 war er Ministerpräsident Israels.

Unsere Adressen im Internet: www.fischerverlage.de
www.hochschule.fischerverlage.de

David Ben Gurion

Israel
Der Staatsgründer erinnert sich

Aus dem Hebräischen von Moshe Tavor

Ediert und mit einem Nachwort versehen
von Joachim Schlör

Fischer Taschenbuch Verlag

Lektorat: Oliver Thomas Domzalski

3. Auflage: Februar 2010

Veröffentlicht im Fischer Taschenbuch Verlag,
einem Unternehmen der S. Fischer Verlag GmbH,
Frankfurt am Main, April 1998

Redaktion: Joachim Schlör
Gesamtherstellung: CPI – Clausen & Bosse, Leck
Printed in Germany
ISBN 978-3-596-13935-4

Inhalt

Editorische Notiz

Der vorliegende Text umfaßt die Einleitung sowie die Kapitel zwei, drei und vier des zuerst 1969 in hebräischer Sprache, dann 1973 im S. Fischer Verlag in deutscher Sprache erschienenen, von Moshe Tavor übersetzten und herausgegebenen Buchs *Israel. Die Geschichte eines Staates* von David Ben Gurion. Im Mittelpunkt dieser gekürzten Version steht die Zeit unmittelbar vor und nach der Gründung des Staates Israel im Mai 1948.

Die ursprünglich im Text enthaltenen Fußnoten wurden in ein (erweitertes) Glossar und ein Register von Orten und Personen überführt. Begriffe, die im Glossar erläutert wurden, sind im Text mit einem * oder *kursiv* gekennzeichnet.

Um den Dokument-Charakter des Textes zu erhalten, wurden sprachliche Eigenheiten der Übersetzung weitgehend belassen und im Bedarfsfall im Nachwort erläutert.

Joachim Schlör

Die Besonderheit des Staates Israel
und sein Auftrag

Das jüdische Volk ist nicht nur eine nationale und politische Einheit, es ist darüber hinaus Träger eines geistig-sittlichen Willens und wird, seitdem es auf der Bühne der Geschichte erschien, von einer historischen Vision inspiriert. Man kann die jüdische Geschichte, den Existenzkampf des jüdischen Volkes, seine Standhaftigkeit während aller Epochen und in allen Ländern sowohl in den Zeiten, da es im eigenen Land verwurzelt und mehr oder minder souverän war, als auch in den Perioden seiner Zerstreuung und der Wanderschaft nicht verstehen, wenn man die geistige und ideologische Einzigartigkeit des jüdischen Volkes und seine zähe Verbissenheit nicht erkennt. Es geht nicht nur um den physischen, wirtschaftlichen, politischen und militärischen Existenzkampf. Immer wieder bietet sich uns das Bild eines geistigen, moralischen und ideologischen Ringens, in dem das jüdische Volk auf die Bewährungsprobe gestellt wurde. So blieb es bis zum heutigen Tage, und so wird es wohl auch in der Zukunft bleiben, bis zur Erfüllung der Vision am Ende der Tage.

Eine physische Tatsache drückt unserer Geschichte den Stempel auf, und aus ihr ergaben sich in der Vergangenheit und in der Gegenwart mannigfache Folgen: Wir waren stets – und sind auch heute noch – ein kleines Volk. »Denn Ihr seid die wenigsten unter allen Völkern« (Deuteronomium 7,7), sagte Moses seinem Volke und verlangte deshalb von ihm, es müsse ein »Auserwähltes Volk« sein, ein Volk, das in Treue zu seinen geistigen Werten steht. Es ist unser Schicksal, daran kann nicht gezweifelt werden, immer ein kleines Volk zu bleiben. Nur durch Wahrung unserer geistigen Vorzüge können wir bestehen.

In früheren Tagen waren Ägypten und Babylon unsere Nachbarn. Beide Völker übertrafen Israel nicht nur an Zahl, in ihren Reichtümern, in ihrer militärischen Macht und in der Ausdehnung ihrer Herrschaftsbereiche, sondern auch auf manchen geistigen Gebieten und in ihren wissenschaftlichen Einsichten.

Die Vorstellungen von Ägypten, die wir aus den Büchern »Genesis« und »Exodus« gewinnen, sind einseitig. Schon vor 5000 Jahren hatte dieses Land eine hohe Kulturstufe erreicht und legte die Fundamente zu einer Reihe von Wissenschaften: der Mathematik, der Technik, der Chemie und der Medizin. Im Laufe der Jahrtausende brachte es eine vielfältige und reiche Literatur in den Bereichen der Religion, der Geschichte, der Wissenschaft, der Poesie und der Prosa hervor. Freilich ist nur wenig davon auf uns gekommen. Babylon übertraf Ägypten noch in seiner erstaunlichen Literatur. Das große Epos von Gilgamesch, Hymnen und geschichtliche Darstellungen haben sich erhalten. In Babylon wurde die Keilschrift erfunden, die Medizin und die Technik entwickelt, und dort entstand auch, früher als bei anderen Völkern, ein Rechtssystem. Die Sprache Babylons war während einer langen Zeitspanne die internationale Diplomatensprache in allen Ländern der Bibel, die heute mit dem Namen »Der Nahe Osten« bezeichnet werden.

Der Kampf unseres Volkes gegen seine zwei mächtigen Nachbarn war nicht nur politischer und militärischer Art, sondern – vielleicht in der Hauptsache – eine kulturelle und geistige Auseinandersetzung. Das Wirken der Propheten Israels war vorwiegend gegen den geistigen Einfluß der Nachbarvölker gerichtet. Es ging um die religiösen und ethischen Ideen des jüdischen Volkes und um sein soziales Gefüge.

Das Volk Israels, dessen Erben wir sind, war nicht das einzige im Lande und in der Region, das dem doppelten Druck standhalten mußte. Von allen anderen Völkern blieb nichts übrig. Sie konnten sich auf die Dauer der kulturellen Ausstrahlung ihrer übermächtigen Nachbarn nicht entziehen und verschwanden, ohne Spuren zu hinterlassen. Das jüdische Volk kämpfte und überlebte. Heute erscheint es wieder im gleichen Winkel der Erde, im Gelobten Land, wo vor rund 4000 Jahren sein Weg begann. Die gesamten ethnischen, politischen und kulturellen Gegebenheiten dieses Raumes der alten, der biblischen Welt haben sich von Grund auf gewandelt. Die Lebenslinie der Urvölker ist gerissen. Ihre Sprache, Religion, Kultur, Tradition und Namen sind nahezu völlig untergegangen. Allein das Volk Israel, obschon es vor etwa 2000 Jahren mit Gewalt vom Lande seiner Väter getrennt wurde, setzt die Tradition der Ahnen in Sprache, Kultur und Glauben fort, als ob kein Bruch und kein Stillstand im Ablauf seiner Geschichte eingetreten wären.

Als ob – und doch ist klar, daß das jüdische Volk unserer Tage nicht dem jüdischen Volk des Ersten und Zweiten Tempels gleicht. Die ganze Welt hat seither eine Metamorphose durchgemacht, und es ist durchaus natürlich, daß der Wandel auch das jüdische Volk erfaßte. In der Vorzeit hatten wir kaum Anteil an der Wissenschaft. In der Neuzeit, angefangen von den Tagen Spinozas, schloß sich unser Volk wissenschaftlichen Erkenntnissen auf, und in den letzten 150 Jahren waren wir weit über unseren zahlenmäßigen Anteil im Raum unserer europäischen und amerikanischen Wirtsvölker* als Partner beim Fortschritt der Wissenschaft beteiligt. Die materiellen und geistigen Wandlungen, die politischen und sozialen Entwicklungen, die sich im Laufe der letzten 2000 Jahre unserer Existenz abspielten, konnten aber die wunderbare Kraft, die unser Volk in allen Epochen am Leben erhalten hat, nicht erschüttern und seiner Eigenart nichts anhaben. Unser Volk trägt ein besonderes Vitamin in sich, das seine Existenz, seine Selbständigkeit und seine Besonderheit verbürgt. Es wird aus den Quellen der Bibel gespeist, und mit seiner Hilfe konnte das jüdische Volk allen fremden Einflüssen und feindlichen Kräften gegenüber bestehen.

Selbstverständlich ist nicht jedes einzelne jüdische Individuum mit dieser wunderbaren Eigenschaft ausgestattet. Im Laufe der Generationen sind viele abgefallen und verschwunden: Einzelne, Gemeinden, Stämme und ganze Gruppen, doch das Mark des Volkes ist unangetastet.

Der Kampf zwischen den Hasmonäern* und den griechischen Behörden war nicht nur ein politischer und ein militärischer Kampf. Es war in erster Linie ein kultureller Kampf, einer der dramatischsten Kämpfe in der Menschheitsgeschichte, eine Auseinandersetzung zwischen zwei Völkern von eigenartigem Charakter, die der Menschheit deutlicher als alle anderen alten Völker ihren Stempel aufgedrückt haben. Wir haben in mehr als 2000 Jahren nicht wenig von der Kultur des alten Griechenland geerbt. Eine reiche und breit gefächerte jüdisch-hellenistische historische, lyrische, interpretative und philosophische Literatur entstand. Doch auch der großen griechischen Kultur glückte die Assimilierung des jüdischen Volkes nicht. Viele andere Nationen des Ostens wurden aufgesogen. Das jüdische Volk bestand den Kampf und lebt weiter.

Die schwerste und längste Prüfung im Ringen des jüdischen Volkes setzte mit der Ausbreitung des Christentums ein. Die Kulturen Ägyptens und Babylons und später die Kulturen Griechenlands und

Roms waren für das Judentum Fremdkörper. Dies trifft auf die christliche Lehre nicht zu. Sie wuchs aus dem Judentum und im Judentum. Man darf zweifeln, ob Jesus sich von vielen seiner jüdischen Zeitgenossen unterschied. Die antijüdische Richtung erhielt der neue Glaube durch Saul aus Tarsus, der zwar als Jude aufwuchs und als junger Mensch Schüler Rabbi Gamliels in Jerusalem, aber der Sohn eines im Auslande lebenden römischen Bürgers war. Anfangs zählte er zu den eifernden Gegnern der christlichen Sekte, die sich in Jerusalem organisierte, doch von dem Zeitpunkt an, da ihm auf dem Wege nach Damaskus »das Licht erschien«, gab er ihr Auftrieb und bemühte sich, die jüdische Lehre in ihr auszumerzen. Er strebte die Auflösung des Judentums als nationale Einheit an, die von messianischen, durch die Propheten Israels verkündeten Hoffnungen getragen wird. Saul aus Tarsus war wohl der größte Assimilant, der aus dem Volk Israels hervorging. Anstelle der endzeitlichen, in die Zukunft gerichteten Vision, die die Erlösung des Volkes in die Erlösung der Welt einbettet, baute er das Christentum auf dem Glauben an die himmlische Erlösung durch den Messias auf, als wäre dieser schon gekommen.

Der christliche Glaube entstand, als die Selbständigkeit Israels durch die römische Herrschaft erschüttert und zerstört wurde; Rom schickte sich zur Beherrschung der Welt an. Die harten und verzweifelten Kriege, die die Juden gegen ihre römischen Unterdrücker in den Tagen Johannes' von Giskala und des Elasar Ben-Schimon in Jerusalem bis zur Zeit des Simeon Bar-Kochba (Kosiba) und Rabbi Akibas führten, endeten mit der Niederlage und dem Verlust unserer Selbständigkeit. Die Juden der christlichen Sekte beteiligten sich nicht am nationalen Kampf gegen Rom. Saul aus Tarsus wies seine Schüler an, sich der Obrigkeit zu fügen. In seinem Römerbrief sagte Saul: »Jeder Mensch ordne sich der gewalthabenden Obrigkeit unter. Es gibt keine Gewalt, die nicht von Gott stammt. Vorhandene Obrigkeiten sind von Gott eingesetzt.« (13,1)

Das Christentum, das im vierten Jahrhundert zur herrschenden Religion wurde, verzieh dem jüdischen Volk seinen Starrsinn nicht. Im Namen der Religion der Liebe wurden die Juden durch Generationen verfolgt. Unser Volk gab nicht nach, hielt, allein auf sich gestellt, im Laufe Hunderter Jahre die Belastungsprobe des geistigen Kampfes aus.

Etwa 500 Jahre nach der Niederlage Bar-Kochbas wurde Palästina von den Arabern erobert. Die Eindringlinge repräsentierten nicht nur eine militärische Macht, sondern kamen auch mit dem Rüstzeug einer neuen Lehre, der Lehre Mohammeds. Sie war nicht in Palästina entstanden. Die Beeinflussung durch das Judentum war aber klar und auffallend. Die Eroberungen Mohammeds und seiner Nachfolger waren rascher und bemerkenswerter als die des Christentums. Der Islam war dem Judentum im Glauben an den einig-einzigen Gott näher als das Christentum. Die Religion Mohammeds verbreitete sich im siebenten Jahrhundert unter den arabischen Stämmen und kurze Zeit später in den Räumen Asiens und Nordafrikas. Die Sprache der Araber wurde zur Verkehrssprache Arams, Assyriens und Nordafrikas. Alle Völker des Mittleren Ostens und Nordafrikas übernahmen die neue Religion, teils aus freien Stücken, teils unter Zwang. Das einzige Volk, das der reißenden Flut standhielt, waren die Juden.

Ein Schwall neuer Ideen, die den Bestand des jüdischen Volkes, seine nationale Eigenständigkeit und seine geistige Unabhängigkeit bedrohten, kam mit den großen Umwälzungen der letzten 200 Jahre auf: die Französische Revolution am Ende des achtzehnten und die Russische Revolution zu Beginn des zwanzigsten Jahrhunderts.

Die Französische Revolution, beflügelt von der Idee der Freiheit, Gleichheit und Brüderlichkeit, machte nicht an den Grenzen des eigenen Landes halt, sondern verbreitete sich in allen Ländern Europas. Sie gab den ersten Anstoß zur Befreiung der Juden und ihrer Gleichberechtigung in Westeuropa. Es ist kein Zufall, daß die Französische Revolution von den Juden die Auslöschung ihrer nationalen Eigenart verlangte. Viele Juden Westeuropas kamen diesem Verlangen willig nach. So entstand die Bewegung der Assimilation, die das ganze jüdische Volk mit sich reißen wollte. »Es schien, als ob das älteste der Völker, das jahrtausendelang um seine Existenz gekämpft und den Stürmen der Geschichte in der ganzen Welt standgehalten hatte, den Wogen des achtzehnten Jahrhunderts keinen Widerstand bieten könnte, sondern sich beugen, sein Wesen verleugnen und zur Stufe einer religiösen Sekte absinken würde, deren Mitglieder sich unter die Fittiche anderer Völker begeben«, schrieb Simon Dubnov. Die historische Willenskraft des jüdischen Volkes überwand die große Gefahr. Die Emanzipation war nicht der Beginn des Unterganges, sondern strich die nationalen Eigenschaften heraus und rief die messianischen

Sehnsüchte wach. Der Glaube an die Rückkehr Israels in sein Land und an die Erneuerung der Selbständigkeit entledigte sich der mystischen Formen und wurde zur Pionieridee, zum Entschluß, in das Land der Väter einzuwandern, um es aufzubauen und durch schöpferische jüdische Arbeit wieder zur Blüte zu bringen. Die alte hebräische Sprache verjüngte sich zu neuem Leben, eine weltliche hebräische Literatur entstand, und das Hebräische wurde zur Umgangssprache. Die Emanzipation wurde zur Autoemanzipation.*
Man wollte sich von den Fesseln der Abhängigkeit und von der Existenz in den Gastländern befreien. Am Anfang der erneuten nationalen Selbständigkeit in der alten Heimat stand die Einwanderung. Sie bahnte sich ihren Weg in die Landwirtschaft, ins Handwerk, in die Industrie, in den Verkehr, in die Literatur, in die eigene jüdische Verteidigung und in die autonome Verwaltung. Der Grundstein zum erneuerten Staat der Juden im alten Heimatland wurde gelegt.

Jahrhundertelang hatten sich die Juden ihrem Schicksal, dem Schicksal eines zerstreuten, von der Gnade anderer lebenden Volkes unterworfen. Sie vertrauten auf Wunder und warteten auf den Messias. Das Vertrauen auf die eigene Kraft und das eigene Können war fast völlig verlorengegangen. In der Einwanderung der ersten Pioniere, die im letzten Drittel des neunzehnten Jahrhunderts einsetzte, drückten sich der wiedererwachte Glaube an die aufbauende Kraft des jüdischen Menschen und das Selbstvertrauen aus, Herr des eigenen Schicksals sein und das Schicksal seines Volkes ändern zu können.

Die wiedererwachte Zuversicht und das Aufflammen des jüdischen Willens war, nach Jahrhunderten der Verbannung und der Diaspora, eines der größten Wunder in der an Wundern reichen Geschichte des jüdischen Volkes. Der wiederbelebte Glaube brach aus drei Quellen hervor: aus dem von neuem fühlbaren Einfluß der Bibel, der mit der Literatur der Aufklärung wuchs; aus den nationalen und kulturellen Revolutionen Europas, wo im neunzehnten Jahrhundert die große Mehrheit des jüdischen Volkes lebte, und schließlich aus dem schöpferischen Kontakt mit dem Boden des Vaterlandes.

Die Literatur der Aufklärung brachte der jüdischen Jugend die alte Herrlichkeit der Bibel wieder zurück. Die jungen Menschen dürsteten nach Licht und Hoffnung. Die Zionsliebe* fand offene Herzen und weckte schlummernde Sehnsüchte.

Die nationalen und kulturellen Revolutionen in Europa eröffneten den Besten des jüdischen Volkes die Einsicht vom Wert des Menschen und der um ihre Befreiung kämpfenden Nation. Sie gaben Beispiele für den Mut der Unterdrückten und Versklavten. Sie zündeten das Feuer des Aufstandes an und weckten Hoffnungen auf Regeneration. Man entdeckte die Wichtigkeit des Bauern. Ein neuer Weg zu der mit Inbrunst angestrebten Freiheit zeigte sich: die Rückkehr zur Arbeit und zur Heimaterde.

Die Einwanderung der Pioniere, der Männer und Frauen begann, die den Glauben an die Entschlossenheit des Individuums und an den konstruktiven Willen des jüdischen Volkes verkündeten und verkörperten. Wagemutige und selbstbewußte Juden faßten von neuem Wurzel in der Erde der Heimat. Jüdische Dörfer wurden auf Sumpfland, auf Dünen und auf verödetem und verlassenem Felsgestein gebaut. Die Sprache der Propheten, die für immer verstummt schien, wurde aus Kindermund auf den Kornfeldern Judäas und Galiläas laut. Ein neuer Abschnitt in der Geschichte des Volkes und des Landes begann, von Juden geprägt, die bereit waren, ihr eigenes und das Schicksal ihres Volkes in die Hand zu nehmen und Angriffen des Feindes die Stirn zu bieten.

Ebensowenig wie die Französische Revolution blieb der Umsturz in Rußland an den Grenzen des eigenen Landes stehen. Das jüdische Volk mußte sich geistig mit ihm auseinandersetzen, und er stellte es vor eine historische Prüfung, die nicht weniger schwierig war als die Prüfungen der Vergangenheit. Die Russische Revolution signalisierte allen Völkern und Stämmen Rußlands nationale Gleichberechtigung. Im Rahmen der kommunistischen Diktatur wurde allen Völkern, Rassen und Stämmen, die vom zaristischen Imperium unterworfen worden waren, territoriale Selbstverwaltung gewährt. Die UdSSR wurde formal als Föderation gleichberechtigter, seit Generationen in ihren autonomen Gebieten angesiedelter Nationen gegründet. Man teilte den Juden im entlegenen sibirischen Birobidschan* sogar ein autonomes Gebiet zu, doch nur wenige ließen sich für die Übersiedlung in diesen fernen und dem jüdischen Volk und seiner Geschichte völlig unbekannten Raum gewinnen. Millionen russischer Juden blieben in den europäischen und asiatischen Provinzen des Reiches verstreut. Man versagte ihnen das Recht, ihre historische Sprache, das Hebräische, zu lernen und zu verwenden. Später wurde das Verbot sogar auf die Umgangssprache der Juden in Osteuropa, auf das Jiddische, ausgedehnt. Die Juden als Nation wurden zur Stummheit verdammt und hatten sich unter Zwang von ihrem Volk und dessen historischer Heimat zu lösen. Dem Volk, das die älteste Kultur unter allen Völkern Rußlands besaß, wurde sein geschichtliches Erbe geraubt, das jüdische Buch hatte zu verschwinden. Millionen Juden, die größte und in ihren originellen Leistungen unübertroffene jüdische Gemeinschaft des neunzehnten und des beginnenden zwanzigsten Jahrhunderts, wurden im nationalen Sinne abgewürgt und zu Friedhofsstille verurteilt. Seit der Auseinandersetzung zwischen Bar-Kochba* und Hadrian hatte das jüdische Volk keinen so schweren Schlag hinnehmen müssen. Jüdische Schulen wurden geschlossen und verboten und von Staats wegen diktatorische Mittel ergriffen, das Judentum auszulöschen und Millionen Juden unter Druck von oben zu assimilieren.

Das russische Judentum aber schenkte dem neuen jüdischen Palästina eine herrliche Pionierjugend, auch nachdem sich das bolschewistische Regime in Rußland etabliert hatte. Was diese Jugend im Lande geschaffen hat, gibt Zeugnis von den im russischen Judentum verborgenen Potenzen und seiner inhärenten Willenskraft. Trotz aller physischen und moralischen Pressionen konnte dieses Judentum bis zum heutigen Tage nicht aufgerieben und vernichtet werden. Noch darf man an dem Beitrag nicht verzweifeln, den das russische Judentum dereinst für die Renaissance des jüdischen Volkes im eigenen Land wird leisten können.

Nach der Errichtung des Staates Israel im Jahre 1948, nach den Triumphen seiner Armee und nach den Errungenschaften, die während der letzten zwanzig Jahre [bis 1968] im Bereich der Ansiedlung und der Kultur zu verzeichnen waren, mag es manchem scheinen, die unermüdlichen Anstrengungen des jüdischen Volkes seien bereits zu einem erfolgreichen Abschluß gekommen. Dies wäre jedoch eine gefährliche Illusion. Die Aufbauarbeit ist nicht beendet, und die Sammlung der Zerstreuten hat erst begonnen. Unsere Nachbarn haben sich bis zum heutigen Tage mit unserer Existenz nicht abgefunden und auf ihr Ziel, Israel zu zerschlagen, nicht verzichtet. Die Versuche, uns militärisch niederzuringen, die sie seit der Erklärung unserer Unabhängigkeit unternahmen, schlugen freilich fehl. Es ist undenkbar, daß sich Israel quantitativ und in seinen physischen Möglichkeiten je mit seinen Nachbarn wird messen können. Dem jüdischen Volk stand seit 4000

Jahren, in seiner ganzen Geschichte, seine geistige Überlegenheit bei. Nur wenn es durch Besiedlung und Entwicklung des Landes, durch eine ständig wachsende Einwanderung und Zunahme seiner Bevölkerung, durch Intensivierung seiner wirtschaftlichen und kulturellen Leistungen seine geistige, sittliche und intellektuelle Überlegenheit bewahren kann, die das Geheimnis seiner Existenz in der tausendjährigen Geschichte ist; nur wenn es unerschütterlich bleibt und in der Welt Freunde für die Vision seiner nationalen und allmenschlichen Erlösung gewinnen kann, die es seit Urtagen beflügelte und im Buch der Bücher zum Ausdruck kommt – nur dann wird es bestehen können.

Das jüdische Volk ist nach tausendjähriger Wanderung und nach der Not, die ihm allenthalben begegnete, nun bei Beginn der erneuerten Selbständigkeit dort angekommen, wo seine Wiege stand. Es wird seine Hoffnung und sein großes geistiges Erbe nicht aufgeben, die die eigene nationale Erlösung mit der aller Völker der Welt verbinden. Es wird seine Eigenständigkeit nicht ihrer universellen Inhalte berauben lassen. Im Staate Israel sind Juden und andere, die in unserer Mitte wohnen, nicht unterschieden. Der Mensch wurde, wie unsere Bibel sagt, im »Ebenbilde Gottes« geschaffen, nicht ein weißer, ein schwarzer oder ein gelber Mensch, sondern der Mensch überhaupt. Er wurde im Ebenbilde jenes ewigen höchsten Wesens geschaffen, das keinen Anfang und kein Ende hat, das nichts Körperliches besitzt, das mit körperlichen Begriffen nicht erfaßt werden kann, sondern ein Wesen voll Gnade, Wahrheit und Gerechtigkeit und allmächtig ist und dem wir alles Dasein verdanken. In der Geschichte der Erschaffung des ersten Menschen im Ebenbild Gottes ist der Ursprung der Idee von der menschlichen Brüderlichkeit und von der Gleichheit aller Menschen verborgen. Die Propheten Israels vererbten diese Idee der ganzen Welt.

Das jüdische Volk lehnt den Primat der physischen Gewalt ab. In dieser Absage liegt aber durchaus nicht ihre Verneinung. Wir würden die jüdische Geschichte von den Tagen Josuas – und auch von den Tagen Moses' – bis zu den Taten der jüdischen Armee in unserer Zeit verleugnen, wollten wir den Wert der physischen Kraft bestreiten. Das hieße, sich vom Diesseits, ja vom Leben überhaupt abzuwenden. Eine solche Abkehr war dem Geist des jüdischen Volkes immer fremd. Hier ist einer der grundlegenden Unterschiede zwischen der Lehre des Judentums und der des Christentums zu erkennen.

Dem Genius des jüdischen Volkes, von den Propheten bis Einstein, ist die Differenzierung zwischen Materie und Geist, die viele große Denker, von den Griechen und Persern bis zu Descartes und seinen Schülern, gelehrt hatten, unbekannt. Obwohl die Besten im jüdischen Volk, seine Propheten, Lehrer und Weisen, immer wieder die höchste Aufgabe des Judentums im geistigen Bereich sahen, schätzten sie das körperliche und die Notwendigkeit des Körpers nie gering. Einer der Weisen der Mischna*, Rabbi Elasar ben Asaria, faßte dies in unübertrefflicher Schlichtheit zusammen: Ohne Brot gibt es keine Lehre und ohne Lehre kein Brot. Durch die Hervorhebung des Geistigen wird die Bedeutung der militärischen Kraft nicht gemindert. Doch auch die militärische Kraft hat ihre echte Wurzel vor allem im Geist. Die israelische Verteidigungsarmee versteht dies sehr wohl. Deshalb errang sie den Sieg, wann immer sie zum Kämpfen gezwungen wurde. Nur in der Bewährung der jüdischen Ethik und des jüdischen Intellekts werden wir die ungeheuren Schwierigkeiten, die sich der Verwirklichung unserer politischen Ziele entgegenstellen, überwinden.

Die Saat, aus der der erneuerte Staat Israel wuchs, wurde durch die Gründung von Mikwe Israel, Petach Tikwa, Rischon-le-Zion, Rosch-Pina, Sichron Ja'akov, Gedera und der Siedlungen, die nach ihnen kamen, gestreut. Die Gründer hatten die schwere Mühsal, die auf den Erbauern eines neuen Staates lasten, zu tragen. Ihr Schicksal war ein harter Kampf gegen die Gewalten der Natur und gegen die Wildnis der Wüste. Sie mußten mit feindlichen Nachbarn, mit Malaria, mit Wassermangel, mit Hunger und Not und mit anderen Schwierigkeiten bei der Verwurzelung im geliebten und verödeten Land ringen. Sie nahmen die Anstrengungen auf sich, die zerstreuten Stämme, die einander und den gemeinsamen und einigenden Quellen entfremdet waren, zu einer Einheit zusammenzuschmelzen. Ähnliche und noch größere Anstrengungen werden uns in naher oder ferner Zukunft abverlangt werden, damit wir zur Ruhe kommen können.

1. Von der Balfour-Deklaration zur Ausrufung des Staates

Ein rein politischer Zionismus und ein Zionismus der täglichen praktischen Verwirklichung

Am 2. November 1917, dem Tage, an dem die Balfour-Deklaration veröffentlicht wurde, befand ich mich mit meinem Freund Jizchak Ben-Zwi in den Vereinigten Staaten. Die Türken hatten uns beide als russische Staatsbürger im Jahre 1915 »für ewige Zeiten« aus dem osmanischen Imperium, zu dem auch Palästina gehörte, verbannt. Bis dahin war ich niemals in England gewesen und wußte über die Juden dieses Landes nur, was ich aus Geschichtsbüchern gelernt hatte. Der größte und berühmteste Jude des 19. Jahrhunderts war für uns Sir Moses Montefiore. Einer der bedeutendsten britischen Staatsmänner der gleichen Epoche war ebenfalls ein Jude. Er war zwar als Kind getauft worden, bekannte sich aber mit Stolz zu seiner Herkunft und trug auch einen typisch jüdischen Namen: Benjamin Disraeli. Ich wußte ferner, daß Großbritannien ein freies und demokratisches Land sei, in dem die Juden nicht so verfolgt wurden wie in meinem Geburtsland, in Russisch-Polen.

Einige Tage nach Veröffentlichung der Balfour-Deklaration, die auf das Judentum der USA einen außerordentlichen Eindruck machte, am 14. November 1917, veröffentlichte ich im Wochenblatt der amerikanischen *Poale Zion** einen Artikel, in dem ich das Ereignis besprach und betonte, daß Palästina nicht durch politische Erklärungen einer Großmacht, sondern nur durch unsere eigene konstruktive Arbeit zum Land der Juden werden könne. Das jüdische Volk sei verpflichtet, seinen Anspruch zu einer Tatsache von Bestand zu machen und das Werk der nationalen Erlösung zu vollenden.

Der Artikel fand bei der Mehrheit der amerikanischen Zionisten keine freundliche Aufnahme. Sie erblickten damals in der Balfour-Deklaration nicht den Beginn, sondern fast schon die Vorstellung des zionistischen Sieges. Eine zionistische Bewegung bestand in den Vereinigten Staaten bereits vor der Balfour-Deklaration. An ihrer Spitze stand ein großer amerikanischer Jude: Louis Brandeis. Er war ein enger Freund des Präsidenten Wilson. Die Führer der Zionistischen Organisation Amerikas glaubten, in meinem Aufsatz eine Schmälerung des Sieges sehen zu müssen. In einem zweiten Artikel, der am 26. November 1917 veröffentlicht wurde, drückte ich meine Befürchtungen über die Verwirklichung des Zionismus aus: »Wir dürfen nicht ungeduldig werden. Der Weg ist lang und beschwerlich, und wir werden ihn langsam und unter endlosen Mühen zurückzulegen haben. Er ist durch ein Wunder nur scheinbar abgekürzt worden, doch wir stehen erst an der Schwelle der Verwirklichung. Wir haben das Volk ins Land zurückzubringen, da wir nun unser Recht wiedererlangt haben. Die Geschichte wartet nicht. Das nichtjüdische Palästina mußte 1800 Jahre auf die Juden warten; das jetzt dem jüdischen Volk zugesagte Palästina kann nicht einmal 18 Jahre auf die Juden warten. Im Laufe der nächsten zwanzig Jahre haben wir eine jüdische Mehrheit in Palästina zu schaffen. Dies ist in Kürze die gegenwärtige historische Situation.«

In einem dritten Artikel, der im Januar 1918 erschien, schrieb ich: »Die Frage der Erneuerung der alten jüdischen Heimat ist auf die Tagesordnung der Weltpolitik gesetzt worden. Sie wird von dort bis zu ihrer vollen Beantwortung nicht verschwinden. Der Zionismus steht jedoch vor der ernsteren und schwierigeren Aufgabe, die Verwirklichung auch auf die Tagesordnung jedes einzelnen Juden zu setzen, damit er sein persönliches Schicksal mit dem Schicksal des Volkes verbinde. Das Land muß durch das jüdische Volk aufgebaut werden.«

Wendet man jetzt, mehr als fünfzig Jahre nach der Balfour-Deklaration, den Blick zurück, so ist die bedauerliche Feststellung zu machen, daß die zionistische Führung jener Tage ihre Hauptaufgabe nicht ganz begriff.

Dr. Weizmann, dessen politischen Anstrengungen und persönlichem Einsatz die Erreichung der Balfour-Deklaration zuzuschreiben ist, stand schon zur Zeit Herzls in Opposition zur zionistischen Leitung. Als Mitglied der »Demokratischen Fraktion« verlangte er, im Gegensatz zur politischen Auffassung Herzls, in Palästina unter allen Umständen, ob nun mit Zustimmung der Behörden oder gegen sie, praktische Arbeit zu leisten. Herzl, der anfangs hoffte, von der türkischen Regierung einen »Charter« zur Ansiedlung in Palästina erhalten zu können, widersetzte sich bis zu seinem Tode der »Infiltration«, d. h. jeglicher Tätigkeit, die in Widerspruch zu den türki-

schen Gesetzen stünde. Die Hohe Pforte* gestattete keine jüdische
Einwanderung und erlaubte nur Besuche von höchstens drei Mona-
ten. Der Erwerb von Grund und Boden in Palästina durch Juden, die
nicht osmanische Staatsbürger waren, wurde nicht genehmigt. Die
»Chowewej Zion« setzten sich über diese Gesetze hinweg, die Einwanderung nach Palästina ging weiter, und trotz aller Verbote wurden
Böden gekauft und Juden angesiedelt. Die Zionistische Organisation
jedoch entfaltete zu Lebzeiten Herzls keinerlei Aktivität in Palästina.
Als der Gründer der zionistischen Bewegung an der Erreichung eines
»Charters« verzweifelte, wandte er sich an England, wo man ihm zunächst El-Arisch und nachher Uganda antrug. Gerade die Juden Rußlands, des größten jüdischen Zentrums in jener Zeit, die mehr zu leiden hatten als die Juden in allen anderen Teilen Europas, bekämpften
den Uganda-Vorschlag, und Herzl starb als relativ junger Mann im
Jahre 1904 an gebrochenem Herzen.

Weizmann, der damals keine führende Stellung in der zionistischen
Bewegung innehatte, unterstrich immer wieder das Gebot der Sied-
lungsarbeit. Er war einer der wenigen Zionisten, welche die Notwendigkeit empfanden, noch zur Zeit des türkischen Regimes, 1908, Palästina zu besuchen. Obzwar er zu den Anhängern Achad Ha'ams
zählte und bis zur Machtergreifung Hitlers im Jahre 1933 die Bedeutung der Einwanderung nicht richtig würdigte, verstand er die Wichtigkeit der praktischen, zumal der landwirtschaftlichen Arbeit und
bewertete zugleich auch zutreffend die Unerläßlichkeit der politischen Einflußnahme.

Im Ersten Weltkrieg befand sich die offizielle zionistische Leitung
in Berlin. Da aber von dort kein Kontakt mit den Zentren des Judentums in den Staaten Ost- und Westeuropas sowie in den USA, die mit
Deutschland im Krieg standen, aufgenommen werden konnte, wurde
sie de facto nach England verlegt. Um Weizmann gruppierten sich die
Besten der englischen Judenschaft. Er lernte Balfour kennen und
machte auf diesen einen großen Eindruck. Balfour war nicht nur ein
Politiker, sondern auch ein Mann des Geistes.

Die zionistische Leitung in Berlin, die 1913 auf dem Wiener Zionistenkongreß gewählt worden war, verlor, wie gesagt, jede Bedeutung,
und die Exekutive scharte sich um Weizmann. Er und Wladimir Jabotinsky gewannen die Zustimmung der britischen Regierung zur
Aufstellung eines aus russischen Juden zusammengesetzten jüdi-

schen Regimentes, das an der Palästinafront kämpfen sollte. Die Bemühungen um eine Einwanderung nach Palästina wurden damals vernachlässigt, und die einzige, die größte »Einwanderung«, die unmittelbar nach der Balfour-Deklaration nach Palästina kam, war die eines in Amerika aus mehr als 4000 jüdischen Freiwilligen zusammengestellten Regiments. Nicht alle Angehörigen dieser Legion blieben nach Kriegsende im Lande, und auch hier wirkte sich die Gleichgültigkeit der zionistischen Leitung negativ aus. Ihre Haupttätigkeit konzentrierte sich auf die Arbeit einer zionistischen Delegation, die 1918 nach Palästina entsandt wurde. Den amerikanischen Freiwilligen, die in Palästina bleiben wollten, leisteten die Mitglieder der Abordnung keine Hilfe, und auch das Eintreffen des ersten jüdischen Hochkommissars, Sir Herbert Samuel, der von den Juden Palästinas wie einst Nehemia nach dem babylonischen Exil begrüßt wurde, änderte nichts an der Situation. Im Jahre 1919 wanderten in Palästina 1800 Juden ein und in den ersten vier Jahren der Amtstätigkeit Samuels nur je etwas mehr als 8000. Weizmann sah als seine zentrale zionistische Aufgabe nicht die Einwanderung, sondern die landwirtschaftliche Ansiedlung an und leistete auf diesem Gebiet Großes. Er setzte seine Tätigkeit auch nach dem Zionistenkongreß von 1931 in Basel fort, wiewohl er nicht zum Präsidenten gewählt worden war und bis zu seiner Wiederwahl im Jahr 1935 keine offizielle Funktion bekleidete. Es unterliegt keinem Zweifel, daß nach dem Siedlungswerk des Barons Rothschild Dr. Weizmann bis zur Errichtung des Staates Israel den größten Anteil an der Erweiterung der jüdischen Landwirtschaft und besonders des kollektiven Siedlungswerkes hatte.

Die Beziehungen zur Mandatsmacht
bis zum Ende des Zweiten Weltkrieges

Nach Ende des Ersten Weltkriegs herrschte über die Frage der Grenzen Palästinas große Verwirrung, und sogar Zionisten vertraten zuweilen die Meinung, Transjordanien sei kein Teil Palästinas. Die Konferenz von San Remo beschloß im April 1920 die Übertragung des Palästina-Mandates an Großbritannien zum Zwecke der Errichtung einer nationalen Heimstätte für das jüdische Volk. Der britischen Labour Party wurde daraufhin ein von mir verfaßtes und von Schlomo

Kaplanski mitunterzeichnetes Memorandum der Poale Zion überreicht, das eine doppelte Bestimmung hatte: Es sollte die Ziele der jüdischen Heimstätte darstellen und die Grenzen Palästinas erläutern.

Von den drei Parteien des englischen Parlaments war die Labour Party der zionistischen Sache am freundschaftlichsten gesinnt. Ihre führenden Männer waren der Idee und dem Werk des Zionismus in Treue verbunden. Der schwerste und schmerzlichste Schlag, der dem Zionismus zugefügt wurde, kam aber 1930 seltsamerweise von einer Arbeiterregierung. James Ramsay MacDonald war Ministerpräsident, er kannte Palästina, das er 1922 besucht hatte. Der Kolonialminister im Kabinett MacDonald war Sidney James Webb, der nach seiner Ernennung in den Peersstand den Namen Lord Passfield annahm. Nach den Ereignissen an der Klagemauer 1929* wurde eine Reihe von Untersuchungskommissionen nach Palästina entsandt. Obgleich die Juden die einzigen Opfer der Ausschreitungen waren, halste man ihnen die Schuld auf. Lord Passfield veröffentlichte im Jahre 1930 sein Weißbuch, dessen Ziel die Aufhebung der Balfour-Deklaration und die Verhinderung der jüdischen Einwanderung war. Zum Zeichen des Protestes gegen das Weißbuch trat Weizmann als Präsident der Zionistischen Organisation zurück.

Der Mann der Labour Party, der die Rücknahme des Weißbuchs durchsetzte, war Ernest Bevin. Nach Veröffentlichung des Weißbuchs beauftragte die Mapai* ihr Mitglied Dov Hos, der mit Bevin befreundet war, nach London zu reisen. Hos hatte vollen Erfolg. Er und Bevin nannten sich gegenseitig nicht »Genosse«, sondern »Bruder«, und als »Bruder Bevin« von Hos über Einzelheiten des Weißbuchs ins Bild gesetzt wurde, versprach er, er werde seinen »boys« die Weisung geben, gegen die Regierung zu stimmen, wenn das Weißbuch nicht aufgehoben werde. Bevin ging zu MacDonald und drohte mit den Gegenstimmen seiner Leute. Der Ministerpräsident erschrak. Eine Kabinettskommission unter dem Vorsitz Arthur Hendersons, der ein Freund des Zionismus war, wurde bestellt. Henderson »interpretierte« das Weißbuch Passfields um, das Kabinett MacDonalds schloß sich der Interpretation an und veröffentlichte sie noch vor dem Kongreß in einem an Weizmann gerichteten Brief.

Es blieb dennoch beim Rücktritt Weizmanns, obschon der in Briefform gekleidete Kommentar zum Weißbuch als sein persönlicher Erfolg gewertet wurde. Der Zionistenkongreß verübelte ihm ein Interview, das er der Jüdischen Presseagentur gegeben und in dem er gesagt hatte, für eine jüdische Mehrheit in Palästina bestünde keine Notwendigkeit. Während des Kongresses ersuchte Dr. Weizmann mich und Louis Namier, nach London zu fahren und MacDonald aufzusuchen, um mit ihm Fragen der zionistischen Politik zu klären. Der Ministerpräsident stellte mir in Aussicht, daß demnächst ein neuer Hochkommissar für Palästina ernannt werden würde, der sein Amt im Geiste der Balfour-Deklaration führen werde. Als ich die Fragen der jüdischen Einwanderung und Ansiedlung anschnitt, sagte MacDonald, daß es weder das Ziel der Balfour-Deklaration noch des Mandates gewesen sei, den Juden nur das halbe, das westliche Palästina zu geben. Den Arabern habe man nach 1918 eine Reihe von Staaten gegeben, die Juden besäßen nur Palästina. Noch im Jahr 1931 machte MacDonald sein Versprechen wahr und ernannte General Wauchope zum Hochkommissar.

Der Prager Zionistenkongreß vom Jahr 1933 brachte eine umwälzende Änderung in der Zusammensetzung der Exekutive. Aus den Kongreßwahlen ging die Arbeiterfraktion als stärkste in der zionistischen Organisation hervor, und in die Jerusalemer Exekutive wurden für die Partei Elieser Kaplan, Mosche Sharett und ich gewählt. Die deutschen Zionisten vertrat in der Exekutive Dr. Arthur Ruppin, und für die progressiven Allgemeinen Zionisten (»Allgemeine Zionisten A«) kam Jizchak Grünbaum in die Leitung. Die rechtsstehenden Allgemeinen Zionisten (die man »Allgemeine Zionisten B« nannte) und die religiöse Misrachi-Partei* weigerten sich, in eine Exekutive einzutreten, in der die Arbeiterfraktion die Mehrheit hatte. Zum Präsidenten der Zionistischen Organisation wurde Nachum Sokolow wiedergewählt, der jedoch, weil er in der Hauptsache literarisch tätig war, kaum Zeit für die Arbeit der Organisation aufbrachte. Kaplan übernahm das Finanzressort, Sharett die Politische Abteilung. Ich selber zog es vor, ohne bestimmtes Ressort zu bleiben, beteiligte mich aber an der Tätigkeit der Politischen Abteilung, denn ich sah in der Frage der Einwanderung den Schwerpunkt der zionistischen Arbeit.

Es war schon damals meine Überzeugung, daß das Unglück, das über die deutschen Juden hereingebrochen war, sich nicht auf Deutschland beschränken werde. In einer Rede, die ich sehr bald nach dem Prager Zionistenkongreß hielt, sagte ich, Hitler bedrohe nicht nur die Existenz des ganzen jüdischen Volkes, sondern strebe die Vorherrschaft der germanischen Rasse in der Welt an. Das Hitlerregime könne ohne einen Revanchekrieg gegen Frankreich, Polen, die Tschechoslowakei und andere Nachbarstaaten und ohne einen Krieg gegen die Sowjetunion nicht lange Zeit auskommen. Im Augenblick sei Deutschland zum Kriege nicht gerüstet, aber es bereite sich auf ihn vor. Ich wolle kein Prophet sein, soweit man aber voraussehen könne, sei die jetzige Lage der von 1914 ähnlich; der kommende Krieg werde jedoch schrecklicher sein als der Erste Weltkrieg. Das jüdische Volk sei viel zu schwach, um die der Welt drohende Gefahr abwenden zu können, nur in einem Winkel der Welt stellten wir einen wichtigen, wenn auch nicht den ausschlaggebenden Faktor dar. Hier werde die Entscheidung über die Zukunft des jüdischen Volkes fallen. Bis zum Ausbruch des Krieges blieben uns höchstens vier Jahre, und bis dahin hätten wir die Anzahl der Juden in Palästina zu verdoppeln. Unsere zahlenmäßige Stärke werde dann vielleicht unser Schicksal bestimmen. Die Einwanderungsfrage sei daher das zentrale politische Problem des Zionismus.

Im Jahre 1931 hatten wir 4000 Einwanderer, die Zahl stieg im Jahr 1932 auf 10 000 und, wie ich in der Rede sagte, erwarteten wir im Jahr 1933 etwa 30 000 Einwanderer. Nach dem Prager Kongreß begab ich mich nach London und suchte Weizmann auf, der damals nur Privatmann war und kein zionistisches Amt bekleidete. Die tragischen Ereignisse in Deutschland hatten seine Einstellung zur Einwanderung geändert. Gemeinsam führten wir ein Gespräch mit dem damaligen Kolonialminister.

Die Einwanderungsziffer für 1934 betrug 42 259 und wuchs im Jahre 1935 auf 61 854 an. In diesen Zahlen, die in der gesamten Mandatsperiode einen Rekord darstellten, waren die »Touristen« nicht inbegriffen, die im Lande blieben. Die Einwanderung aus Deutschland, die »Know-how«, Talente, Kapital und Initiative mitbrachte, war ein wichtiges Element bei der Entwicklung von Industrie und Landwirtschaft im jüdischen Palästina.

Nach meinem Eintritt in die Exekutive nahm ich den Kontakt mit palästinensischen Arabern und mit Vertretern Syriens, Libanons, Ägyptens und Saudi-Arabiens auf. Ich wollte prüfen, ob eine gemeinsame Basis für die zionistische Bewegung und für die nationalen arabischen Bestrebungen bestehe. Hochkommissar Wauchope ermutigte mich bei diesen Bemühungen. Der verstorbene Dr. Jehuda Leib Magnes half mir, die Gespräche vorzubereiten. Ich habe diesem Abschnitt meiner Tätigkeit ein besonderes Buch[1] gewidmet.

Im Jahre 1935 griff Italien unter Mussolini Äthiopien an. Kaiser Haile Selassie appellierte an den Völkerbund, der zwar Sanktionen gegen Italien beschloß, praktisch aber nichts unternahm. Die primitive äthiopische Armee konnte den modern ausgerüsteten italienischen Truppen nicht lange Widerstand leisten. Am 5. Mai 1936 zogen die Italiener in Addis Abeba ein, und am 9. Mai wurde der italienische König zum Kaiser Äthiopiens ausgerufen. Diese Ereignisse waren mittelbar und unmittelbar das auslösende Moment der blutigen antijüdischen Exzesse, die am 19. April 1936 in Jaffa begannen und sich von dort, angefacht vom Jerusalemer Mufti Hadsch Emin el Husseini, über das ganze Land ausbreiteten. Der Mufti wurde bis zum Ausbruch des Zweiten Weltkrieges von Mussolini und Hitler gestützt. Die Ausschreitungen und die damit verbundenen internationalen Faktoren veranlaßten die englische Regierung unter Premierminister Neville Chamberlain und Kolonialminister Malcolm MacDonald zur faktischen Aufhebung der Balfour-Deklaration und der im Mandat übernommenen Verpflichtungen. Palästina sollte nun zu einem arabischen Staat unter britischem Protektorat werden.

Der 19. Zionistenkongreß im Jahre 1935 wählte Dr. Weizmann wieder zum Präsidenten der Zionistischen Weltorganisation und setzte eine breite Koalitionsexekutive ein, der auch die Misrachi-Partei und die Allgemeinen Zionisten B beitraten. Im Oktober des gleichen Jahres überreichten wir dem Kolonialminister MacDonald ein Memorandum, das sich in der Hauptsache mit Fragen der Einwanderung befaßte. Einige Tage später kam es zu einer Zusammenkunft zwischen einer zionistischen Delegation, die aus Dr. Weizmann, Professor Brodetsky und mir zusammengesetzt war, und MacDonald und seinen engsten Mitarbeitern. Das Gespräch zeitigte keine Ergebnisse.

Einen Monat nach dieser Begegnung besuchte eine arabische Abordnung den Hochkommissar und unterbreitete ihm drei Forderungen: 1. Einsetzung einer durch die Bewohner Palästinas gewählten Regierung; 2. völlige Einstellung der jüdischen Einwanderung; 3. Verbot von Bodenverkäufen an Juden. Die arabische Denkschrift

1 David Ben Gurion, *Wir und die Nachbarn*, Tübingen 1968.

wurde aus Jerusalem nach London weitergeleitet, wo inzwischen an die Stelle MacDonalds als Kolonialminister J. H. Thomas getreten war. Die arabischen Forderungen waren, wie schon vorher bemerkt, das Resultat der internationalen Situation und der Anlehnung der pa-lästinensischen Araber an Mussolini und Hitler.

Bei den antijüdischen Ausschreitungen in Jaffa wurden 16 Juden ermordet. Einige Tage darauf rief das Oberste Arabische Komitee* den Generalstreik aus, der alle Zweige des wirtschaftlichen Lebens im Lande erfaßte. Ziel des Aufstandes war, Palästina zu einem arabischen Staat zu machen. Der arabische Terror wuchs. Der Hafen von Jaffa, der nahezu völlig auf den jüdischen Im- und Export und auf die jüdische Einwanderung angewiesen war, mußte stillgelegt werden. Nach einigen Tagen teilte der Hochkommissar mit, er sei nicht bereit, den Hafen mit Gewalt zu öffnen und jüdischen Arbeitern zugänglich zu machen. Andererseits aber gab er unserem Wunsche nach und erteilte die Genehmigung, in Tel Aviv einen Hafen zu eröffnen und eine Ver-laderampe zu bauen. Der Hafen von Haifa, wo schon vorher jüdische Arbeiter beschäftigt waren, wurde nicht geschlossen. Ihre Zahl wuchs nach Ausrufung des arabischen Streiks.

Im Mai 1936 machte der Kolonialminister im Unterhaus die Mit-teilung, daß eine Königliche Kommission eingesetzt würde, die den Ursachen der Unruhen nachgehen und die Wünsche der Juden und Araber anhören werde. Mittlerweile wurde der Kolonialminister Thomas durch Ormsby-Gore abgelöst, der als pro-zionistisch galt. Der Premierminister Stanley Baldwin war ein schwächlicher Mann.

Der arabische Streik fügte dem jüdischen Wirtschaftsleben keinen Schaden zu. Im Gegenteil, die Zahl der jüdischen Arbeiter in den Siedlungen, die Anfang 1936 fünf- bis sechstausend betrug, stieg bis zum Ende des Jahres auf zwölftausend an. Die Zahl der jüdischen Hafenarbeiter wuchs von einigen hundert auf zweitausend. Die Pro-duktion der jüdischen Landwirtschaft nahm zu, die jüdische Bevöl-kerung setzte sich gegen die arabischen Angriffe mutig, zugleich aber zurückhaltend zur Wehr und vermied sorgsam, unschuldige Araber leiden zu lassen. Kein einziges jüdisches Dorf wurde verlassen, neue Dörfer wurden gegründet.

Dagegen war der Schaden, den die Araber selber zu tragen hatten, ungemein groß. Ein von Tag zu Tag zunehmender Druck auf das Oberste Arabische Komitee, den Streik zu beenden, machte sich daher fühlbar. Man hätte dem Druck selbst unter Verzicht auf die drei vorgenannten Forderungen gerne stattgegeben, wenn die englische Regierung bereit gewesen wäre, die Einwanderung wenigstens für die Zeit zu unterbrechen, in der die Königliche Kommission im Lande weilen würde. London wies das Verlangen zurück. Auf Bitten der arabischen Könige brach das Oberste Arabische Komitee selbst den Streik im November 1936 ab.

Vor der Königlichen Kommission, deren Vorsitzender Lord Peel war, trat Weizmann auf. Er hielt bei dieser Gelegenheit wohl die beste zionistische Rede, die bis dahin von ihm gehört wurde. Weizmann sprach von den sechs Millionen Juden Europas, deren Existenz und Zukunft von der Einwanderung nach Palästina und von der Errichtung eines jüdischen Staates abhänge. Diese sechs Millionen wollten nicht nur den Judenstaat und bedurften seiner, sie wären auch entschlossen und wirtschaftlich wie kulturell in der Lage, ihn aufzubauen und zu erhalten. Weizmanns Worte machten auf die Kommission einen tiefen Eindruck und waren zweifelsohne für ihre Schlußfolgerung ausschlaggebend, die Gründung eines Judenstaates in einem Teil Palästinas zu empfehlen.

Der Bericht der Kommission erschien am 7. Juli 1937. Seine im ersten Abschnitt enthaltenen historischen Ausführungen über die Beziehung des jüdischen Volkes zu seinem Land und die Darstellung des jüdischen Siedlungswerkes sind wohl das Beste, was je zu diesen Themen gesagt wurde. Die Kommission stellte fest, daß auch die Araber Palästinas aus dem jüdischen Werk Nutzen zogen und daß von diesem Blickpunkt her der im Mandat erhaltene Auftrag erfüllt wurde. Die arabische Wirtschaft sei durch die Arbeit am Aufbau der jüdischen Heimstätte nicht geschädigt worden.

Zum erstenmal wurde in dem Bericht der Hauptzweck der Balfour-Deklaration geäußert. Die Kommission stellte fest: »Wir durften die Dokumente prüfen, und es wurde uns klar, daß Seiner Majestät Regierung durch die Worte ›Errichtung einer nationalen Heimstätte in Palästina‹ der Erkenntnis Ausdruck verlieh, im Laufe der Zeit werde voraussichtlich ein jüdischer Staat errichtet werden, doch sie war außerstande zu sagen, wann dies sein werde.« Die Kommission berief sich überdies auf einen Ausspruch des Präsidenten Wilson aus dem Jahre 1919, die Alliierten hätten die Errichtung eines jüdischen Staates (Commonwealth) in Palästina beschlossen. Die

Kommission erklärte, das Mandat sei undurchführbar geworden. Sie schlug daher vor, Westpalästina zu teilen, so daß ein jüdischer und ein arabischer Staat, dieser im Anschluß an Transjordanien, entstehen würde.

Die englische Presse nahm den Bericht mit Zustimmung auf. Lloyd George, der zur Zeit der Balfour-Deklaration Premierminister war, gab dem Bericht jedoch das Beiwort »skandalös«. Die Vorschläge traten seiner Meinung nach die dem jüdischen Volke gegebenen Zusagen mit Füßen. Im Oberhaus wurde am Peel-Bericht ausgesetzt, daß die den Juden zugeteilte Fläche zu klein und Jerusalem in ihr nicht inbegriffen sei und daß der Negev den Arabern zugeteilt werde. Aufgrund dieser Kritik zog die Regierung ihre Zustimmung zum Bericht zurück und beschloß, das Thema dem Völkerbund vorzulegen. Dem Parlament sollten neue Vorschläge unterbreitet werden.

Ich selbst zog den Schluß, daß keine Aussicht mehr für die gewissenhafte Erfüllung des Mandats durch die englische Regierung bestehe und daß nunmehr das Schicksal der Einwanderung ausschließlich von der baldigen Errichtung eines Judenstaates abhinge. Der Judenstaat war für mich kein Selbstzweck, sondern das einzige Mittel zur Verwirklichung des Traumes der nationalen Befreiung.

In einer Rede am 7. Februar 1937, in der ich auf die Wichtigkeit der Einwanderung, der »Frage aller Fragen«, zurückkam, sagte ich: »Ich weiß, daß nicht alle Juden nach Palästina auswandern wollen. Doch der wahre Inhalt des Zionismus ist die Befreiung aller Juden, die durch ihre Ansiedlung in Palästina befreit werden können und befreit werden wollen. Ein Judenstaat, der die jüdische Einwanderung beschränken würde, wäre eine Verfälschung des Zionismus. Die Verwirklichung des Zionismus bedeutet mehr als die Gründung eines Judenstaates. Der Zionismus ist die volle und restlose Lösung der Judenfrage. Darauf habe ich mit meiner Erklärung vor der Royal Commission abgezielt, als ich sagte, daß die Frage der Einwanderung in den nächsten Jahren das Schicksal des Landes und des Zionismus entscheiden werde.«

Auf dem Zionistenkongreß, der im August 1937 in Zürich zusammentrat, widersetzten sich die amerikanischen Zionisten und einige Freunde aus Palästina den Teilungsvorschlägen der Peel-Kommission. Die Mehrheit des Kongresses sprach sich dann gegen die Anträge der Kommission aus, doch die Exekutive wurde bevollmächtigt, mit der britischen Regierung deren Vorstellungen über einen zukünftigen Judenstaat zu klären. Sollte uns ein konkretes Programm für die Errichtung eines Judenstaates unterbreitet werden, würde ein neuer Kongreß darüber zu entscheiden haben. Nur eine kleine Minorität, die Bewegung des Haschomer Haza'ir *, wies die Idee eines Judenstaates zurück und sprach sich für einen binationalen Staat aus.

Die britische Regierung entsandte unterdessen eine neue Kommission unter Sir John Woodhead nach Palästina, deren Aufgabe es war, ein genaues Teilungsprogramm auszuarbeiten. Der Vorschlag dieser Kommission war sowohl vom jüdischen als auch vom arabischen Gesichtspunkt aus beleidigend. Das Mandat sollte zwar abgeschafft werden, Palästina aber dennoch unter britischem Regime bleiben.

Inzwischen spitzte sich die internationale Lage zu. Frankreich und England lieferten Österreich und die Tschechoslowakai an Hitler aus.

Die Regierung in London machte sich den für den Fall der Ablehnung des Teilungsplanes gestellten Alternativvorschlag der Peel-Kommission zu eigen und verringerte, gemäß der angeblichen Aufnahmefähigkeit des Landes, die Einwanderungsquote auf 12 000 im Jahr.

Es ergab sich die Notwendigkeit, eine Einwanderung auch ohne behördliche Genehmigung zu betreiben. Der erste Versuch, Einwanderer ohne amtliche Bewilligung ins Land zu bringen, datierte bereits aus dem Jahr 1927, als die Quote nahezu auf Null gesunken war. Mit Hilfe der französischen Regierung, der das Mandat über Syrien und den Libanon anvertraut war, hatten wir Einwanderer auf dem Wege über diese Länder nach Palästina geschleust. Im Jahre 1933 hatte ein Schiff, das eine Fassungskraft von 150 Menschen hatte, 350 »illegale« Einwanderer an die Küste Palästinas transportiert. Als 1938 Einwanderungsbeschränkungen in Kraft traten, nahm die sogenannte »illegale Alijah« größeren Umfang an. Gruppen von 300, 800, ja sogar von 1400 Personen trafen ein. Die Regierungen der Durchwanderungsländer leisteten Hilfe. Insgesamt wurden damals 115 000 Menschen »illegal« eingeschleust, zu einem kleinen Teil auch durch die Revisionisten.*

Im Jahre 1939, nachdem Juden und Araber die Empfehlungen der Woodhead-Kommission zurückgewiesen hatten, lud die englische Regierung Vertreter des Irak, Jordaniens und Ägyptens, die Repräsentanten der Araber Palästinas, die Jewish Agency * sowie die Beauftragten der englischen und amerikanischen Juden zu einer Erörterung der Palästinafrage ein. Die Araber Palästinas lehnten es ab, sich mit den Juden an einen Tisch zu setzen, und daher wurden unter dem Vorsitz des Premierministers Neville Chamberlain zwei parallele Konferenzen veranstaltet. Wir fragten, ob es etwa Absicht der Londoner Tagung sei, die Juden in Palästina zu einem Minderheitenstatus zu verurteilen, was die Besprechungen sinnlos machen würde. Vom Kolonialminister erhielten wir die Zusicherung, daß die Regierung eine solche Absicht nicht habe und daß kein Grund zu Befürchtungen bestehe.

Nach einigen Sitzungen legte Kolonialminister MacDonald am 15. März 1939 die endgültige Formulierung der Regierung vor:

»1. Errichtung eines selbständigen palästinensischen Staates, der weder jüdisch noch arabisch sein werde.

2. Eine Nationalversammlung der palästinensischen Bevölkerung werde das Grundgesetz des selbständigen Staates erlassen.

3. In den nächsten fünf Jahren sollte eine Einwanderung von je 10 000 Juden mit einem Zuschlag von insgesamt 25 000 Flüchtlingen gestattet werden, wenn dies der Aufnahmefähigkeit des Landes entspräche. Nach den fünf Jahren könnte die Einwanderung nur mit Bewilligung der Araber fortgesetzt werden.

4. Der Hochkommissar wird mit der Vollmacht ausgestattet, in einer Übergangsperiode Bodenverkäufe zu beschränken. Das Land wird in drei Bezirke eingeteilt: In einem wird der Verkauf frei, im zweiten beschränkt und im dritten verboten sein.«

Das Programm wurde auch den Arabern vorgelegt. Die jüdische Delegation gab bekannt, sie sehe keine Notwendigkeit, die Beratungen fortzusetzen. Die Araber lehnten den Plan der Regierung ebenfalls ab.

Am 17. Mai 1939 veröffentlichte die Regierung Chamberlain ein Weißbuch*, das die Balfour-Deklaration und die im Mandat übernommenen Verpflichtungen praktisch aufhob. Nur noch 75 000 jüdische Einwanderer würden in den nächsten fünf Jahren nach Palästina kommen dürfen. Der Bodenerwerb durch Juden wurde durch das Weißbuch auf fünf Prozent der Fläche des Landes eingegrenzt. Nach zehn Jahren werde ein palästinensischer Staat errichtet werden. Am 23. Mai billigte die konservative Mehrheit des Unterhauses das Weißbuch, während die oppositionellen Fraktionen der Labour Party und der Liberalen sowie einzelne prominente Persönlichkeiten der Konservativen, darunter insbesondere Winston Churchill und Leopold Amery, dagegen stimmten.

Die Zionistische Exekutive in Jerusalem veröffentlichte ihren Protest: »Die jüdischen Pioniere, die in drei Generationen ihr Können beim Aufbau des Landes bewiesen, werden mutig für die Verteidigung der Einwanderung, des Nationalheims und der Freiheit des jüdischen Volkes einstehen.« Der 21. Zionistenkongreß, der im August 1939 in Genf zusammentrat, hörte eine Ansprache Weizmanns, der der gleichen Auffassung Ausdruck verlieh.

Einige Tage nach Schluß des Kongresses brach mit dem Überfall Hitlers auf Polen der Zweite Weltkrieg aus. Als Vorsitzender der Zionistischen Exekutive erklärte ich: »Wir werden gemeinsam mit England gegen Hitler kämpfen, als gäbe es kein Weißbuch, und wir werden das Weißbuch bekämpfen, als gäbe es keinen Krieg.«

Die Zionistische Exekutive erließ einen Aufruf an die jüdische Jugend, sich für den Kriegseinsatz zur Verfügung zu stellen. In Palästina meldeten sich 130 000 Männer und Frauen im wehrfähigen Alter zum Militärdienst. Die Führer der palästinensischen Araber und die Oberhäupter arabischer Staaten, vor allem die des Irak und Ägyptens, unterstützten Hitler. Die Bemühungen, besondere jüdische militärische Einheiten aufzustellen, scheiterten lange Zeit am Widerstand Englands, und erst im September 1941 beschloß Churchill auf eigene Faust, die jüdische Brigade, die sich in Palästina organisiert hatte, anzuerkennen. Die Brigade kämpfte mit den Alliierten in Italien und hatte dort ihren Anteil am Sieg über die Truppen Mussolinis und Hitlers.

Der Eintritt Amerikas in den Krieg ließ keinen Zweifel mehr zu, daß nach dem Krieg nicht mehr England, sondern die Vereinigten Staaten der entscheidende Faktor sein würden. Als Vorsitzender der Zionistischen Exekutive in Jerusalem fuhr ich 1940 und 1942 in die Vereinigten Staaten, um das amerikanische Judentum für die Aufhebung des Weißbuches und die Errichtung eines Judenstaates nach Kriegsschluß zu mobilisieren. Im Mai 1942 traten zum erstenmal alle zionistischen Organisationen und Parteien zu einer allgemeinen amerikanisch-zionistischen Konferenz im Hotel Biltmore in New York zusammen und beschlossen das nachstehende Programm, das als »Biltmore-Programm« weithin bekannt wurde:

»Die neue Weltordnung, die dem Siege folgen wird, kann nur dann auf den Grundlagen des Friedens, der Gerechtigkeit und der Gleichheit aufgebaut werden, wenn das Problem der jüdischen Heimatlosigkeit ein für allemal gelöst wird. Die Konferenz fordert:

1. Die Tore Palästinas werden für die jüdische Einwanderung geöffnet.
2. Die Jewish Agency ist mit der Kontrolle der Einwanderung zu betrauen und mit den für den Aufbau des Landes notwendigen Vollmachten auszustatten, die auch die Erschließung unbesiedelter und unentwickelter Böden zu umfassen haben.
3. Palästina wird ein jüdisches Gemeinwesen (Jewish Commonwealth), das ein Teil der neuen demokratischen Welt zu sein hat.«

Das Programm wurde einstimmig angenommen, lediglich ein Delegierter des Haschomer Haza'ir enthielt sich der Stimme. Ich unterbreitete das »Biltmore-Programm« dem Zionistischen Aktionskomitee*, das am 15. Oktober 1942 in Jerusalem zusammentrat. Nach einer bitteren Aussprache, an der sich vor allem der Haschomer Haza'ir beteiligte, wurde der Vorschlag mit großer Mehrheit angenommen und zum offiziellen Programm der Zionistischen Weltorganisation erklärt.

Die Mandatsregierung überträgt das Palästinaproblem den Vereinten Nationen

Am 7. Mai 1945 kam ich mit Oliver Stanley, dem damaligen Kolonialminister, zusammen. Er war weder pro- noch antizionistisch, zeichnete sich aber durch Lauterkeit und Offenherzigkeit aus. Seinen Worten entnahm ich, die britische Regierung werde das Mandat nicht mehr lange Zeit behalten. England wolle zwischen Juden und Arabern nicht entscheiden, wisse jedoch, daß die USA und die UdSSR die Forderung der Juden unterstützten und die Errichtung eines Judenstaates anstrebten.

Am Tage des Kriegsendes trug ich in mein Tagebuch ein: »Du darfst dich nicht freuen, Israel, noch rühmen wie die Völker« (Hosea 9,1). Ich wußte, was uns im Zweiten Weltkrieg widerfahren war. Die sechs Millionen europäischer Juden, von denen Weizmann vor der Königlichen Kommission gesprochen hatte, die nach seinen Worten einen Judenstaat brauchten und ihn aufbauen wollten, gab es nicht mehr. Es gab aber noch jüdische Massen, die seiner bedurften. Nach Aufgabe des Mandats durch die Engländer wäre die Konfrontation mit den arabischen Armeen unvermeidlich. Unsere Hauptsorge war jetzt, uns für diese Gefahr zu rüsten und Waffen aller Gattungen zu erhalten.

Bald danach kam ich mit dem französischen Außenminister zusammen. Er hatte meine Rede auf der Biltmore-Konferenz gelesen, und auch er wußte schon, daß die Engländer das Land verlassen würden. Es war ihm ferner bekannt, daß Amerika und Rußland für den Judenstaat seien. »Wie kann ein Judenstaat ohne jüdische Mehrheit entstehen?« fragte er mich. Meine Antwort war, die Tore des Landes würden geöffnet werden, und wir würden bald die Mehrheit erreichen. Wie schon so oft in der Vergangenheit würden wir abermals beweisen, daß wenige vielen erfolgreich Widerstand leisten können.

Es war mir klar, daß wir nach dem englischen Verzicht auf das Mandat nicht nur den Arabern Palästinas, sondern den arabischen Armeen gegenüberstehen würden. Unserer »Hagana«* gebrach es an schweren Waffen. Sie mußten gekauft werden. Es mußte auch so rasch wie nur möglich eine Schwerindustrie zur Produktion von Waffen in Palästina geschaffen werden. Ich fuhr daher am 15. Mai 1945 nach Amerika. In New York wandte ich mich an Henry Montor, der die amerikanischen Juden besser als sonst jemand kannte. Ich bat ihn, mir eine Liste von Juden vorzubereiten, auf die Verlaß wäre. Im Hause Rudolf Sonneborns kam ich mit siebzehn jüdischen Führern zusammen. An der Sitzung beteiligten sich auch der Schatzmeister der Jewish Agency, Elieser Kaplan, ferner Meir Weisgal und Re'uven Schiloach. Ich setzte den Versammelten meine Idee über die Notwendigkeit des Ausbaus unseres Verteidigungssystems und der Beschaffung schwerer Ausrüstung auseinander. Die Anwesenden versprachen bereitwillig und begeistert volle Hilfe. Obwohl zu jener Zeit wegen des Terrors der beiden Untergrundorganisationen »Ezel«* und »Lechi«* und wegen des von der Hagana begonnenen Aufstandes unsere zwei schwierigsten Jahre in den Beziehungen zur Mandatsmacht begannen und die Engländer ständig Durchsuchungen nach Waffen vornahmen, kamen die Maschinen wohlbehalten an. Die

Mandatsbehörden hegten keinen Verdacht, daß die schwere Apparatur zur Waffenproduktion bestimmt sei. Es war freilich unmöglich, die Maschinen vor Ende des Mandats in Betrieb zu setzen.

Ich kehrte am 26. Juli 1945 auf der »Queen Elizabeth« aus Amerika nach London zurück. Auf dem Wege hörten wir von den Ergebnissen der englischen Wahlen. Zum erstenmal in der Geschichte hatte die Labour Party eine entscheidende Mehrheit gewonnen. Die Nachricht weckte in der jüdischen Welt, besonders aber in der zionistischen Bewegung, große Hoffnungen. Die Labour Party hatte sich 1939 dem Weißbuch widersetzt und 1944 eine Resolution angenommen, in der die Errichtung des Judenstaates verlangt wurde. Diese Entschließung enthielt übrigens eine Forderung, die der Zionismus niemals gestellt hatte: Die Araber Palästinas seien in die benachbarten arabischen Länder auszusiedeln. Clement Attlee wurde Ministerpräsident, Ernest Bevin, der 1932 die Aufhebung des antizionistischen Weißbuches durchsetzte, wurde Außenminister.

Eine erste zionistische Konferenz nach dem Weltkrieg fand im August 1945 in London statt. Sie stand zwar im Zeichen der Ermordung von sechs Millionen Juden, dennoch war die Stimmung nach dem Sieg der Labour Party zuversichtlich. Ich fühlte mich verpflichtet, den Optimismus zu dämpfen, und sagte: »Die Voraussetzung, daß eine Partei, die das Ruder der Regierung übernimmt, nach den Maximen handelt, die sie in der Opposition verkündete, scheint mir anfechtbar. In England und wahrscheinlich auch in anderen Ländern liegt die Verwaltung nicht allein in den Händen der gewählten Regierung. Es gibt auch eine permanente Bürokratie. Regierungen kommen und gehen, meist wandelt sich die Beamtenschaft nicht. Dies trifft insbesondere auf das Kolonialamt zu, wo die große Mehrheit der Beamten antizionistisch ist. Sie bleibt auch jetzt auf ihrem Posten, und wir sollten ihren Einfluß nicht unterschätzen.«

Nach kurzer Zeit erwies sich, daß die Wirklichkeit noch düsterer war als meine Warnung. Im November 1945 wurden Mosche Sharett und ich zum neuen Kolonialminister George Hall gebeten. Er überreichte uns den Text einer Erklärung, die Bevin im Unterhaus abzugeben beabsichtigte: »Der Gegensatz zwischen Juden und Arabern ist unüberbrückbar, und es wird daher notwendig sein, Palästina unter eine internationale Treuhänderschaft zu stellen.« Das hieß mit anderen Worten, das britische Regime sollte aufrechterhalten werden, allerdings ohne Mandat und ohne dessen Verpflichtungen. Bevin hob das Weißbuch nicht auf. Er wiederholte den Versuch, Juden und Araber in London zusammenzuführen, war indes nicht bereit, zu einer Übereinkunft mit den Juden oder mit den Arabern zu kommen. Am 18. Februar 1947 teilte Bevin im Parlament mit, die englische Regierung habe weder die Forderungen der Juden noch die der Araber annehmen können und daher beschlossen, das Problem der UNO vorzulegen.

Der 22. Zionistenkongreß, der erste nach dem Zweiten Weltkrieg, fand im Dezember 1946 in Basel statt. Meinungsverschiedenheiten zwischen dem Präsidenten der Zionistischen Weltorganisation, Weizmann, und mir (als dem Vorsitzenden der Exekutive in der Frage der Beziehungen zu England) traten zutage. Ich war der Auffassung, der Schwerpunkt der zionistischen Politik verlagere sich von England nach Amerika. Weizmann wurde nicht wiedergewählt.

Vor schicksalsschweren Entscheidungen
Die militärische Stärke der arabischen Staaten

Der Basler Kongreß von 1946 beschloß: »Der ursprüngliche Zweck des Mandats läßt sich nur durch die Errichtung eines Judenstaates erreichen. Der Kongreß widerspricht jeder Art von Treuhänderschaft, die anstelle des Mandats treten würde. Er ruft die Vereinten Nationen und alle ihre Mitgliedsstaaten auf, die Forderung des jüdischen Volkes nach der Errichtung eines Staates in Palästina und dessen Aufnahme in die UNO zu unterstützen.«

Meine Rede in der Plenarsitzung des Kongresses widmete ich vorwiegend der Ablehnung des sogenannten Morrison-Planes, der die Teilung des Landes in vier Distrikte vorsah: den Negev, den Bezirk Jerusalem, einen jüdischen und einen arabischen Distrikt. Die Einwanderung in den jüdischen Teil hätte weiterhin in den Händen des Hochkommissars liegen sollen. Nur in einer nichtöffentlichen Sitzung des politischen Ausschusses konnte ich mich auf die Frage der Sicherheit konzentrieren, die meiner Meinung nach für die Zukunft der jüdischen Gemeinschaft in Palästina von schicksalhafter Bedeutung war. Das Problem, so sagte ich, sei nicht neu, nun aber stünden wir vor einer völlig veränderten Situation, denn Palästina sei von souveränen arabischen Staaten eingekreist. Ob es sich um eine fiktive Selbständigkeit handle, sei vom Standpunkt unserer Sicherheit nebensächlich. Die Nachbarstaaten könnten Waffen kaufen und Truppen ausbilden. Angriffe der palästinensischen Araber gefährdeten die jüdische Gemeinschaft in Palästina nicht. Anders liege die Sache bei möglichen militärischen Angriffen arabischer Staaten auf unser Gemeinwesen.

Der Kongreß übertrug mir die Leitung des neugeschaffenen Ressorts für Sicherheitsfragen. Ich sah es als meine vordringliche Pflicht an, den Stand der Ausbildung und der Rüstung der Hagana zu untersuchen, um festzustellen, wieweit wir imstande sein würden, die bevorstehenden Prüfungen zu bestehen. Das Budget der Hagana belief sich im Jahre 1946 auf 670 000 palästinensische Pfund und stieg 1947 um weitere 100 000 Pfund an. (Der Wert eines palästinensischen Pfundes war damals fünf Dollar.) Der Hauptteil des Geldes wurde für den Ankauf von Waffen ausgegeben.

Die Histadrut und der Bürgerblock (letzterer bestand im wesentlichen aus Vertretern der Stadtgemeinde Tel Aviv und des Bauernverbandes) ernannten paritätisch das Oberkommando der Hagana. Die beiden Teile des Kommandos waren von gegenseitigem Mißtrauen erfüllt. Der Leiter des Oberkommandos wurde durch den Vorsitzenden der Jewish Agency bestimmt. Damals war es Mosche Kleinbaum, der seinen Namen später auf Sneh änderte und den Allgemeinen Zionisten A, d. h. einer progressiv-bürgerlichen Partei, angehörte. Ich traf mit den Mitgliedern des Oberkommandos und nachher mit jedem einzelnen von ihnen zu Sondergesprächen zusammen. Ich besuchte die Siedlungen, unterhielt mich mit den Orts- und Distriktskommandanten und mit der Mannschaft. Die Befehlshaber aller Ränge verfügten nur in wenigen Ausnahmefällen über militärische Erfahrung. Man unterließ auch den Versuch, Männer in die Hagana aufzunehmen, die während des Krieges in der Brigade oder in Artillerieeinheiten gedient hatten. Die meisten Kommandanten der Hagana dachten nur in Kategorien der örtlichen Verteidigung, niemand erwog die Möglichkeit eines militärischen Zusammenstoßes. Ich prüfte die Waffenbestände, die der Hagana im April 1947 zur Verfügung standen. Es waren 10 073 Gewehre, 1900 Maschinenpistolen, 186 Maschinengewehre, 444 leichte Maschinengewehre. Die schwere Ausrüstung bestand aus 672 Zwei-Inch- und 96-Drei-Inch-Mörsern. Wir besaßen nicht eine einzige Kanone und kein einziges schweres Maschinengewehr, keine Panzerabwehrwaffen und keine Flugzeugabwehrgeschütze; wir besaßen keinen Panzerwagen, keine Luftwaffe, keine Kriegsmarine und auch keine Transportflugzeuge.

Die geringe Ausrüstung der Hagana war mühselig durch besondere Tapferkeit und häufig durch Anwendung wagemutiger List erworben worden. Die Einfuhr der Waffen aus dem Ausland erforderte Hingabe und ungewöhnliches Organisationstalent. Im Lande selbst wurde nur primitive Ausrüstung erzeugt. Alles mußte sich im Untergrund abspielen.

Ich hielt es für wichtig, einen Überblick über die Armeen der arabischen Staaten zu gewinnen, und meine Nachforschungen hatten folgendes Ergebnis:

Ägypten	35 000 Mann
Syrien	8300 (Armee)
	3500 (Gendarmen)
Libanon	3605 (Armee)
	2000 (Gendarmen)
Irak	25 000 (oder 35 000)
Transjordanien	18 000 (Legion)
	6000 (Wüstentruppen und Kamelreiter)
	15 000 (Grenzschutz)
Saudien	25 000 (oder 5000) (Armee)
	12 000 (Stammesmilizen)

Die arabischen Staaten gaben erhebliche Beträge für ihre Armeen und paramilitärischen Organisationen aus. Ägypten für acht Millionen Pfund, Syrien 37 Millionen, Libanon mehr als eine Million, Irak sechseinhalb Millionen und Transjordanien über sieben Millionen Pfund.

Einige Hagana-Kommandanten drückten in den Gesprächen mit mir ihren Unmut darüber aus, daß ich die Gefahren, die der jüdischen Gemeinschaft durch die arabischen Armeen drohten, zu sehr herausstreiche. Andere, an ihrer Spitze Sneh, sahen darin ein bewußtes Verschweigen der von England drohenden »imperialistischen« Gefahr.

In einem Schreiben an das Oberkommando vom 18. Juni 1947 befaßte ich mich mit der Vergangenheit der Hagana und ihrer Zukunft. U. a. verwies ich auf die Gründung einer besonderen Kommandoeinheit, des »Palmach«*, die im Jahr 1941 entstanden war. Die Finanzierung des »Palmach« wurde durch Arbeit seiner Mitglieder in den Siedlungen aufgebracht. »Während des Zweiten Weltkrieges haben«, so führte ich aus, »Hagana und englische Armee im Kampf gegen den gemeinsamen nazistischen Feind kooperiert. Das Ende des Weltkrieges und der Fortbestand des Weißbuches haben die Hagana nun wieder zur wichtigsten politischen Front, zum Kampf gegen das antizionistische Mandatsregime, zurückgeführt. Diese politische Front besteht weiter, und ihre Bedeutung nimmt sogar zu. Gleichzeitig aber zeichnen sich von neuem und stärker als zuvor die arabischen Fronten ab. Wir haben Angriffe nicht nur der Araber Palästinas, sondern auch der umliegenden arabischen Staaten zu erwarten. Die antizionistische Politik der Regierung gibt der arabischen Feindschaft Auftrieb, und die arabische Aggressivität wächst durch moralische, politische und auch materielle Förderung der Engländer.«

Dennoch müsse zwischen beiden Fronten klar unterschieden werden. Der Kampf zwischen dem Zionismus und der Politik des Weißbuches sei im Grunde genommen politischer und nicht militärischer Art, und auch die von Zeit zu Zeit erforderlichen militärischen Aktionen verfolgten nur den Zweck, dem politischen Ringen Nachdruck zu verleihen. In diesem Bereich stelle die Hagana lediglich eines der Mittel der Auseinandersetzung dar. Im Kampf gegen die Araber werde jedoch die Hagana der hauptsächliche und der entscheidende Faktor sein. Hier sei überhaupt nur eine militärische Entscheidung möglich. Darauf müsse sich die Hagana vorbereiten. Wenn es zum Zusammenstoß käme, werde die Existenz des jüdischen Gemeinwesens und das zionistische Werk in Palästina von seinem Ausgang abhängen. Die Hagana habe sich von nun an darauf einzustellen, daß es nicht nur um die erfolgreiche Abwehr der Angriffe auf die jüdischen Siedlungen, sondern um die Verteidigung des ganzen Landes gehe. Sich für diese Aufgabe zu wappnen, sei die Pflicht der Stunde.

Im Februar 1947 unterbreitete Bevin das Palästinaproblem der UNO. Die Beratungen der Vollversammlung begannen im Mai. Die Welt wurde durch die Rede des Delegierten der Sowjetunion, Andrej Gromyko, überrascht, der die Errichtung eines Judenstaates in Palästina forderte: »Es wäre ungerecht, wenn wir unsere Aufmerksamkeit nicht den Bestrebungen der Juden schenkten, die einen selbständigen Staat gründen wollen, und wenn wir den Juden das Recht absprächen, diese Bestrebungen in die Tat umzusetzen. Eine Absage an die Juden läßt sich nicht rechtfertigen, wenn wir uns vor Augen halten, was das jüdische Volk im Zweiten Weltkrieg zu erdulden hatte.«

Die Vollversammlung der Vereinten Nationen beschloß die Einsetzung einer Sonderkommission zur Klärung der Palästinafrage. In ihr waren die fünf politischen und regionalen Blöcke der UNO vertreten, England und die Araber ausgenommen. Ende Juni 1947 kam die Kommission nach Palästina, Anfang September veröffentlichte sie ihre Empfehlungen:

1. Das britische Mandat solle zu einem möglichst frühen Termin beendet werden;
2. Palästina solle so bald wie möglich die Selbständigkeit verliehen werden;
3. Es sei eine möglichst kurze Übergangszeit festzusetzen;
4. Während der Übergangszeit werde die UNO für die Verwaltung des Landes verantwortlich sein.

In ihren weiteren Empfehlungen war die Kommission gespalten. Während die Minderheit für eine föderale Lösung mit einem kleinen jüdischen und einem großen arabischen Gebiet war, beantragte die Mehrheit, das Land in einen jüdischen und einen arabischen Staat zu teilen. Die beiden Staaten sollten durch eine Wirtschaftsgemeinschaft miteinander verbunden sein. Für Jerusalem als *corpus separatum* wurde eine internationale Administration empfohlen.

Das Zionistische Aktionskomitee, das in Zürich tagte, nahm die Empfehlungen mit Genugtuung zur Kenntnis. Der endgültige Standpunkt des jüdischen Volkes sollte nach der Debatte der Vollversammlung der UNO festgelegt werden. Diesem Beschluß widersetzten sich drei Parteien: die Achdut Awoda*, der Haschomer Haza'ir und die Revisionisten.

Die Debatte in der Vollversammlung dauerte rund zwei Monate. Am 29. November 1947 wurde mit einer Majorität von mehr als zwei Dritteln der Mitgliedsstaaten entschieden, den Teilungsvorschlag der Kommissionsmehrheit anzunehmen. Dafür waren 33 Staaten, darunter die Sowjetunion und die USA; dreizehn Staaten, nämlich Ägypten, Syrien, der Libanon, Saudien und Jemen sowie vier mohammedanische Staaten (Afghanistan, Pakistan, der Iran und die Türkei), Indien, Griechenland und Kuba, stimmten dagegen. Zehn

Staaten, u. a. Großbritannien, enthielten sich der Stimme. Die Londoner Regierung gab bekannt, sie werde die Beschlüsse der Vollversammlung nur ausführen, wenn Araber und Juden ihnen zustimmten. Die Haltung der Engländer verstärkte den arabischen Widerstand. Die arabischen Staaten erklärten, sie würden in den Krieg ziehen, um die Errichtung des Judenstaates zu verhindern.

In den Jahren 1939 bis 1947 hatte es kaum arabische Angriffe gegen die jüdische Bevölkerung in Palästina gegeben. Die Araber hatten aus den Mißerfolgen im Aufruhr 1936–1939, der für sie wesentlich höhere Verluste zur Folge hatte als für uns, ihre Lehre gezogen. In unseren eigenen Reihen hatten während der ruhigen Jahre Unbekümmertheit und Gleichmut um sich gegriffen. Inzwischen aber waren Änderungen eingetreten, die dem scheinbaren Frieden ein Ende setzen konnten. Die Sicherheitsfrage rückte wie niemals zuvor in den Mittelpunkt unseres Daseins.

Der Mufti war zurückgekehrt, nicht etwa als Flüchtling, sondern als Oberhaupt der palästinensischen Araber. Seiner Anordnung gemäß boykottierten sie die Sonderkommission der UNO; auch die arabischen Kommunisten fügten sich seinem Willen. Eine weitere Änderung bestand in der Gründung der Arabischen Liga, die unter Anleitung des britischen Außenministeriums ins Leben getreten war. Zu ihrem Hauptziel machte die Liga den Kampf gegen den Zionismus. Zudem wurde die Politik des Weißbuches durch die Regierung Attlee-Bevin nicht nur fortgesetzt, sondern durch den Appell an die gesamte mohammedanische und arabische Welt noch zugespitzt. Die jüdische Gemeinschaft in Palästina sollte vernichtet werden.

Im Zentralkomitee der Mapai, das Mitte August 1947 zu einer Sitzung zusammentrat, stellte sich die harte, unverblümte Frage: Ist die Existenz der jüdischen Gemeinschaft in Palästina gesichert? Ich zielte damit nicht auf unsere wirtschaftliche, sondern auf unsere physische Existenz ab. Es handle sich, sagte ich, nicht allein um Leben oder Tod der 600 000 Juden in Palästina, sondern, nach der Vernichtung von sechs Millionen Juden, um den Bestand des jüdischen Volkes überhaupt. Gingen wir Juden Palästinas unter, würden sich im fatal geschwächten jüdischen Volkskörper keine Fortsetzer finden lassen. Im Kampf, der uns bevorstehe, würden wir nicht mehr, wie bisher, Terrorbanden gegenüberstehen, sondern arabischen Armeen. Mit meiner Ansprache wollte ich nicht Panik erzeugen, ich beabsichtigte vielmehr, meine Freunde mit der bitteren Wirklichkeit zu konfrontieren. Eine andere Frage, die ich der Versammlung vorlegte, lautete, ob wir trotz unserer zahlenmäßigen Unterlegenheit im bevorstehenden Kampf bestehen könnten. Unsere sittlichen und intellektuellen Vorzüge würden nur dann den Ausschlag geben, wenn wir uns auf alle Möglichkeiten und alle Gefahren mit großem Ernst vorbereiteten. Die nächsten zwei Jahre müßten ausschließlich im Zeichen dieser Vorbereitungen stehen.

In meiner Rede sagte ich ferner: »Ich weiß nicht, zu welchen Resultaten und Empfehlungen der Sonderausschuß der UNO gelangen und was die Vollversammlung beschließen wird. Zwei Einsichten wird sich aber die Welt nicht verschließen können. Erstens, daß in Palästina eine jüdische Gemeinschaft entstanden ist, die sich von den jüdischen Gemeinschaften in anderen Ländern dadurch unterscheidet, daß wir hier alle typischen Zeichen einer selbständigen und in ihrer Heimat verwurzelten Nation aufweisen. Zweitens ist zu erkennen, daß Juden der Diaspora ungestüm nach Palästina drängen. Es gibt eine jüdische Masse, für die die Einwanderung zur Existenzfrage geworden ist. Ich halte es für ausgeschlossen, daß die Welt aus diesen beiden entscheidenden Tatsachen nicht die unausweichlichen Konsequenzen zieht.«

Ich wies auf die Notwendigkeit hin, schwere Waffen wie Panzer, Panzerwagen, Kanonen, Mörser, Kampfflugzeuge, Torpedoboote und andere Ausrüstung für unsere Kriegsmarine zu kaufen. Im August 1946 hatte ich von der Zionistischen Exekutive den im Vergleich zu früheren Zuweisungen außerordentlich hohen Betrag von drei Millionen Dollar erhalten. Im Jahre 1947 schien mir dieser Betrag schon viel zu gering.

Insgesamt konnten wir erwerben: 24 Flugzeuge, 59 Boote verschiedener Typen, 40 Panzer, 144 Zugkraftwagen, 416 Kanonen, 24 schwere Mörser, 158 schwere, 1417 mittlere und 6034 leichte Maschinengewehre, 52 391 Gewehre, 523 Maschinenpistolen, 1755 Revolver. Nur einen kleinen Teil dieser Ausrüstung konnten wir noch vor Ausrufung des Staates ins Land bringen. Mit 20 Flugzeugen (die wir aus den Beständen der englischen Armee im Lande erwarben), 52 Zugkraftwagen, 26 Kanonen, einem schweren Maschinengewehr, 54 mittleren und 464 leichten Maschinengewehren, 6240 Gewehren, 417 Maschinenpistolen und 500 Revolvern, mit den Waffen, die die

Hagana im Untergrund benützte, und mit der Produktion der eigenen Industrie hatten wir in den ersten Tagen nach Gründung des Staates den Angriffen der arabischen Armeen standzuhalten.

Zusammenbruch des Mandatsregimes
Arabische Angriffe auf das jüdische Transportwesen
Flucht der arabischen Bevölkerung

Am Tage nach dem Beschluß der UNO-Vollversammlung begannen die arabischen Ausschreitungen. Das Oberste Arabische Komitee rief einen Generalstreik für drei Tage aus. Am 2. Dezember 1947 setzte eine arabische Menschenmenge ein jüdisches Geschäftsviertel in Jerusalem in Brand. Die britische Polizei gestattete der Hagana nicht, den Juden zu Hilfe zu kommen. Zwei Wochen nach der Entscheidung der UNO beschloß die Arabische Liga, Soldaten, als Freiwillige getarnt, nach Palästina zu schicken. Die britische Verwaltung rührte keinen Finger, um den Feldzug zu verhindern. Sie lehnte überdies die Zusammenarbeit mit der UN-Kommission ab, die in der Übergangszeit den Vollzug des Teilungsbeschlusses überwachen sollte. Die Araber, die in dem uns zugewiesenen Gebiete des Landes wohnten, begannen, einer Weisung des Obersten Arabischen Komitees gemäß, mit der Flucht in die Nachbarländer.

Die Angriffe der arabischen Banden nahmen zu. Sie erhielten Verstärkung durch die aus den Nachbarstaaten eingeschleusten Soldaten. Am 8. Januar 1948 sagte ich im Zentralkomitee der Mapai, daß es sich nicht mehr um Ausschreitungen, sondern um einen wilden Krieg handle, in dem drei Ziele angestrebt würden: 1. Das jüdische Gemeinwesen in Palästina sollte vernichtet werden; die Araber hätten erkannt, daß eine arabische Herrschaft im Lande nicht möglich sei, solange sich wehrbereite jüdische Siedlungen in Palästina befänden. 2. Die Errichtung des Judenstaates, und sei es nur in einem Teil des Landes, solle verhindert werden und der Beschluß der Vollversammlung der UN auf diese Weise außer Kraft gesetzt werden. 3. Wenn diese beiden Ziele nicht erreicht werden könnten, so solle das Gebiet des Judenstaates im Negev, in Galiläa und möglicherweise auch in Haifa und an anderen Plätzen verkleinert werden.

»Bei diesem Kampf gegen den Beschluß der Vollversammlung haben wir allein die Last des Krieges zu tragen. In Jaffa und Haifa waren wir bis jetzt, d. h. bis Anfang Januar 1948, erfolgreich, und zwar dank unserer militärischen Überlegenheit und dank der Tatsache, daß die beiden Städte von jüdischen Siedlungen umgeben sind. Verläßlichen Meldungen zufolge sind 15 000 bis 20 000 Araber bereits geflohen und viele weitere bereiten sich zur Flucht vor.«

Der Hochkommissar sagte der Zionistischen Exekutive zu, die Straße nach Jerusalem offenzuhalten; die Araber sperrten sie. Im Lande befanden sich damals noch rund 100 000 Soldaten. Ende März 1948 wies ich das Oberkommando der Hagana an, Truppen aufzubieten, um die Zufahrt nach Jerusalem freizukämpfen. Die Leitung der Hagana wollte 400 Mann, die größte bis dahin für eine Offensivaktion eingesetzte Einheit, abkommandieren. Mir schien diese Zahl nicht hinreichend, und ich verlangte wenigstens 1500 Mann. Auch die Araber hatten, so verstand ich, die Bedeutung Jerusalems erkannt und wußten, daß die Vernichtung der 100 000 Jerusalemer Juden durch Kriegshandlungen oder durch Hunger ein tödlicher Schlag für das ganze jüdische Volk sein müßte. Ich bestellte die Abschnittskommandanten nach Tel Aviv. Nachdem ich ihnen die Bedeutung Jerusalems auseinandergesetzt hatte, stimmten die Offiziere zu, mir die Hälfte der ihnen unterstellten Mannschaften für den Durchstoß nach Jerusalem zu überlassen. Lediglich die Kommandanten in Galiläa wurden – wegen der besonderen Situation an diesem Abschnitt – von der Auflage befreit.

Die Aktion bekam das Kennwort »Nachschon« (»Der Waghalsige«). Sie war für die ersten Apriltage angesetzt. Ende März traf die erste Waffensendung aus der Tschechoslowakei ein und wurde unverzüglich der Einheit ausgehändigt, der der Entsatz Jerusalems übertragen worden war. Im Kampf um das Kastell, einer dem westlichen Zugang Jerusalems vorgelagerten, strategisch wichtigen Anhöhe, fiel Abd el Kadar el Husseini, einer der arabischen Kommandanten. Der Weg nach Jerusalem war frei, die britische Armee mischte sich diesmal nicht ein. Dennoch schien es uns geboten, im geheimen eine neue zusätzliche Straße nach Jerusalem zu bauen, die man in Erinnerung an die fernöstliche Parallele im Zweiten Weltkrieg allgemein »Burmastraße« nannte. Den Weg entlang wurde, ebenfalls im geheimen, eine Wasserleitung gelegt, da wir uns auf die bestehende Wasserzufuhr, die durch arabische Dörfer führte, nicht verlassen konnten.

Das Zionistische Aktionskomitee, das Anfang April zusammentrat, bestätigte einen Vorschlag der Zionistischen Exekutive und des Wa'ad Le'umi*, noch vor dem Abzug der Engländer zwei staatliche Institutionen ins Leben zu rufen, denen die Aufgaben der Provisorischen Regierung und des Provisorischen (nicht gewählten) Parlaments übertragen werden sollten. Alle Parteien der jüdischen Gemeinschaft in Palästina, auch die Kommunisten, entsandten ihre Vertreter ins Parlament.

Ich gab dem Zionistischen Aktionskomitee einen Überblick über die Situation:

»Im Laufe der vier Monate, die seit dem Beschluß der Vollversammlung der UNO über die Teilung des Landes und seit dem Beginn der arabischen Überfälle verstrichen sind, wurden mehr als 900 Juden getötet. Die jüdischen Bewohner der Altstadt von Jerusalem sind seit Monaten umzingelt. Das jüdische Jerusalem ist beinahe völlig abgeschnitten und der Gefahr des Verhungerns ausgesetzt. Nahezu alle Verbindungswege des Landes sind unsicher, kein Jude kann sich ohne Lebensgefahr auf die Landstraße begeben. Tausende bewaffnete Araber, darunter Soldaten und Offiziere der Armeen der Nachbarstaaten, dringen in zunehmender Zahl ins Land ein. Sie kommen vorwiegend aus Syrien, dem Irak, Transjordanien, teilweise auch aus Ägypten. Mit Wissen der Mandatsregierung kampiert die Arabische Legion, die Armee Transjordaniens, in Palästina. Sie wird durch England erhalten, ist diszipliniert, vorzüglich ausgerüstet und ausgebildet.

Die Regierung des Landes bricht auseinander, doch sie versucht, noch vor ihrer Auflösung, das jüdische Gemeinwesen um die Möglichkeit der Selbstverteidigung zu bringen. Im Widerspruch zum Beschluß der Vollversammlung der UNO weigerte sich die Regierung, den Hafen von Tel Aviv am 1. Februar freizugeben, wiewohl ihre Soldaten und ihre Polizisten das Gebiet von Tel Aviv bereits verlassen haben. Englische Kriegsschiffe kreuzen vor der Stadt. Praktisch hat die Regierung eine Seeblockade über Palästina verhängt, die gegen die Juden gerichtet ist, während die Landesgrenzen im Osten, Norden und Süden für die arabischen Banden und für die arabischen Armeen offenstehen.

45

Am 15. Mai, dem Tage der offiziellen Beendigung des Mandatsregimes, wird das Land dem Ansturm der feindlichen Kräfte ausgeliefert sein. Das zahlenmäßige Verhältnis zwischen den Juden Palästinas auf der einen und den Arabern des Landes und der benachbarten Staaten, ohne Nordafrika, auf der anderen Seite ist etwa 1 : 40. Die Araber verfügen über staatliche Machtmittel, ein großer Teil der englischen Waffen wird der Arabischen Legion übergeben. Die dem Angriff preisgegebene jüdische Bevölkerung Palästinas hat vorderhand keinen souveränen Status. Sie hat keine Regierung, sie ist international nicht anerkannt, sieben arabische Staaten sind gegen sie aufgestanden: Libanon, Syrien, Transjordanien, Irak, Ägypten, Saudien und Jemen. Sie haben mehr oder minder gut ausgebildete Armeen. Einige von ihnen besitzen eine Luftwaffe. Ägypten hat auch eine Kriegsmarine. Dies ist, kurz gesagt, die Situation, die uns vor die schicksalsschwere Frage stellt, mit der wir seit mehr als 1800 Jahren nicht mehr konfrontiert waren. Sie heißt nicht, ob wir uns zur Wehr setzen oder uns unterwerfen sollen. Wir haben keine solche Alternative. Die Frage lautet vielmehr, wie wir um den Sieg kämpfen sollen, der die freie Existenz unseres Volkes, seine souveräne Zukunft und seine Stellung in der Familie der Nationen sichert.«

Ich erinnerte daran, daß ich bei der letzten Sitzung des Zionistischen Aktionskomitees 1947 ohne Erfolg versucht hatte, der zionistischen Bewegung die Frage der Sicherheit als zentrales und existentielles Problem darzustellen. Es bestand keine Neigung, mir Gehör zu schenken: Nunmehr müsse ich schon niemand von dem Ernst der Lage überzeugen; dennoch wüßte ich nicht, ob allenthalben in der jüdischen Welt bereits die zutreffenden Folgerungen gezogen würden. Nicht durch unsere militärische Kraft allein könnten wir den Sieg erringen, denn heutzutage würden Kriege nicht bloß durch Soldaten ausgetragen. Im jüdischen Palästina könne man zudem weniger als anderswo zwischen Front und Hinterland unterscheiden. Alles sei der Gefahr der Vernichtung ausgesetzt. Wir hätten alle unsere wirtschaftlichen, geistigen und moralischen Ressourcen zu mobilisieren. Auch wenn wir imstande wären, eine größere Armee aufzubieten, sei uns der Sieg nicht gewiß. Zwei Drittel unserer Stärke liege in unserer sittlichen Kraft.

Im Augenblick beunruhige uns die Frage, ob wir mit 650 000 Menschen gegen mehr als eine Million palästinensischer Araber und mehr als 30 Millionen Araber der Nachbarstaaten standhalten könnten. Fachleute würden auf diese Frage antworten, daß die Lage hoffnungslos sei. Bis heute hätten wir keine einzige Siedlung, keinen noch so isolierten Punkt aufgeben müssen. Dagegen seien uns Vorstöße in arabische Gebiete des Landes, in Galiläa, in Samaria, im Gebirge Juda und im Negev, gelungen, die Araber hätten viele Orte verlassen. In und um Jerusalem werde ein heftiger Kampf geführt, aber Westjerusalem sei nie so jüdisch gewesen wie jetzt. Die arabischen »Inseln« in den westlichen Teilen der Stadt seien von den Bewohnern aufgegeben worden, doch alle jüdischen Quartiere im arabischen Gebiet Jerusalems hätten gehalten werden können, obwohl sie Tag und Nacht Angriffen ausgesetzt seien. Auch aus Haifa sei ein Drittel der arabischen Bevölkerung geflohen.

Meine Rede schloß ich mit dem Appell ab, die gesamten Menschenreserven überlegt in der Wirtschaft und an der Front einzusetzen. Noch einmal unterstrich ich die Notwendigkeit, Waffen, Fahrzeuge, Schiffe und Flugzeuge zu beschaffen, und wies auch darauf hin, daß die Vorräte an Nahrungsmitteln und Rohmaterial für die Stunde der aktuellen Gefahr erfaßt und unter Kontrolle gestellt werden müßten. Schließlich erklärte ich, daß es eine vordringliche Aufgabe sei, schon jetzt zentrale Körperschaften ins Leben zu rufen, die mit der obersten und ausschließlichen Verfügungsgewalt ausgestattet werden müßten.

Das Oberkommando der Hagana war in jener kritischen Zeit durchaus nicht aus einem Guß, sondern – wie schon erwähnt – paritätisch zusammengesetzt. Außerdem standen bestimmten Ortskommandanten, z. B. in Tel Aviv, wichtige Befugnisse und selbständige Entscheidungsgewalt zu. In der von der Histadruth gestellten Hälfte des Oberkommandos rangen die Parteien miteinander, und auch auf der bürgerlichen Seite gab es unterschiedliche Strömungen. Dazu kam noch, daß sich die zwei Untergrundorganisationen den nationalen Instanzen nicht unterordnen wollten, wenngleich sie in Einzelfällen mit der Hagana zusammenarbeiteten.

Das Zionistische Aktionskomitee nahm nach zehntägigen Beratungen mit einer Mehrheit von vierzig Stimmen gegen zehn der Mapam* und acht der Revisionisten folgende Entschließung an: »Als Willensträger der Zionistischen Weltorganisation und mit Zustimmung des jüdischen Volkes haben wir entschieden, daß mit Beendigung des Mandatsregimes die Fremdherrschaft aufhören, das Volk sich erheben und seine souveränen Rechte im Lande der Väter ausüben wird.«

Aufgrund dieser Entschließung kam es dann zur Errichtung der zwei obersten Körperschaften, des 37köpfigen Provisorischen Volksrats (Parlament) und der aus 13 Mitgliedern bestehenden Volksleitung (hebräisch »Minhelet Ha'am«), die nach Beendigung des Mandats zur Provisorischen Regierung des Judenstaates werden sollte. Der wichtigste Beschluß dieser Sitzung übertrug alle Autorität in Fragen der Sicherheit, der Mobilisierung, der Verteidigung und der Kriegführung den 13 Mitgliedern der Volksleitung, die dem Provisorischen Volksrat verantwortlich sein sollten. Die Zionistische Exekutive blieb auch künftig für Fragen der Ansiedlung, Einwanderung, Information und Propaganda des jüdischen Erziehungswerkes in der Diaspora, der Chaluz-Bewegung*, der Entwicklung Jerusalems, der nationalen Fonds und der Finanzen der Zionistischen Organisation zuständig. Der Beschluß des Zionistischen Aktionskomitees war ohne internationales Gewicht, da bis zur Beendigung des Mandats noch mehr als ein Monat verstreichen mußte. Für uns selber war er gleichsam das Vorwort zur Unabhängigkeitserklärung.

In der Sitzung der Zionistischen Exekutive vom 11. April 1948, die während der Tagung des Zionistischen Aktionskomitees stattfand, wurden zunächst zehn der insgesamt dreizehn Sitze der Volksleitung nach dem Parteischlüssel aufgeteilt: Mapai vier und je zwei den Allgemeinen Zionisten, dem Misrachi-Hapo'el Hamisrachi und der Mapam. Später wurden die restlichen drei Mandate an die Alijah Chadascha*, die Sepharden* und die Agudat Israel* verteilt. Die Mitglieder der Volksleitung waren: für die Mapai D. Ben-Gurion, E. Kaplan, D. Remes und M. Shertok (Sarett), für die Allgemeinen Zionisten Fritz Bernstein und J. Grünbaum, für die Mapam M. Bentov und A. Zisling, für Misrachi und Hapo'el Hamisrachi J. L. Fischmann (Maimon) und M. Schapira, für die Alijah Chadascha F. Rosenblüth (Rosen), für die

Sepharden B. Shitrit und für Agudat Israel J. M. Lewin. Im Volksrat, dem provisorischen Parlament, waren alle damals bestehenden Parteien der jüdischen Gemeinschaft des Landes vertreten. Es wurde beschlossen, daß die im Staatsgebiet lebenden Araber ebenfalls ihre Repräsentanten in den Volksrat entsenden sollten. Bis zum Ende des Befreiungskrieges war kein Araber bereit, die Aufgabe zu übernehmen.

Aus den Erinnerungen des Präsidenten Truman ist bekannt, daß weder das Außenministerium noch das Kriegsministerium in Washington übertriebene Zuneigung zum Gedanken eines Judenstaates hegten. Zwar saßen in der amerikanischen Delegation der UNO zwei Persönlichkeiten, Frau Eleanor Roosevelt und General Hilldring, die für unser Volk positives Interesse aufbrachten, doch die Delegation als solche verhielt sich uns gegenüber gleichgültig. Am 20. März 1948 teilte Senator Austin, der amerikanische Chefdelegierte, mit, daß seine Regierung eine internationale Treuhänderschaft für Palästina vorschlagen werde. Am selben Tag erklärte ich hierzu folgendes: »Die amerikanische Verlautbarung schadet dem Einfluß und dem Ansehen der UNO mehr als uns. Mit dem Umschwung in ihrer Haltung unterwerfen sich die Amerikaner den arabischen Terrorbanden. Die Einstellung der USA ändert jedoch grundsätzlich nichts an der Situation im Lande und stellt die Errichtung des Judenstaates nicht in Frage. Die Staatsgründung ist nicht durch die am 29. November 1947 gefaßte Resolution bedingt, so groß auch ihre sittliche und politische Bedeutung sein mag. Es hängt vielmehr von uns ab, die eigene Entscheidung in die Tat umzusetzen. Wenn wir alle Kraftreserven in die Waagschale werfen, wird auch unter den jetzigen Umständen der Staat zur Wirklichkeit werden. Ich habe mich am 29. November 1947 am großen Jubel der jüdischen Gemeinschaft Palästinas nicht beteiligt und will nun auch nicht an der allgemeinen Beklommenheit teilhaben. Wir selber entscheiden über unser Schicksal im Lande und werden keiner Art von Treuhänderschaft zustimmen. Wir wollen kein fremdes Joch mehr annehmen.«

Auch die Vertreter der Sowjetunion widersetzten sich dem Vorschlag und forderten den Vollzug des Beschlusses der Vollversammlung vom 29. November. Der Plan einer dreimonatigen »Waffenruhe« in Palästina tauchte auf. Wir stimmten unter der Bedingung zu, daß die Araber ihre Angriffe auf jüdische Siedlungen einstellen. Die arabischen

Attacken wurden jedoch fortgesetzt. Mittlerweile konnte die Hagana bedeutsame Erfolge erringen. Die erste Stadt, in der sie den Kampf gewann, war Tiberias. Am 18. April wurden durch die britische Armee alle Araber von dort evakuiert, obwohl der Kommandant der Hagana Leben und Eigentum der Bewohner ohne Unterschied der Volkszugehörigkeit garantiert hatte.

Nach Tiberias kam Haifa an die Reihe. Die meisten Stellungen der arabischen Banden fielen in unsere Hand, die arabischen Befehlshaber flohen aus der Stadt. Die Hagana verlautbarte, daß alle Araber unter der Bedingung bleiben könnten, daß sie ihre Waffen abliefern. Ihr Leben und ihre Rechte würden nicht angetastet werden. Am 22. April trafen die Vertreter der Araber und der Hagana in Anwesenheit des englischen Distriktskommissars in Haifa zusammen. Die arabischen Repräsentanten nahmen den Vorschlag der Hagana an, doch der damals in Ägypten wohnhafte Jerusalemer Mufti Hadsch Emin el Husseini wies sie an, das Angebot abzulehnen und Haifa zu verlassen: Die Armee der Araber werde in drei Wochen ins Land kommen. Die Mehrzahl der arabischen Einwohner floh, und nur etwa 400 blieben in Haifa zurück. Sie erhielten von der Hagana Ausweise, die ihnen Freizügigkeit und Existenzmöglichkeiten verbürgten. Anfang Mai wurde Safed in Galiläa erobert; auch von hier flohen die Araber, die bis dahin die Majorität der Einwohnerschaft gebildet hatten. Kurze Zeit darauf geriet Beth Sche'an* südwestlich vom See Genezareth in jüdische Hände, und knapp vor Ende des Mandats brachte die Hagana Jaffa in unseren Besitz. Die meisten arabischen Einwohner flüchteten auf Befehl des Obersten Arabischen Komitees.

Den Siegen der Hagana ging am 13. April 1947 ein furchtbares Blutbad voraus, das arabische Terroristen an den Passagieren eines Konvois auf dem Wege zum Skopusberg anrichteten. Geleitzügen, in denen Krankenschwestern und Ärzte von Zeit zu Zeit zum Skopusberg fuhren, wo sich, abgeschnitten vom westlichen Teil der Stadt, das jüdische Zentralkrankenhaus von Jerusalem, »Hadassa«, und die Hebräische Universität befanden, war der Schutz des englischen Militärs zugesichert, auch die Spitzenpersönlichkeiten der Mandatsregierung hatten die ungefährdete Durchfahrt der Konvois versprochen. Der Geleitzug, der am 13. April seinem Verderben entgegenfuhr, war aus zwei Ambulanzwagen, drei mit Panzerplatten geschützten Autobussen, drei vollbeladenen Lastwagen mit Medikamenten und Nahrungsmitteln und zwei kleine Begleitautos zusammengesetzt. In einer Entfernung von 200 Metern vom britischen Militärposten detonierte eine Mine. Das am Ende des Konvois fahrende Kleinauto konnte noch umdrehen und in die Stadt zurückfahren. Der restliche Geleitzug wurde von einem Feuerhagel überschüttet, Handgranaten und Molotowcocktails wurden auf ihn geworfen. Die Engländer sahen zu und rührten keinen Finger. Der Wagen des englischen Oberkommandanten tauchte auf. Der General sagte nachher, er habe gedacht, daß der Überfall schon vorüber sei. Zweimal erschienen englische Militärfahrzeuge und entfernten sich wieder. Einem Beamten der Zionistischen Organisation, der sich an die Kommandantur in Jerusalem wandte, wurde bedeutet, die Armee habe die Situation in der Hand. Der Präsident der Hebräischen Universität, Dr. J. L. Magnes, der sich mit dem General telephonisch in Verbindung setzte, wurde mit Ausreden abgetan.

Der Überfall dauerte sieben Stunden und forderte 77 Todesopfer. 28 Menschen konnten gerettet werden, davon waren nur acht unverletzt. Unter den Toten waren viele Professoren der Universität und der Leiter des »Hadassa«-Krankenhauses.

Die erste Sitzung der Volksleitung fand am 18. April statt. Fragen des Verkehrs- und Postwesens, der Mineralölbeschaffung, der Mobilisierung der Hagana und Wirtschaftspläne für die Notzeit standen auf der Tagesordnung. Die englische Verwaltung war in voller Auflösung. Unser Hauptproblem war das der Sicherheit.

Die 17–25jährigen wehrfähigen Männer und Frauen wurden schon Ende 1947 mobilisiert. Junge Frauen, die aus religiöser Überzeugung oder aus Familiengründen nicht zum Wehrdienst bereit waren, wurden freigestellt. Ein Bericht vom Januar 1948 besagte, daß 72 % der Wehrpflichtigen sich gestellt hatten. Die restlichen 28 % waren hauptsächlich aus Mitgliedern der beiden Untergrundorganisationen Ezel und Lechi zusammengesetzt. Die Mobilisierung erfolgte ohne Anwendung von Zwang. Auch die im Ausland weilenden Angehörigen der stellungspflichtigen Jahrgänge hatten sich bei den zuständigen Palästinaämtern der Zionistischen Organisation zu melden. Im März 1948 wurden die 26–33jährigen einberufen.

In der Sitzung der Volksleitung vom 26. April wurden die Fachbereiche verteilt: D. Ben-Gurion Ministerpräsident und Sicherheitsminister; M. Bentov Minister für Öffentliche Arbeiten; F. Bernstein

Minister für Handel und Industrie; J. Grünbaum Minister für Inneres und Arbeitsfragen; J. L. Fischmann (Maimon) Religionsminister und Minister für Jerusalemer Angelegenheiten; A. Zisling Landwirtschaftsminister; E. Kaplan Finanzminister; D. Remes Minister für Transport und Verkehr; P. Rosen Justizminister; M. Schapira Einwanderungsminister; M. Sharett Außenminister; B. Shitrit Polizeiminister. Die Ressorts Erziehung und Kultur, Gesundheitswesen und Sozialfürsorge wurden vorläufig nicht besetzt. Ich sagte, ich könnte im Augenblick keine Erklärung abgeben, ob ich das Amt für Sicherheitswesen innerhalb der Volksleitung übernehmen werde, daß ich es aber als Beauftragter der Jewish Agency bis zu einem endgültigen Entschluß auch weiterhin leiten wolle.

In der Sitzung der Volksleitung vom 3. Mai berichtete ich, daß die Exekutive der Jewish Agency beschlossen habe, Angelegenheiten des Sicherheitswesens, die in die Zuständigkeit der Volksleitung gehören, nicht mehr zu betreuen. Der Vertreter der Jewish Agency werde sich künftig an der Leitung der Hagana nicht beteiligen. Das Amt des ehedem von der Jewish Agency eingesetzten Oberkommandanten der Hagana gelte als aufgehoben. Darüber entspann sich eine Debatte, in der ich die bisherige hierarchische Situation in der Hagana und ihre formale Verbindung zur Jewish Agency erläuterte. Am 12. Mai wurde die Frage der Hagana nochmals besprochen. Ich sagte, daß ich das Sicherheitsressort nur dann übernehmen könne, wenn die bisherige Verfilzung verschiedener Institutionen in der Leitung der Hagana beseitigt werde und wenn zwei Bedingungen erfüllt würden: 1. daß die Armee und jede ihrer Formationen ausschließlich den demokratischen Stellen, d. h. derzeit der Volksleitung und in einigen Monaten, nach den in Aussicht genommenen Wahlen, der demokratisch eingesetzten Regierung untergeordnet würden und 2. daß jeder Angehörige der Hagana nur innerhalb der ihm durch die gewählten Gremien zugewiesenen Kompetenz wirken könne. Dieser Grundsatz müsse ausnahmslos auf den Oberkommandanten sowie auf hohe und weniger hohe Offiziere angewandt werden.

Die Entscheidung über das grundsätzliche Problem wurde verschoben und fiel erst nach Abzug der Engländer und nach der Invasion der arabischen Armeen, die sofort nach Ausrufung des Staates begann. Zu diesem Zeitpunkt wurde meinen Bedingungen entsprochen, und ich nahm das Sicherheitswesen formell unter meine Obhut.

In der Sitzung vom 12. Mai beriet die Volksleitung auch über die Unabhängigkeitserklärung. Einige Mitglieder äußerten ernste Bedenken. Sharett, der am selben Tag aus Amerika zurückgekehrt war, schlug vor, die Bildung einer jüdischen Regierung zu verkünden. Rosen sagte, am 29. November 1947 sei eindeutig über das Recht des jüdischen Volkes entschieden worden, einen Staat zu gründen. Die Ausrufung des Staates müsse im Rahmen des UNO-Beschlusses erfolgen. Es ergebe sich die Frage der Staatsgrenzen und ihrer Festlegung. Über diese Notwendigkeit könne man sich nicht hinwegsetzen.

Ich widersprach der Einfügung der Worte »Im Rahmen des UNO-Beschlusses«. Es bestehe keine Verpflichtung, die Grenzen im einzelnen anzugeben. B. Shitrit unterstützte die Forderung Rosens.

Dagegen behauptete ich: »In der Unabhängigkeitserklärung der Vereinigten Staaten von Nordamerika kommt eine Beschreibung des Territoriums nicht vor. Eine Deklaration über die Grenzen des Staates ist unnötig. Wir kennen sie nicht. Wir haben den Beschluß der UNO angenommen, die Araber nicht. Sie bereiten sich auf den Krieg gegen uns vor. Wenn wir ihren Angriff zum Scheitern bringen und Obergaliläa oder die Straße nach Jerusalem zu beiden Seiten erobern, werden diese Gebiete zum Staat gehören. Wir dürfen uns nicht festlegen.«

Mit der knappen Mehrheit von fünf zu vier Stimmen wurde beschlossen, die Grenzen in der Unabhängigkeitserklärung nicht näher zu bezeichnen. Ein Unterausschuß von fünf Mitgliedern (Rosen, Sharett, Zisling, Schapira und Remes) wurde mit der Formulierung der Unabhängigkeitserklärung betraut. Der Volksrat sollte am Freitag mittag zusammentreten, um den Wortlaut der Erklärung zu bestätigen. Um vier Uhr nachmittags desselben Tages sollte in einer feierlichen Sitzung im Saal des Museums von Tel Aviv der Staat ausgerufen werden.

In der Sitzung der Volksleitung vom 13. Mai (Donnerstag) berichtete ich, daß die Siedlungen des Ezion-Blocks* in die Hände der Arabischen Legion gefallen seien und daß sich Jaffa der Hagana ergeben habe.

Sharett legte den Entwurf der Unabhängigkeitserklärung vor. Er wurde kritisiert, weil nach dem Vorbild des Mandats in den Anfangssätzen archaische Wortbildungen verwendet wurden und weil im vorgeschriebenen Text einiges fehlte sowie manches überflüssig schien.

Eine Viererkommission (Ben Gurion, Fischmann [Maimon], Zisling und Sharett) wurde für die endgültige Formulierung eingesetzt.

Am selben Abend noch beendete ich die Arbeit und lud meine drei Kollegen zu mir. Shertok (Sharett) konnte nicht kommen. Nach längerer Debatte wurde der Endpassus der Unabhängigkeitserklärung gebilligt. Ich hatte vorgeschlagen: »Im Vertrauen auf den Fels Israels unterzeichnen wir [...]« Fischmann verlangte die Ergänzung: »Im Vertrauen auf den Fels Israels und seines Erlösers«, während Zisling die ganze Phrase streichen wollte. Es blieb dann bei meinem Entwurf, der auch am nächsten Vormittag durch den Volksrat gebilligt wurde. Einer Änderung wurde dennoch zugestimmt. In dem Satz, in dem von Glaubens- und Gewissensfreiheit die Rede ist, wurde auch der Freiheit der Sprache der Schutz des Staates garantiert. Die Mehrzahl der Mitglieder des Volksrates stimmten für den Entwurf. Bei einer zweiten Abstimmung wurde der Vorschlag einstimmig bestätigt.

2. Kämpfen und Bauen

Von der Ausrufung des Staates bis zur ersten Waffenruhe
Die Ausrufung des Staates · Die Unabhängigkeitserklärung
Jubel der Massen auf der Straße

Am 5. Ijar des Jahres 5708, also am 14. Mai 1948, um 16.30 Uhr, trat der Provisorische Volksrat im Saal des Museums von Tel Aviv zu seiner ersten Sitzung zusammen.

Anwesend waren die Mitglieder des Volksrates, Delegierte der Jewish Agency, der Zionistischen Weltorganisation, des Wa'ad Le'umi, des Jüdischen Nationalfonds (Keren Kajemet Le'Israel), des Keren Hajessod (Palästina-Gründungsfonds), Repräsentanten der Literatur, der Kunst und der Presse, die Parteivorsitzenden, die Oberrabbiner, die Mitglieder des Stadtrates von Tel Aviv, der Chef und die Offiziere des Generalstabes der Hagana, führende Persönlichkeiten des jüdischen Gemeinwesens im Lande und des Wirtschaftslebens.

Ich verlas die Unabhängigkeitserklärung, die der Volksrat in erster Lesung gebilligt hatte:

»Im Lande Israel trat das jüdische Volk ins Leben; hier wurde sein geistiges, religiöses und politisches Antlitz geformt; hier führte es sein Leben in staatlicher Selbständigkeit; hier schuf es nationale und allmenschliche Kulturgüter und schenkte der Welt das unvergängliche Buch der Bücher.

Mit Gewalt aus seinem Land vertrieben, hielt es ihm allenthalben in der Zerstreuung die Treue und hörte niemals auf, die Rückkehr in sein Land und die Wiederherstellung seiner polischen Freiheit in ihm zu erflehen und zu erhoffen.

In historischer und überlieferter Verbundenheit erstrebten die Juden aller Zeiten die Wiedergewinnung ihrer alten Heimat; in Scharen kehrten Pioniere, Wagemutige und Helden der letzten Generationen heim in ihr Land. Sie brachten die Wüste zum Blühen, erweckten die hebräische Sprache zu neuem Leben, bauten Städte und Dörfer, schufen ein im Wachstum begriffenes Siedlungswerk mit eigener Wirtschaft und Kultur, friedliebend und wehrfähig, das allen Bewohnern des Landes die Segnungen des Fortschritts bringt und sich nach staatlicher Selbständigkeit sehnt.

Im Jahre 1897 trat, dem Rufe Theodor Herzls, des Künders der Judenstaatsidee folgend, der Zionistenkongreß zusammen und proklamierte das Recht des jüdischen Volkes auf nationale Wiedergeburt in seinem Heimatlande.

Dieses Recht wurde in der Balfour-Deklaration vom 2. November 1917 anerkannt und im Völkerbundmandat bestätigt, das der historischen Verbundenheit des jüdischen Volkes mit dem Lande Israel und dem Anspruch des jüdischen Volkes auf die Wiedererrichtung seines Nationalheimes internationale Geltung verschaffte.

Die Katastrophe, die in unseren Tagen über das jüdische Volk hereinbrach und der Millionen Juden in Europa zum Opfer fielen, bewies erneut und eindringlich, daß es unerläßlich ist, die Frage des heimat- und staatenlosen jüdischen Volkes durch Wiedererrichtung des jüdischen Staates im Lande Israel zu lösen, der seine Tore jedem Juden weit öffnet und dem jüdischen Volk die Stellung einer gleichberechtigten Nation unter den Völkern verleihen wird.

Die jüdischen Flüchtlinge, die sich aus dem furchtbaren Blutbad des Nationalsozialismus in Europa retten konnten, und Juden anderer Länder hörten nicht auf, trotz aller Schwierigkeiten, Hindernisse und Gefahren ins Land Israel zu kommen. Sie forderten unablässig ihr Recht, in der Heimat ihres Volkes ein Leben redlicher Arbeit in Würde und Frieden zu führen.

Im Zweiten Weltkrieg leistete die jüdische Bevölkerung des Landes am Kampf der freiheits- und friedliebenden Nationen gegen die Kräfte der nationalsozialistischen Verbrecher ihr Teil und erwarb sich mit dem Blute ihrer Kämpfer den Anspruch, den Völkern, die den Bund der Vereinten Nationen gründeten, zugerechnet zu werden.

Am 29. November 1947 beschloß die Vollversammlung der Vereinten Nationen die Errichtung eines jüdischen Staates im Lande Israel. Die Vollversammlung verlangte von der Bevölkerung des Landes Israel, selbst alle notwendigen Schritte zu ergreifen, um den Beschluß in die Tat umzusetzen. Diese durch die Vereinten Nationen ausgesprochene Anerkennung des Rechtes des jüdischen Volkes auf die Errichtung seines Staates kann nicht aufgehoben werden.

Das jüdische Volk hat gleich allen anderen Völkern das natürliche Recht, ein selbständiges Leben in seinem souveränen Staat zu führen.

Daher sind wir, die Mitglieder des Volksrates, die Vertreter der jüdischen Bevölkerung Palästinas und der zionistischen Bewegung, heute, am Tage, an dem das britische Mandat über das Land Israel zu Ende geht, zusammengetreten und proklamieren hiermit kraft unseres natürlichen und historischen Rechtes und auf Grund des Beschlusses der Vollversammlung der Vereinten Nationen die Errichtung eines jüdischen Staates im Lande Israel, des Staates Israel.

Wir erklären, daß vom Augenblick der Beendigung des Mandates in dieser Nacht zum 6. Ijar 5708, das ist zum 15. Mai 1948, bis zur Errichtung der gewählten und ordentlichen Staatsbehörden, die auf Grund der durch die verfassunggebende Versammlung bis spätestens zum 1. Oktober 1948 zu erlassenden Konstitution einzusetzen sind, der Volksrat als Provisorischer Staatsrat fungieren und sein Vollzugsorgan, die Volksleitung, die Provisorische Regierung des jüdischen Staates bilden soll, dessen Namen *Israel* sein wird.

Der Staat Israel wird für die jüdische Einwanderung und die Sammlung der zerstreuten Volksglieder geöffnet sein; er wird sich die Entwicklung des Landes zum Wohle aller seiner Bewohner angelegen sein lassen. Er wird im Geiste der Visionen der Propheten Israels auf den Grundlagen der Freiheit, der Gleichheit und des Friedens gegründet sein; er wird allen seinen Bürgern volle soziale und politische Gleichberechtigung ohne Unterschied der Religion, der Rasse und des Geschlechts gewähren; er wird Glaubens- und Gewissensfreiheit sowie Freiheit der Sprache, der Erziehung und Kultur garantieren. Er wird die heiligen Stätten aller Religionen beschützen und den Grundsätzen der Charta der Vereinten Nationen Treue bewahren.

Der Staat Israel wird bereit sein, mit den Institutionen und Vertretern der Vereinten Nationen bei der Verwirklichung des Beschlusses vom 29. November 1947 zusammenzuarbeiten und sich für die Errichtung der wirtschaftlichen Einheit im ganzen Lande Israel einzusetzen.

Wir appellieren an die Vereinten Nationen, dem jüdischen Volke beim Aufbau seines Staates zu helfen und den Staat Israel in die Familie der Völker aufzunehmen.

Wir rufen – selbst während des seit Monaten gegen uns geführten blutigen Angriffes – die im Staate Israel lebenden Angehörigen des arabischen Volkes auf, den Frieden zu bewahren und sich am Aufbau des Staates auf der Grundlage voller bürgerlicher Gleichberechtigung und angemessener Vertretung in allen vorläufigen und permanenten Institutionen des Staates zu beteiligen.

Wir bieten allen Nachbarstaaten und ihren Völkern die Hand zum Frieden und zu guter Nachbarschaft und rufen sie zur Zusammenarbeit mit dem jüdischen Volke, das in seinem Lande die Selbständigkeit erlangte, und zu gegenseitiger Hilfe auf. Der Staat Israel ist bereit, seinen Beitrag zu den gemeinsamen Bemühungen für den Fortschritt des gesamten Mittleren Ostens zu leisten.

Wir appellieren an das jüdische Volk in allen Ländern der Diaspora, sich beim Werke der Einwanderung und des Aufbaus um die Juden des Staates Israel zu scharen und ihnen in ihrem schweren Kampf um die Erfüllung der Sehnsucht von Generationen, die Erlösung Israels, beizustehen.

Im Vertrauen auf den Fels Israels setzen wir unsere Namen zum Zeugnis unter diese Erklärung, gegeben in der Sitzung des Provisorischen Staatsrates auf dem Boden unserer Heimat in der Stadt Tel Aviv heute, am Vorabend des Sabbath, dem 5. Ijar 5708, 15. Mai 1948.«

Nachdem ich die Erklärung verlesen hatte, schlug ich vor, die Unabhängigkeitserklärung des jüdischen Staates durch Erheben von den Sitzen anzunehmen. Alle Anwesenden standen auf. Ich bat, wieder Platz zu nehmen, und fügte hinzu, daß jedes Mitglied des Provisorischen Staatsrates, das sich zur Unabhängigkeitserklärung äußern wolle, dies in der nächsten Sitzung am kommenden Sonntag werde tun können.

Raw J. L. Fischmann (Maimon) sprach den traditionellen Segen:

»Gelobt seist Du Ewiger, unser Gott, König der Welt, der uns am Leben gelassen und uns Bestand gegeben hat und uns diese Zeit erreichen ließ.«

Ich teilte der Versammlung mit, daß die in Jerusalem wohnhaften Mitglieder des Volksrates, die zu unserem Bedauern aus den bekannten Gründen nicht nach Tel Aviv kommen konnten, sich heute in den Räumen der Jewish Agency in Jerusalem versammelten und wissen

ließen, daß sie sich der Unabhängigkeitserklärung einmütig anschließen.

Hierauf verlas ich den Wortlaut einer Resolution, die ebenfalls durch Erheben von den Sitzen angenommen wurde. In ihr wurde der Provisorische Staatsrat zur gesetzgebenden Körperschaft erklärt, die ihre legislativen Befugnisse in dringenden Fällen der Provisorischen Regierung übertragen könne. Gesetze, die ihren Ursprung im Weiß-buch von 1939 hatten, sowie die Artikel 13 – 15 des Erlasses über Ein-wanderungsbeschränkungen aus dem Jahre 1941 und bestimmte Notverordnungen aus dem Jahre 1945 wurden aufgehoben. Bei Ver-lesung dieses Absatzes der Kundmachung sowie des nächsten, der die aus dem Jahr 1940 stammenden Einschränkungen von Bodenübertra-gungen rückwirkend für ungültig erklärte, brach stürmischer Beifall aus. Die bestehenden Gesetze blieben, soweit sie mit den durch die Errichtung des Staates sich ergebenden Änderungen, mit der Kund-machung selbst und mit künftigen Gesetzen nicht in Widerspruch stünden, in Kraft.

Der Sekretär der Regierung, Seew Scherf, rief die Mitglieder des Provisorischen Staatsrats in alphabetischer Reihenfolge zur Unter-zeichnung des Dokumentes auf.

Nachdem alle ihre Unterschrift geleistet hatten, erklärte ich: »Der Staat Israel ist errichtet. Die Sitzung ist geschlossen.«

Die Sitzung endete mit dem Absingen der »Hatikwa«*, unserer Nationalhymne. In den Straßen Tel Avivs tanzte das Volk.

Aus meinem Tagebuch (31. 3.–15. 5. 1948)

31. 3. 48
Abends kamen Mitglieder des Stabes zu mir, um eine Reihe von Fra-gen zu klären. Ich sagte, daß es im Augenblick ein brennendes Pro-blem gebe: den Kampf um die Verbindung nach Jerusalem. Die Zahl der Truppen, die Jiga'el Jadin für diesen Zweck vorgesehen hat, ist unzulänglich. Dies ist jetzt die Entscheidungsschlacht. Der Fall des jüdischen Jerusalem könnte für uns ein tödlicher Schlag sein. Die Araber verstehen dies und würden starke Kräfte einsetzen, um die Verbindung nach Jerusalem zu unterbrechen. Es sind alle Männer aufzubieten, die anderswo nicht unbedingt gebraucht werden. Sie

müssen mit ihren Waffen zur Zufahrtsstraße Hulda–Bab-el-Wad–Jerusalem gebracht werden. Für Verstärkung ist nach Bedarf zu sorgen. Heute nacht kam das erste Flugzeug in Ordnung an (es brachte Gewehre, Maschinenpistolen und Munition).

1. 4. 48

Ich ließ Nachum [Verlinsky] zu mir kommen und verlangte von ihm, er möge sich in dieser Woche – und diese Woche kann länger dauern als sieben Tage – auf die Versorgung Jerusalems konzentrieren, damit die Opfer und Mühen, den Weg dorthin freizubekommen, nicht vergeblich seien. Er nahm den Auftrag an.

Die Waffen, die in der Nacht eingetroffen waren, wurden bereits zum Kampf um die Straße nach Jerusalem eingesetzt.

5. 4. 48

Ein Offizier der Hagana kam aus Jerusalem. Sie verfügen dort über 25 Maschinengewehre, 250 Gewehre, 500 Maschinenpistolen, 35 kleine und 4 große Mörser, 250 »legale« Gewehre, 130 000 Patronen, Munition für die Mörser fehlte nahezu völlig; Anzahl der Soldaten: Ein Regiment auf dem Papier, noch dazu verstreut, ein Teil in Stellungen, ein Teil in der Altstadt, 106 Mann wurden zum Kastell und dessen Umgebung geschickt. Ein zweites Regiment befindet sich in der Nähe Jerusalems, davon 153 Mann bei Atarot und Neveh Ja'akow. Es gibt kaum Munition. Am nördlichen Toten Meer waren 80 Mann, die gleiche Anzahl wurde aus Sdom (das biblische Sodom) durch die Pottasche-Gesellschaft zurückgeschickt, nachdem dort durch einen unglücklichen Zufall ein Araber getötet worden war. Der Bote aus Jerusalem gab noch weitere Zahlen an und berichtete, daß ein drittes Regiment im Entstehen begriffen sei. Die Männer haben keine Kampfausbildung, auch den Kommandanten gebricht es an Erfahrung und Disziplin. Der Palmach, dem Tel Aviv untersteht, unterwirft sich nicht dem Bezirkskommandanten. Die Zusammenarbeit klappt nicht. In der Bevölkerung herrscht Hysterie. Es gibt keine Nahrungsmittelvorräte. Die Wasserpumpe war zwei Tage außer Betrieb, und der westliche Vorort Romema blieb, bevor der Bote abreiste, 36 Stunden ohne Wasser. In der Nähe von Atarot treiben sich etwa 1500 arabische Bandenmitglieder (aus dem Irak, Syrien usw.) herum. Das Hauptproblem: Nahrung und eine Führung für Jerusalem.

6.–9. 4. 48

Sitzung des Zionistischen Aktionskomitees. Ich referierte über Sicherheitsfragen. Kämpfe bei Mischmar Ha'emek in der Jesre'el-Ebene und in den Bergen Jerusalems. El Kadar (el Husseini), der Anführer der Araber, bei den Kämpfen um das Kastell gefallen. Das Kastell, das wir räumen mußten, ist wieder in unserer Hand.

13. 4. 48

Unser kleines Flugzeug[2] brachte die frohe Botschaft, daß der Konvoi in Jerusalem angekommen ist: 165 Lastwagen (800 Tonnen Nahrungsmittel), überdies Begleitwagen und Ausrüstung. Der Konvoi war zehn Kilometer lang. Man hofft, daß morgen ein weiterer auf den Weg gebracht wird.

14. 4. 48

Jigal Allon kam aus Hulda und Na'an zurück. Bei der Aktion in den Bergen Jerusalems hatten wir 34 Tote.

Ehud Avriel hat einen dritten Vertrag unterschrieben: 1000 Gewehre, 3400 Maschinengewehre, 30 Millionen Patronen. Die Ware wird Ende Mai eintreffen. Im zweiten Vertrag erzielte Ehud billigere Preise als im ersten, der dritte Vertrag wird noch billiger sein als der zweite.

Nach der Meinung Allons haben wir ein Manko von 40 % an Truppen, von 75 % an Fahrzeugen und von 50 % an Ausrüstung der Einheiten. Insgesamt verfügen wir über 18 900 Mann, 70 Fahrzeuge (davon 35 mit Panzerplatten versehen), 600 Transportfahrzeuge. In den Häfen und an Bord der Schiffe, die sich auf dem Weg ins Land befinden, sind 72 weitere Fahrzeuge. Man sagt mir, daß weitere 10 000 Mann mobilisiert werden müssen. Ein Gestellungsbefehl für die 16–35jährigen ist notwendig.

18. 4. 48

Jizchak Sadeh kam gestern aus Mischmar Ha'emek zurück. Der arabische Abschnittskommandant Kaukdschi hat eine Tracht Prügel be-

---

2 Das »Piper«-Flugzeug, das während der Belagerung Jerusalems das einzige Beförderungsmittel von Jerusalem in die Ebene war (Anmerkung des Übersetzers).

kommen, obschon unsere Einheiten sehr müde sind. Wir hatten bei einem Kräfteverhältnis von 1:3 einer Feuerkraft von 1:8 standzuhalten. Kaukdschi hatte 2100 bis 2700 Mann, wir insgesamt 640.

Jerusalem, 20. 4. 48
Um 8 Uhr morgens kam ich in Jerusalem an. Bei Bab-el-Wad gab es einen Schußwechsel, niemand wurde verletzt. Insgesamt trafen mehr als 200 Lastwagen mit Nahrungsmitteln in Jerusalem ein.

Anzahl der Truppen: 3470. Sie erhalten Sold und sind gut ausgebildet. Alle Kräfte sind an bestimmte Punkte gebunden (Universität, im Süden und in der Altstadt). 70 Mann aus Tel Aviv trafen ein. In Jerusalem befinden sich drei englische Regimenter. Die arabischen Banden haben das Augusta-Viktoria-Spital besetzt, in dem sich noch die Engländer befinden. Arabische Heckenschützen bestreichen das Universitätsgelände.

Heute geschah das Unglück des »Hadassa«-Konvois. Bevor er die Stadt verließ, wurde der Kommandant der englischen Polizei, Webb, gefragt, ob der Weg frei sei, und er antwortete: »The way is clear.«

21. 4. 48
In Jerusalem kamen 620 Bewaffnete und ungefähr 80 Mann für Dienstleistungen an.

Nach Beratung mit der Exekutive ernannte ich einen Ausschuß, der die zivilen Angelegenheiten Jerusalems (Versorgung, Lebensmittel- und Wasserverteilung, Brennstoff, Transportwesen, Bekämpfung von Preistreiberei, Unterbringung der Flüchtlinge, interne Polizei) leiten wird. An der Spitze des Ausschusses wird Dov Joseph stehen.

23. 4. 48
Unsere militärische Aktion im Norden hatte keinen Erfolg. Der Befehlshaber und acht Soldaten fielen. Die übrigen mußten sich zurückziehen.

Nachmittags brachte man mir eine weitere Hiobsbotschaft. Drei unserer Panzerwagen fielen in die Hände der Araber, 15 Mann wurden getötet.

24. 4. 48

Die ersten Kanonen sind eingetroffen. Haifa ist in unserer Hand. Zwei Drittel des Hafens wurden erobert. Ein Drittel ist in den Händen der englischen Armee. Heute nacht werden wir Akko, am Nordende der Haifa-Bucht, angreifen, um den Weg ins obere Galiläa freizukämpfen.

Ich wurde zum Hochkommissar gebeten. Er ersuchte mich um Feuereinstellung. Ich sagte ihm, daß wir schon vor drei Wochen in eine Waffenruhe eingewilligt hatten, doch die Araber schossen weiter. Der Hochkommissar gab dies zu. Er bat, die Transportwege der in Evakuierung befindlichen englischen Truppen nicht zu gefährden. Ich stimmte zu.

26. 4. 48

Ich bat Israel Galili zu mir und sagte ihm, ich sei schon die ganze Zeit über mit einigen Erscheinungen der Hagana nicht einverstanden, die mit den Erfordernissen des Krieges nicht auf einen Nenner gebracht werden könnten, daß ich jedoch von Änderungen, die eine politische Bedeutung haben müßten, Abstand genommen hätte. Nun seien wir bei einer entscheidenden Phase angelangt, und die Dinge müßten ohne Rücksicht auf Parteiinteressen in Ordnung gebracht werden: 1. Der Palmach ist eine Privat- und Parteiarmee. 2. Es gibt Kommandanten, die fehl am Platz sind, und solche, deren Kräfte nicht ausgenützt werden. 3. Die militärische Ausbildung ist ungenügend. Es mangelt zudem an der Fähigkeit, zum Angriff überzugehen. Daß wir Lod (Lydda) aufgaben, war ein vielleicht vermeidbares Unglück. Wir konzentrieren zuweilen große Kräfte ohne Notwendigkeit. Ich teilte Galili den Beschluß der Exekutive mit, das Amt des Oberkommandanten der Hagana abzuschaffen. Darüber werde ich vorläufig nichts veröffentlichen.

Am Abend kam Galili mit Vorschlägen zurück: Auch nach seiner Meinung sei ein Stab des Palmach fürs ganze Land nicht erforderlich. Der Palmach könne in einige regionale Brigaden, die miteinander nicht verbunden seien, aufgeteilt werden. Die Regionalkommandanten des Palmach sollten unmittelbar dem Oberkommando der Hagana und nicht deren Bezirkskommandanten unterstehen. Was ihn, Galili, selber betreffe, würde er ohne eine Vollmacht, in alle Angelegenheiten eingreifen zu dürfen, keine Freude an der Arbeit haben. Er sei aber bereit, die Redaktion der Armeezeitung zu übernehmen. Seiner Meinung nach sei der Zustand nicht befriedigend, daß der Oberkommandant Weisungen unmittelbar von mir bekäme. Nötig sei ein Zwischenglied, und er, Galili, wäre der richtige Mann dafür.

Ich stellte die Frage, warum es denn überhaupt nötig sei, daß ich das Sicherheitsressort übernähme, da ich doch früher nie Funktionär der Hagana war. Galili erwiderte, daß ohne mich die wichtigsten Dinge nicht geschehen und Erfolge nicht erzielt worden wären (z. B. Waffenbeschaffung, das Freikämpfen der Straße nach Jerusalem, eine Reihe von Entscheidungen usw., usw.). Wenn ich auch in administrativen Dingen strenge Maßstäbe anlegte, fänden sich seine Freunde damit ab. Denn mein moralischer Einfluß sei für die zentralen Fragen erforderlich.

Ich versprach, ihm keine Arbeit zu übertragen, die ihn nicht befriedigen würde. Die von Galili vorgeschlagenen Reformen genügen nicht. Ich habe bisher um des lieben Friedens willen manche Kompromisse machen müssen. Wäre ich in meinen Entscheidungen unabhängig, würde ich drei Armee-Einheiten aufstellen und jede einzelne nach ihrem spezifischen Bedarf und nach dem für sie bestimmten Gelände ausrüsten: Eine Armee für den Negev, eine für Jerusalem und eine für die übrigen Teile des Landes. Nach einer mir gestern vorgelegten Übersicht wurden von den uns zur Verfügung stehenden 20 000 Soldaten bloß 1000 für den Negev und nur 1680 für Jerusalem abgeordnet. Das ist absurd. Wir haben Menschen und Gebiete zu verteidigen. Mir ist nicht klar, ob ich meine Pflicht als freier Mann besser durch Kritik und Ratschläge von außen oder durch Lenkung der Angelegenheiten von innen erfüllen kann.

27. 4. 48
Ich lud die Vertreter der beiden Arbeiterparteien (Mapam und Mapai) zu einem Gespräch ein. Ich sagte: »Das Sicherheitsressort ist das erste in meinem Leben, das ich zu verwalten habe. Die Aufgabe hat für mich weder Partei- noch Klassenaspekte. Es geht um die Verteidigung des jüdischen Gemeinwesens. Ich habe festgestellt, daß die Hagana in ihrer Quantität und Ausrüstung, in ihrem Aufbau und ihrer Erziehung den neuen Ansprüchen nicht gewachsen ist. Es fehlt an Fachkenntnissen, und die militärische Struktur ist mangelhaft. Änderungen, die hätten vorgenommen werden müssen, stießen absichtlich

oder unabsichtlich auf Widerstand. Ich habe sie deswegen unterlassen. Es kam zu Pannen und Unglücksfällen, die teils unvermeidlich waren, teils aber der Struktur und alten, unmilitärischen Gewohnheiten zuzuschreiben sind. Manches wurde vernachlässigt; unsere Kraftreserven wurden nicht maximal ausgenützt. Die Leitung der Hagana denkt in zivilen Kategorien, was den Erfordernissen nicht angemessen ist und was sich durch überholte Gepflogenheiten historisch erklären läßt. Die Verantwortlichkeiten sind geteilt, der Palmach ist eine Fraktions- und Parteiorganisation. Es mangelt an militärischer Schulung. Nicht jeder Kommandant steht am richtigen Platz. Der Generalstab ist zur Offensivaktion nicht genug entschlossen. Ich will die Verantwortung nicht weiter tragen, wenn ich das System nicht den Erfordernissen des Sieges anpassen kann.«

Galili: »Der Schwerpunkt der Mängel liegt darin, daß die jüdische Gemeinschaft im Lande sich nicht selber verwaltet. Die Bedürfnisse des Heeres werden nicht erfüllt. Infolge unrichtiger politischer Einschätzung wurden zu wenig Männer einberufen. Das Tempo der Mobilisierung und die Finanzierung lassen zu wünschen übrig. Die Kriegsstärke ist nur zur Hälfte erreicht. Kleine Verbesserungen werden die Situation nicht ändern. Notwendig ist die klare Abgrenzung der Verantwortungen für die im Mittelpunkt der Ereignisse stehenden Männer. Es fehlt an einem Generalstabschef und anderen führenden Offizieren. Niemand weiß, welche Kompetenzen der Leiter des Sicherheitswesens hat. Wer ist befugt, höhere Kommandanten von einer bestimmten Rangstufe an zu ernennen und zu entlassen? Wie sind die Menschenreserven einzusetzen? Wer verteilt die Waffen, wer bestimmt den Aufbau der Einheiten, hat die oberste Führung noch Reserven?« Galili schlug vor, daß aus dem Palmach drei Brigaden geschaffen werden, die nur dem Oberkommando und nicht den Abschnittskommandanten unterstehen würden. Wenn der Palmach keine Entfaltungsmöglichkeiten habe, sollte man ihn auflösen. Über sich selbst sagte Galili, er »stelle eine allgemeine Adresse für die Genossen dar«. Ich fragte Galili, ob er, wenn das Sicherheitsressort in seinen Händen läge, damit einverstanden wäre, daß jemand anderer dem Generalstabschef Weisungen gäbe. Er antwortete, daß er das Ressort nicht übernehmen würde, wenn er dem Generalstabschef nicht unmittelbar Aufträge erteilen dürfte.

Ben-Aharon widersprach mir. Jede Partei glaube, daß sie auf ihre

Weise der Allgemeinheit diene. In der Hagana seien Klassen- und Arbeiterinteressen miteinander verwoben. Der Pioniergeist habe sich bewährt. Wir werden unsere Armee nicht nach britischem Muster aufbauen. Der Palmach sei ein Instrument des Pioniergeistes. Wenn eine Partei benachteiligt würde, müsse der Fehler gutgemacht werden. Nötig sei außer dem Generalstab eine militärische Kommandostelle. Das Sicherheitsressort sei kein Oberkommando.

Ein sechsköpfiger Ausschuß wurde zur weiteren Klärung eingesetzt.

2. 5. 48

Galili kam auf meine Einladung zu mir. Ich sagte ihm, daß ich vor der Sitzung der Volksleitung und des Volksrates die Sicherheitsfrage endgültig und im Sinne des Beschlusses der Zionistischen Exekutive zu regeln habe. Ich sei zu dem Schluß gekommen, daß die Kompetenzen klar festgestellt werden müssen. Mir liege daran, daß er, Galili, mit mir weiter zusammenarbeite. Ich bat ihn, mir Vorschläge über die Teilung der Kompetenzen zu machen und dabei zwei Voraussetzungen zu berücksichtigen: 1. Ich lehne die Auffassungen Ben-Aharons über die Partei- oder Arbeiterarmee grundsätzlich ab. Sie sind in Kriegszeiten verhängnisvoll. Erforderlich ist ein maximaler Einsatz des ganzen Volkes und nicht ein Parteiappell. (Galili bemerkte, er sei in diesem Punkte anderer Auffassung als sein Freund Ben-Aharon.) 2. Als Verantwortlicher für das Sicherheitswesen gebe ich dem Generalstab Weisungen.

Galili versprach, mir seine Vorschläge schriftlich in einigen Stunden zu überbringen. Er brachte sie nicht, auch nicht zur Sitzung, die wir für den Abend angesetzt hatten.

3. 5. 48

Ich ordnete die Abschaffung der Stelle des Oberkommandanten der Hagana an. Gespräch mit Galili. Er sei, sagte er, außerstande gewesen, einen Entwurf über seinen Aufgabenkreis schriftlich auszuarbeiten. Er wäre bereit, sich mit dem Erwerb der Waffen zu beschäftigen. Ich lehnte den Vorschlag ab, da er dafür nicht geeignet sei. Er fragte, welche Tätigkeit ich für ihn in Aussicht genommen habe. Ich erwiderte, daß er, um einen Vergleich aus dem Zeitungswesen zu benützen, ein der Redaktion übergeordneter Chefredakteur sein würde. Als Leiter des Sicherheitsressorts werde ich allein dem Generalstab Weisungen geben, daneben werde eine Administration bestehen. Außer dem Direktor dieser Administration werden drei Referenten ernannt werden, ihre Zahl könne jedoch je nach Bedarf vergrößert oder verkleinert werden. Galili sagte mir, er wolle sich mit Sadeh beraten und mich seine Antwort möglichst bald wissen lassen. Ich teilte ihm mit, daß am Nachmittag eine Sitzung der Volksleitung stattfinden werde und daß ich seine, Galilis, Antwort bis dahin haben müsse.

5. 5. 48

Ich bat Galili, seine Arbeit in der Hagana fortzusetzen. Er stellte die Bedingung, daß ich ihn für einige Zeit zum Oberkommandanten ernenne. Ich mußte ihm erwidern, daß dieses Amt durch Beschluß der Zionistischen Exekutive aufgehoben worden [sei] und daß ich nicht befugt bin, es zu erneuern. Als ich allgemeine Zusammenarbeit vorschlug, machte er seine Zusage wiederum davon abhängig, daß er zwischen mir und dem Generalstabschef stehen würde. Ich lehnte ab.

7. 5. 48

Sitzung des Stabes. Die Aktion zur Freilegung der Straße (nach Jerusalem) wird, zur Erinnerung an einen gefallenen Hagana-Offizier, das Kennwort »Makkabi« führen. 1700 Mann werden sich daran beteiligen. Ein genauer Zeitplan für die Aktion wurde aufgestellt.

Heute nacht griffen drei Regimenter Safed an. Sie eroberten die Festung außer dem Berggipfel selbst, wo in einem Bunker Araber sitzen. Heute wird das Gefecht fortgesetzt. Sedschera ist in unserer Hand. Anderwärts erlitten wir eine Niederlage, unsere Leute gerieten in einen Hinterhalt und hatten achtzehn Tote zu beklagen. Siebzehn Mann wurden verletzt.

Der Kibbuz Na'an stand 45 Minuten unter Artilleriebeschuß der Engländer oder der Arabischen Legion.

Die Gefahr für das Obere Galiläa ist groß. Nach Informationen sind im Libanon und in Syrien 4000 Soldaten mit Tanks und Artillerie aufmarschiert. In der Nähe des Dorfes Mischmar Hajarden, nicht weit vom Jordan, wurden syrische Soldaten mit transportablen Brükken beobachtet.

In Galiläa haben wir drei Regimenter (2100 Mann, davon 1600 Bewaffnete); außerdem stehen uns in den Siedlungen 2500 bewaffnete

Männer für die örtliche Verteidigung zur Verfügung. Am kommenden Sonntag werden sie sechs Kanonen und Flammenwerfer erhalten.

Jadin teilt mit, daß im neuen Generalstab, dessen Chef Oberst Jakob Dori ist, eine andere Einteilung der Aufgaben getroffen wurde. Ratner übernimmt die Planung, während Jadin die Operationen leiten wird.

Nachmittags besprachen wir unsere Situation im Hinblick auf den 15. Mai. Jetzt ist es schon unzweifelhaft, daß das Mandat zu Ende geht. Werden die Nachbarstaaten kämpfen? In Transjordanien zögert man. Wir erhielten die Mitteilung, daß Abdallah mit uns zusammenkommen möchte. Ich empfahl, das Treffen so bald wie möglich anzusetzen, allerdings im geheimen und nicht offiziell. Auf jeden Fall haben wir uns auf Invasion aus dem Norden, Osten und Süden vorzubereiten.

Insgesamt verfügen unsere Streitkräfte über 16 400 Soldaten und 13 500 wehrfähige Siedler. Nur 60 Prozent können bewaffnet werden. Wir brauchen noch 4000 Gewehre. Es fehlt an Fahrzeugen.

Slawin versprach mir, die Produktion von 3000 Mörsergeschossen vordringlich zu behandeln.

8. 5. 48
Ein Verbindungsmann, der gestern König Abdallah in Amman sprach, ließ wissen, daß der König mit Golda (Meir) zusammentreffen möchte. Ich gab den Auftrag, für sie ein Flugzeug nach Haifa bereitzuhalten, doch durch einen Zufall oder durch Sabotage wurde die Maschine gebrauchsunfähig.

Fischer telegraphiert, er habe erfahren, daß im britisch-transjordanischen Vertrag ein Geheimartikel enthalten sei, der Abdallah die Krone Palästinas verspreche. Saudien, Syrien und Ägypten hätten beschlossen, daß Abdallah den Krieg in Palästina führen werde und daß er ermordet werden solle, worauf eine Regierung unter dem Mufti im Lande errichtet werden würde.

Mit Golda besprochen, daß sie mit Abdallah über zwei Möglichkeiten zu verhandeln habe: 1. Entweder ein Vertrag auf Grund des UNO-Beschlusses oder 2. Grenzkorrekturen im gegenseitigen Einvernehmen.

9. 5. 48

Galili kam auf meine Einladung zu mir. Ich bat ihn, zunächst einmal zur Arbeit zurückzukehren, im Laufe der Zeit werden wir die Kompetenzen bestimmen. Er versprach, mich noch heute von seiner Antwort zu unterrichten.

Avriel und Allon legten mir die Verträge und Abrechnungen über Waffenkäufe vor. Ein Teil des Materials ist bereits eingetroffen.

10. 5. 48

Jadin berichtet, daß die Anhöhen um Beth Machsir eingenommen wurden. Unsere Flugzeuge hatten Schwierigkeiten zu überwinden, konnten aber gegen 7 Uhr abends ihre Bombenlast abwerfen und die Ziele treffen. Um 2 Uhr begann der Angriff. Gegenaktionen des Feindes wurden mit Verlusten für diesen zurückgeschlagen.

General John Hilldring vom Washingtoner Außenministerium ließ mir durch Marcus bestellen, wir müßten die uns zugewiesenen Grenzen bis zum 15. Mai halten und nachher, bei einem Angriff der Araber, in feindliches Gebiet vorstoßen.

11. 5. 48

Safed ist in unseren Händen. Hier haben wir viele Waffen gefunden. Auch Beth Machsir ist erobert. Heute geht vielleicht der Konvoi nach Jerusalem ab.

Sitzung des Zentralkomitees der Mapai. Ich gab einen Überblick über die Situation. Golda (Meir) kam in den Saal und steckte mir einen Zettel folgenden Inhalts zu: »Wir kamen freundschaftlich (mit Abdallah) zusammen. Er ist sehr besorgt und sieht schlecht aus. Er stellte nicht in Abrede, daß zwischen uns Einverständnis über eine wünschenswerte Regelung bestehe, d. h., daß er ein Programm vorgeschlagen habe: ein einheitlich verwaltetes Land mit Autonomie für die jüdischen Teile. Nach einem Jahr wird er den arabischen Teil an sich ziehen. Derzeit aber ist er nur einer unter fünf (arabischen Staatsoberhäuptern). Es wird ein Land unter seiner Herrschaft sein.«

12. 5. 48

Einer der von »Lechi« entführten und gefangen gehaltenen Hagana-Offiziere kam zurück. Man hatte sich ihm gegenüber freundlich benommen. Die »Lechi«-Leute sind von pathologischem Haß gegen die Engländer erfüllt.

Um 11 Uhr vormittags Sitzung des Sicherheitsausschusses. Berl Repetur griff mich in der Frage der Organisation unseres Sicherheitswesens und wegen der Aufhebung des Amtes des Hagana-Oberkommandanten an. Ich erklärte, daß ich das Sicherheitsressort im Rahmen der Volksleitung bisher nicht übernommen habe, und wiederholte meine Bedingungen für eine hierarchische, demokratische Ordnung in der zukünftigen Armee. Auf die von Unwahrheiten strotzende Hetze werde ich nicht antworten, weil in Fragen der Sicherheit geschwiegen werden müsse.

13. 5. 48

Die Situation im Ezion-Block ist außerordentlich ernst. In Kfar Ezion allein hatten wir 40 Tote. Waffen und Munition wurden mit Flugzeugen geschickt, doch es ist nicht sicher, ob das Material in die Hände der Belagerten gekommen ist.

Angriffe der Ägypter im Süden. Auch die Lage an der Straße nach Jerusalem ist schwierig. Starke arabische Kräfte im Gebiet Ramalla-Latrun. 4.30 Uhr: Kfar Ezion gefallen. Ein Flieger sah feindliche Panzer im Hof des Kibbuz.

Jaffa hat sich der Hagana ergeben. Der schriftliche Kapitulationsvertrag wurde mir übermittelt.

6 Uhr abends Sitzung der Volksleitung. Beratung über den Wortlaut der Unabhängigkeitsurkunde, die von Sharett vorbereitet wurde.

Am Abend nahm ich die endgültige Redaktion des Textes vor.

14. 5. 48

Morgens Sitzung des Stabes. Ich ordnete an, daß das Wichtigste sei, dem Feind Schläge zu versetzen. Der Schutz der Siedlungen ist nicht mehr die Hauptsache. Erhielt Mitteilungen über Erfolge der Hagana. Um 11 Uhr teilte man mir mit, daß die Frauen aus Kfar Ezion nach Jerusalem entlassen wurden. Die Männer gerieten in Gefangenschaft.

Um 1 Uhr: Bestätigung der Unabhängigkeitserklärung im Volksrat. Um 4 Uhr nachmittags Ausrufung des Staates. Jubel und Freude im Lande. Wieder, wie am 29. November 1947, bin ich ein Trauernder unter Frohlockenden. Das Schicksal des Staates liegt in den Händen der Sicherheitskräfte.

Sofort nach der Zeremonie kehrte ich ins Generalstabsgebäude zurück. Beratung über die Lage, die sich dauernd zuspitzt. Schlimme Nachrichten über Panzerkolonnen der Arabischen Legion und Truppenkonzentrationen der Syrer. Demgegenüber hatten unsere Soldaten Erfolge im westlichen Galiläa. Die Polizeischule in Jerusalem und andere strategische Punkte der Stadt wurden eingenommen.

Wir beschlossen, die Gewehre in den Siedlungen für eine neue Division einzusammeln, die Waffenproduktion zu erhöhen und Panzersperren zu errichten.

Fast alle Mitglieder des Stabes widersetzten sich meiner Auffassung, daß ein konzentrierter Sturmangriff auf die Orte an der Straße Tel Aviv – Jerusalem einzuleiten ist. Der Grund: Wir haben zu wenig Truppen, und die Pläne des Gegners sind unbekannt. Ohne ausdrücklichen Beschluß der Volksleitung (an das Wort »Regierung« habe ich mich noch nicht gewöhnt) wollte ich gegen die Auffassung der Offiziere keinen Befehl erteilen. Ich habe aber das Gefühl, daß wir eine Gelegenheit versäumen, die das Schicksal Jerusalems und vielleicht des Kampfes überhaupt entscheiden könnte.

In der Nacht kamen schlechte Nachrichten aus dem Negev. Wird Tel Aviv heute nacht aus der Luft bombardiert werden?

15. 5. 48
Zweimal weckte man mich in der Nacht. Um 1 Uhr teilte man mir mit, Truman habe den Judenstaat anerkannt. Um 4.30 Uhr – inzwischen konnte ich nicht wieder einschlafen – sagte man mir, daß unsere Freunde in Amerika verlangen, ich möge im Radio sprechen. Ich ging ins Rundfunkstudio der Hagana und konnte erst um 5.15 Uhr mit der Ansprache beginnen. Während der Rede wurde Tel Aviv aus der Luft bombardiert. Die Bomben gingen, wie zu erkennen war, in der Nähe des Flughafens nieder, und es fiel mir nicht leicht, meine Ansprache zu Ende zu führen. Ich sagte, daß Tel Aviv soeben bombardiert werde. Fahrt zum Flughafen: Eine Baracke brannte, Verletzte wurden ins Spital abtransportiert. Einige unserer Flugzeuge sind durch den Beschuß unbrauchbar geworden. Auch das benachbarte Reading-Kraftwerk wurde getroffen. Die feindlichen Maschinen konnten im Tiefflug operieren. Unsere Abwehrkanonen versagten aus unbekannten Gründen. Der Gegner setzte vier oder fünf Flugzeuge ein.

Aus allen Häusern sahen Menschen in Pyjamas und Hemden heraus, sie zeigten keine übermäßige Furcht. Ich spürte: Sie werden standhalten.

Ich prüfte den Truppenbestand: Insgesamt stehen 30 573 Mann unter Waffen. Ich lud Marcus zu mir und fragte ihn, wieviel Mann man brauchen würde, um die Straße nach Jerusalem und die anliegenden Dörfer zu erobern. Er sagte, daß er Jizchak Rabin sehen wolle und mir morgen um 10 Uhr Bescheid geben werde.

Unsere Leute am Flughafen von Tel Aviv haben eine ägyptische Maschine abgeschossen. Der Pilot befindet sich in unseren Händen.

Die erste Sitzung der Provisorischen Regierung und des Provisorischen Staatsrates

Die Provisorische Regierung konnte erst am Sonntag, also zwei Tage nach der Staatsgründung, zusammentreten. Die arabischen Armeen warteten indes nicht mit ihren Aktionen und begannen genau um Mitternacht des 14. Mai mit dem Krieg gegen Israel.

Der ägyptische Flieger, der abgeschossen und gefangengenommen wurde, erzählte beim Verhör, daß die arabischen Palästinaflüchtlinge Greuelgeschichten über die Juden verbreiten: Sie morden, vergewaltigen und rauben. Zugleich aber wissen die Flüchtlinge über die absolute Bedeutungslosigkeit der jüdischen Streitkräfte zu berichten. Wenn man ihren Worten glauben soll, ist die Eroberung des Landes durch die arabischen Armeen eine Frage von wenigen Tagen.

Am Sabbatausgang (15. Mai 1948) erklärte ich im Rundfunk u. a.: »Das Ereignis der Staatsgründung wird in seiner ganzen geschichtlichen Bedeutung erst von künftigen Geschlechtern gewürdigt werden können. Uns allen obliegt es jetzt, in Liebe und Vertrauen und in jüdischer Brüderlichkeit den Staat Israel aufzubauen und ihn mit Leib und Seele zu verteidigen, solange dies notwendig sein wird. Wir stehen in einem doppelten Kampf, in einer politischen und einer militärischen Auseinandersetzung. Wir sollten jetzt keine großen Worte machen. Was wir erreicht haben, verdanken wir der Arbeit der vorangehenden Generationen, und wir haben die Erbschaft unseres kleinen, leidgeprüften, doch in seiner geistigen Ausstrahlung großen und ewigen Volkes zu bewahren. Viele von denen, die die Grundmauern legten, weilen nicht mehr unter

den Lebenden, doch der Name eines Mannes, der diesen Tag mit-
feiern durfte, muß erwähnt werden, denn niemand hat zu den
Erfolgen der jüdischen Gemeinschaft in Palästina und zu den
politischen Errungenschaften des zionistischen Werkes mehr beigetragen als er. Dieser Mann ist Dr. Chaim Weizmann.

Gestern wurde der Staat Israel errichtet, und seine Provisorische
Regierung wandte sich bereits an die Völker der Welt und unterrichtete sie von der Gründung unseres Staates und seiner Bereitschaft zur Arbeit für den Frieden. Einige Staaten haben schon inoffiziell die Anerkennung Israels ausgesprochen. Die erste amtliche Nachricht über die Anerkennung erhielten wir von den USA.
Dennoch dürfen wir uns nicht der Illusion hingeben, daß wir auch
nach einer allgemeinen Anerkennung einen glatten Weg vor uns
haben. Der Weg, der vor uns liegt, ist weder kurz noch leicht, sondern voller Hürden.

Tel Aviv wurde bombardiert. Wir hören auch vom Einfall regu-
lärer arabischer Truppen aus dem Norden, Osten und Süden.
Schwere und gefährliche Tage stehen uns bevor. Die Regierung hat
bereits den Sicherheitsrat der UNO angerufen und gegen die viel-
fachen Aggressionsakte der Mitgliedsstaaten, darunter auch des
Bundesgenossen Englands, Transjordaniens, Protest eingelegt. Es
ist nicht anzunehmen, daß der Sicherheitsrat zu den heimtückischen Überfällen schweigen wird, die den Frieden gefährden und
dem Völkerrecht und den Beschlüssen der UNO zuwiderlaufen.
Dennoch haben wir uns vor Augen zu halten, daß wir uns in der
Hauptsache auf unsere eigene Kraft verlassen müssen. Jeder einzelne, jede Stadt und jedes Dorf hat seine Pflicht zu erfüllen. In erster Linie jedoch muß die Stärke unseres Heeres erhöht werden.

Vor allem aber haben wir uns auf dem Empfang der Massen unserer Brüder vorzubereiten, die nach Erreichung der Unabhängigkeit aus Zypern, aus den Lagern in Deutschland und Österreich
und aus anderen Staaten zu uns kommen werden. Wir haben sie
brüderlich aufzunehmen und dafür zu sorgen, daß sie im Boden
des Vaterlandes Wurzel schlagen.«

In der ersten Sitzung der Provisorischen Regierung (am 16. Mai) fehl-
ten die in Jerusalem lebenden Minister Grünbaum und Lewin, die
nicht nach Tel Aviv gelangen konnten.

Sharett, der erst vor fünf Tagen aus Amerika zurückgekehrt war, berichtete, daß man im State Department und im Pentagon nachdrücklich gegen die Ausrufung des Staates war. Die Pforten des Weißen Hauses blieben für die zionistische Leitung geschlossen. Der einzige Zionist, der Präsident Truman sehen konnte, war Dr. Weizmann. Die Zusammenkunft fand statt, noch bevor die Vereinigten Staaten, ohne Wissen des Präsidenten, in der UNO den Antrag stellten, eine Treuhänderschaft in Palästina einzusetzen. Der Richter Sam Rosenman kam in den letzten Wochen zweimal zum Präsidenten und befürwortete die Anerkennung des Judenstaates nach seiner Errichtung. Kurze Zeit, nachdem die Ausrufung des Staates bekannt geworden war, erteilte der Präsident die Weisung, daß die *De-facto*-Anerkennung Israels durch die Vereinigten Staaten verlautbart werde.

Sharett teilte ferner mit, daß er den Regierungen der Sowjetunion, Frankreichs, Kanadas, Australiens, Südafrikas, Polens, der Tschechoslowakei, Guatemalas, Neuseelands, Norwegens, Schwedens, Dänemarks und Belgiens den Wortlaut der Unabhängigkeitsurkunde und die Nachricht von der Bestätigung der Provisorischen Regierung habe zukommen lassen. Ich schlug vor, auch die arabischen Staaten zu verständigen. Zisling empfahl, dieser Mitteilung an die Araber die Aufforderung anzufügen, sie mögen die feindseligen Handlungen abbrechen. Mein Antrag wurde mit diesem Zusatz gebilligt.

In meinem Situationsbericht konnte ich vom Eintreffen der ersten Waffensendungen, die wir schon vor Gründung des Staates bestellt hatten, Kenntnis geben. Aus dem Negev kommen böse Meldungen. Die ägyptischen Kolonnen rücken vor und verlangen in Flugblättern die Kapitulation der jüdischen Bevölkerung. Ein Konvoi von 200 Wagen steht bereits vor Beerschewa.

Im Jordantal werden unsere Siedlungen mit Artilleriefeuer bestrichen. Der Druck auf die Straße nach Jerusalem hat nachgelassen. Wir haben Latrun eingenommen, heute nacht wurden wir von dort wieder verdrängt, danach haben wir den Ort abermals erobert. Das westliche neue Jerusalem ist fast ganz in unseren Händen, Alt-Jerusalem ist zwar von nahezu allen Seiten durch uns eingekreist, doch die kleine jüdische Bevölkerung innerhalb der Altstadt wird von Arabern belagert. Zwei jüdische Siedlungen im Norden von Jerusalem mußten geräumt werden, und in Kfar Ezion ist keine jüdische Familie zurückgeblieben. Aus den umliegenden Siedlungen wurde die Bevölkerung in transjordanische Gefangenschaft verschleppt. Auf unserer Seite stehen 30 000 Mann mobilisiert, vorläufig sind aber nur 40 Prozent bewaffnet. Im Ausland haben wir 30 Kampfflugzeuge. Ihre Überführung nach Israel ist kompliziert, weil sie die Entfernung ohne Zwischenhalt nicht überwinden können und wir uns Flughäfen auf dem Wege nicht sichern konnten. Man muß die Maschinen demontieren und in großen Transportern, die auf eine Zwischenlandung nicht angewiesen sind, herbringen. Die Unzulänglichkeit unserer Luftwaffe macht sich bemerkbar, weil die Ägypter unsere Flugplätze bombardieren. Vorläufig besitzen wir nur kleine Maschinen, in denen wir Nahrungsmittel in die eingeschlossenen Siedlungen bringen. In Europa haben wir bis zur Stunde Waffenkäufe für 19 Millionen Dollar getätigt, 15 Millionen sind bereits bezahlt. Mit den Einkäufen haben wir nach der Pariser Sitzung der Exekutive im August 1946 begonnen. Jetzt müssen wir mehr Geld haben. Daher ist eine Reise Golda Myersons (Meirs) nach Amerika erforderlich. Wir brauchen Flugzeuge und Panzer. Achtzig Prozent der Waffen, die wie benötigen, sind bereits gekauft. Bis zu ihrem Eintreffen stehen uns schwere Tage bevor. Im Augenblick kommt es nicht darauf an, ob wir diese oder jene Siedlung verteidigen können, sondern darauf, den Feind zu schlagen.

In der Sitzung wurde auch die Aussprache über die Verteilung der Ressorts fortgesetzt. Sie konnte nicht abgeschlossen werden. Ich schlug vor, der Staatsrat möge Dr. Weizmann zum Präsidenten wählen. Bentov und Zisling widersprachen. Mit neun gegen zwei Stimmen wurde mein Antrag angenommen.

F. Rosenblüth unterbreitete den Gesetzentwurf über den Aufbau der Verwaltung. Der Vorschlag enthielt folgende Kapitel: Staatsrat, Regierung, Budget, Steuern, Gesetzgebung, Gerichtsbarkeit und Übergangsvorschriften. Es wurde beschlossen, die Anträge dem Staatsrat zur Billigung vorzulegen.

Am gleichen Tage trat der Staatsrat zu seiner ersten Sitzung in Tel Aviv zusammen. Der Justizminister unterbreitete den Vorschlag der Regierung, Weizmann zum Präsidenten des Provisorischen Staatsrates zu wählen. Der Antrag wurde mit 13 gegen 2 Stimmen bei Stimmenthaltung zweier Fraktionen (Mapam und Kommunisten) angenommen. Ferner legte der Justizminister den Gesetzentwurf über die Organisation der Staatsgewalt vor. Ein Fünferausschuß wurde eingesetzt, der den Antrag bis zur nächsten Sitzung prüfen sollte.

Anschließend fand eine Aussprache über die Unabhängigkeits-erklärung statt. Der revisionistische Redner rügte die in der Proklamation betonte Bereitschaft Israels, an der Verwirklichung des UNO-Beschlusses vom 29. November 1947 mitzuarbeiten. Hier liege eine Bereitschaft vor, das Land zu teilen. Der Abgeordnete der Agudat Israel bemängelte den weltlichen Charakter der Erklärung. Der kommunistische Sprecher gab dem Unwillen seiner Partei darüber Ausdruck, daß das Mandatsregime nicht als Kolonialregime bezeichnet wurde. Die Mapam distanzierte sich von keiner Einzelheit in der Erklärung und erläuterte nur allgemein ihre Absichten, Israel müsse ein in jeder Hinsicht von den imperialistischen Mächten unabhängiger Staat bleiben. Die Mapam werde den Kampf für ein echtes Bündnis mit den arabischen Massen innerhalb und außerhalb des Staates Israel und für Gleichberechtigung aller Staatsbürger führen. Der Sprecher der Poalej Agudat Israel bedauerte, daß seine Freunde den Wortlaut der Erklärung nicht vor ihrer Annahme lesen konnten. Ich faßte die Debatte mit der Bemerkung zusammen, die Kritik schmälere nicht den einmütigen Willen des Volkes, wie er am Tage der Unabhängigkeitserklärung zum Ausdruck gekommen sei.

Am nächsten Tage traf die Anerkennung des Staates Israel durch den sowjetischen Außenminister Molotow ein. Es war dies, nach den Vereinigten Staaten von Nordamerika, die zweite Anerkennung. Während aber die Amerikaner nur eine *De-facto*-Anerkennung ausgesprochen hatten, enthielt die sowjetische Note die *De-jure*-Anerkennung.

Der Vertreter der USA im Sicherheitsrat, Austin, verlangte, der militärische Überfall auf Israel möge innerhalb von 36 Stunden eingestellt werden. Die arabischen Staaten schenkten der Aufforderung kein Gehör, und der Sicherheitsrat unternahm nichts, um sie durchzusetzen.

In der zweiten Sitzung des Provisorischen Staatsrates am 19. Mai 1948 wurde nach kurzer Debatte die Verordnung über die Organisation der Staatsgewalt und der Gerichtsbarkeit angenommen. In dieser Verordnung, die Gesetzeskraft hatte, wurden Grundregeln über die Zuständigkeiten des Provisorischen Staatsrates und der Provisorischen Regierung, über die Gültigkeit der bestehenden Gesetze, soweit sie mit Wesen und Sinn des Staates Israel in Einklang gebracht werden konnten, festgelegt und die Prärogative der englischen Krone, die Bestimmungen des Weißbuches aus dem Jahr 1939 und einige Notverordnungen der Mandatsregierung aufgehoben. Weitere Abschnitte der Verordnung befassen sich mit dem Gerichtswesen und der Aufstellung der Armee. Die Verordnung hatte rückwirkende Kraft vom 15. Mai 1948.

Die Invasion der arabischen Staaten
Die Burmastraße nach Jerusalem wird gebaut
Die Kämpfe bis zum ersten Waffenstillstand

Um die Mittagsstunde des 14. Mai verließ der Hochkommissar das Land; der Abzug des englischen Militärs hatte schon früh begonnen. Die von den Vereinten Nationen eingesetzte Versöhnungskommission*, die die geordnete Überleitung der Herrschaft an Juden und Araber in den ihnen zugeteilten Gebieten sichern sollte, war von der Mandatsregierung nicht anerkannt worden. Sie wollte mit der Kommission auch nicht zusammenarbeiten.

Ende April war bereits der Großteil Palästinas außerhalb des administrativen Bereichs der Engländer, die sich aber weigerten, die Institutionen der jüdischen Gemeinschaft anzuerkennen, und die einige polizeiliche und militärische Bauten innerhalb des jüdischen Gebietes den Arabern auslieferten. Erst nach dem endgültigen Auszug der Engländer in der Nacht vom 14. zum 15. Mai konnten wir an die Aufgabe herangehen, Ordnung in das Tohuwabohu zu bringen und die Eindringlinge aus den auf unserem Gebiet befindlichen Baulichkeiten des Militärs und der Polizei zu vertreiben.

In den vier Monaten, die seit dem Beschluß der Vollversammlung vom 29. November 1947 bis Ende März 1948 verstrichen, waren mehr als 900 Juden gefallen. Von Ende März, d. h. von der Freilegung der Straße nach Jerusalem bis zur Invasion der arabischen Armeen bei Ende des englischen Mandats, hatten wir weitere 753 Tote unter unseren Soldaten und mehr als 500 Todesopfer unter der Zivilbevölkerung zu beklagen.

Der Monat zwischen dem Einfall der arabischen Armeen und der ersten Waffenruhe, die am 11. Juni 1948 eintrat, war für uns der schwerste und gefährlichste. Nur eine der privaten Untergrundarmeen, »Lechi«, hatte sich mit der Staatsgründung aufgelöst. Die zweite Untergrundvereinigung »Ezel« setzte ihre selbständige Existenz im Gegensatz zu den vorangehenden Beteuerungen ihrer Führer fort. Die militärische Initiative war weitgehend in den Händen der arabischen Invasoren, und die von uns eingeleiteten Operationen hatten keinen Erfolg. Allmählich trafen aus dem Ausland die Waffen ein, die wir bestellt hatten, doch die Ankunft gerade der schweren Ausrüstung, in der uns die arabischen Streitkräfte überlegen waren, verzögerte sich wegen der Transportschwierigkeiten.

Der Feind erhielt seine Kriegsausrüstung vorwiegend von den Engländern. Auch die Ausbildung lag in ihren Händen. Vor Ende des Mandats mußte die Sache getarnt werden, und nicht einmal die arabischen Regierungen wollten offen die Verantwortung für die Banden übernehmen. Die Mandatsregierung wollte den Eindruck von Neutralität erwecken. Zwei Tage vor dem Abzug der englischen Verwaltung nahm die Arabische Liga, die unter dem Patronat des britischen Außenministers Anthony Eden entstanden war, einige Beschlüsse zur Palästinafrage an. In allen Staaten der Liga wurde der Notstand erklärt. Die Mitglieder verpflichteten sich aber lediglich zur Betreuung der Frauen, Kinder und Greise aus den Reihen der arabischen Palästinaflüchtlinge und zur Erhaltung von Armee-Einheiten an der palästinensischen Front.

Die Eroberung des Kraftwerkes von Naharajim* am Ostufer des Jordans war der erste wichtige Erfolg der Arabischen Legion. Dreißig Mann, die im Werk arbeiteten, wurden gefangengenommen, die Gebäude und die Maschinen zerstört. Hier war auch der Einfallspunkt der irakischen Armee. Unsere Soldaten sprengten deshalb zwei Brükken, die Iraker aber bauten eine Notbrücke und griffen den Kibbuz Gescher an. Sie mußten sich unter blutigen Verlusten zurückziehen. Eine andere irakische Einheit versuchte ihr Glück südlich von Gescher, wurde abgeschlagen und ließ dreißig Tote und reiche Beute zurück.

An der syrischen Front setzten wir vier 65-mm-Kanonen ein, die soeben angekommen waren. Mit ihrer Hilfe wurden die Syrer, die buchstäblich vor den Toren der Degania-Kibbuzim standen, vertrieben.

Die Arabische Legion war die feindliche Hauptkraft im Mittelabschnitt. Nach ihrem Erfolg im Ezion-Block stieß sie gegen zwei Siedlungen nördlich von Jerusalem vor. Wir hatten Verluste und mußten die Punkte räumen. Auch das Kaliwerk am Nordzipfel des Toten Meeres und einen Kibbuz hatten wir aufzugeben, so daß Jerusalem im Norden und Osten ohne Schutz war.

Der Artilleriebeschuß Jerusalems begann gleichzeitig vom Norden und vom Süden. Das Bombardement dauerte nahezu einen vollen Monat bis zur ersten Waffenruhe an. Ein Vorort im Norden und eine Polizeischule, die wir nach dem Abzug der Engländer erobert hatten, fielen in die Hände der Legion. Unsere Einheiten konnten den jordanischen Panzern nicht standhalten. Doch alle Bemühungen des Feindes, die neuen Stadtteile Jerusalems zu erobern, scheiterten, obgleich den Jordaniern im Süden irreguläre ägyptische Truppen beistanden, die sich vergeblich anstrengten, den Kibbuz Ramat Rachel einzunehmen. Er wechselte mehrmals den Besitzer. Wir konnten uns aber schließlich behaupten.

Bitter war das Schicksal der Juden in der Altstadt. Ihre Zahl betrug 1800, darunter ein hoher Prozentsatz von Kindern und Greisen. Die arabische Bevölkerung der Altstadt zählte 25 000 Menschen. Die Engländer gestatteten uns nicht, Verstärkungen und Hilfe zu bringen; sie kontrollierten auch die Lebensmitteltransporte. Anfang Mai wurde für die Altstadt eine Waffenruhe unter Aufsicht der in Jerusalem amtierenden Konsuln und die Demilitarisierung vereinbart. Kaum waren die Engländer abgezogen, eröffneten die Araber heftiges Feuer auf das jüdische Viertel. Unsere Bemühungen, die Belagerten freizubekommen, schlugen fehl.

Zwei Einheiten, deren Aktionen nicht hinreichend abgestimmt waren, sollten durch Frontalangriffe die Verbindung mit den eingeschlossenen Juden der Altstadt herstellen, eine durch das Jaffator, die andere in der Richtung auf den Zionsberg. Wir setzten uns zwar in den Besitz des Zionsberges, konnten aber unser Ziel, den Einbruch in die Altstadt, zunächst nicht erreichen. Am 19. Mai stellte eine Angriffsspitze, der die Überwältigung der Araber am Zionstor gelang, den Kontakt mit der vordersten Stellung der belagerten Juden her. Die Legion holte Verstärkungen heran, und wir mußten uns zurückziehen. Der Druck auf die Belagerten nahm von Tag zu Tag zu. Einige Häuserblocks mußten aufgegeben werden.

Für die Nacht zum 29. Mai war ein weiterer Versuch zum Entsatz der Juden in der Altstadt geplant. Er sollte in großem Maßstabe vom Zionsberg her und über das Neue Tor unternommen werden, doch schon am 28. Mai hatte sich eine Delegation von Rabbinern der Altstadt zur Arabischen Legion begeben, um die Kapitulationsbedingungen zu erfahren. Die Führung unserer Einheiten entschloß sich, die Waffen zu strecken. Die Bedingungen waren: 1. Die kämpfende Truppe geht in die Gefangenschaft. 2. Die schwerverletzten und die unbewaffneten Bürger werden über die jüdischen Linien in den neuen Teil Jerusalems entlassen. 3. Die Waffen werden der Legion ausgeliefert. 4. Die Legion übernimmt die Garantie für das Leben der Juden bis zu deren Evakuierung.

Als um 2 Uhr nachmittags der Widerstand zu Ende gegangen und das jüdische Viertel erobert war, stellte sich heraus, daß die Mehrheit unserer Offiziere und auch ein großer Teil der Mannschaft Verletzungen davongetragen hatten. Der Kommandant der Arabischen Legion, der die Zahl der Kämpfer und ihre Waffen sah, erklärte: »Hätten wir gewußt, wie unsere Gegner aussehen, wären wir mit Stöcken auf Euch losgegangen. Ihr habt Bedingungen herausgeschlagen, nachdem Ihr tatsächlich schon besiegt wart.«

Die neuen Stadtteile Jerusalems, in denen fast keine Araber mehr anzutreffen waren, wurden weiter mit Artillerie beschossen. Wir konnten sie aber halten. Zwei Konvois mit Nahrungsmitteln kamen nach Abzug der Briten am 16. und 17. Mai in Jerusalem an, doch die Arabische Legion, die Latrun wieder eingenommen hatte und die sich der Stadt von allen Seiten näherte, versperrte nachher wiederum die Zugangsstraße. Neueinwanderer, die soeben aus Zypern angekommen waren, beteiligten sich im Rahmen einer neu aufgestellten Division am Kampf.

Auch nach drei Versuchen konnten wir Latrun nicht erstürmen. Die Hauptstraße nach Jerusalem blieb für uns unpassierbar.

Ich betraute Colonel David Marcus, der im Zweiten Weltkrieg im Stabe Eisenhowers gedient hatte und zu Beginn der Kämpfe als Freiwilliger nach Palästina gekommen war, mit dem Befehl über die Truppen in Jerusalem und auf dem Zufahrtswege dorthin. Der Bau einer Ersatzstraße aus der Ebene in die Hauptstadt wurde beschlossen. Sie bekam den Namen »Burmaroad«. Die Araber hatten keine Ahnung von dem Unternehmen. Trotz aller technischen Schwierigkeiten und eines außerordentlich starken Gefälles konnten wir Waffen, Munition und Nahrungsmittel mit schweren Lastern bis zu einem bestimmten Punkt bringen und von dort mit Lastträgern und

Packeseln bis zu einer Stelle weiterbefördern, wo sie abermals auf Autos verladen wurden.

Wenige Stunden vor Eintritt der Waffenruhe am 11. Juni fiel Colonel Marcus einem bedauerlichen Mißverständnis zum Opfer. Er verließ, umhüllt mit einem Bettuch, vor Morgengrauen sein Zelt in der Nähe des Klosters Abu Gosch (etwa 15 km westlich von Jerusalem) und wurde vom Wachtposten gestellt. Marcus antwortete in englischer Sprache, der Soldat gab einen Schuß in die Luft ab, und da Marcus nicht stehenblieb, feuerte der Wachtposten noch einmal. Der Oberst wurde in die Brust getroffen und starb. Er war das letzte Opfer vor der Waffenruhe.

Das durch die Invasion am meisten gefährdete Gebiet war der Negev von Beerschewa bis Eilat. Er stellt 60 % der dem Staat Israel zugeteilten Fläche dar. Auf diesem riesigen Territorium befanden sich nur 27 kleine jüdische Siedlungen. Zu seinem Schutz waren, abgesehen von den örtlichen Verteidigern, zwei leicht bewaffnete Regimenter aufgeboten. Die Brigade, zu der sie gehörten, besaß insgesamt zwei 20-mm-Kanonen und zwei von uns produzierte Mörser (die sogenannte »Davidka«) sowie zehn Bomben.

Die ersten Ägypter, die noch vor der Ausrufung des Staates ins Land eindrangen, waren Angehörige der »Moslem-Bruderschaft«, einer fanatischen panislamischen Organisation. Sie wurden nach der Gründung Israels und nachdem die Arabische Liga sich für den Einfall in Israel entschieden hatte, unter den Befehl der ägyptischen Armee gestellt. Ihren ersten Angriff richteten die Ägypter auf eines unserer Dörfer in der Nähe von Gaza, das vom nächsten jüdischen Punkt 20 km entfernt war und von 30 Mann verteidigt wurde. Kanonen und Mörser wurden gegen das Dorf eingesetzt und Brandbomben geschleudert. Die Verteidiger ließen die ägyptischen Soldaten bis an den Stacheldrahtzaun herankommen, der um die Siedlung gelegt war, und dann eröffneten sie ein mörderisches Feuer.

Es war das Mißgeschick der angreifenden ägyptischen Einheit, daß die Geschosse ihrer Artillerie statt aufs Dorf in die eigenen Reihen fielen. Sie mußte sich unter Hinterlassung von 70 Toten und 50 Verletzten zurückziehen. Die Nachricht verbreitete sich wie ein Lauffeuer im ganzen Negev und gab dem Häuflein jüdischer Kämpfer Mut.

Reguläre Kräfte der ägyptischen Armee fielen in den frühen Morgenstunden des 15. Mai, unmittelbar nach der Bombardierung Tel Avivs, in jüdisches Gebiet ein und rückten in zwei Kolonnen nach Norden und entlang der Küstenstraße in der Richtung auf Beerschewa, Hebron und bis zu den Vororten Jerusalems vor. Ihr Ziel war Tel Aviv. Die ägyptische Presse posaunte triumphierend die großen Siege in alle Welt, ohne mit einem Wort der Tatsache Erwähnung zu tun, daß es sich ausschließlich um von Arabern bewohnte Landstriche handelte. Die Ägypter waren überzeugt, daß sie in wenigen Tagen nach Tel Aviv gelangen würden. Inzwischen entschlossen sie sich zu einem neuerlichen Angriff auf das isolierte jüdische Dorf, sie kamen wieder bis zum Stacheldrahtzaun und wurden erneut zurückgeschlagen. Wochenlang wagten sie es nicht, die Siedlung anzugreifen, und begnügten sich damit, sie zu belagern. Auch eine Attacke auf den Kibbuz Nirim war erfolglos; 30 Ägypter fielen, doch der Sieg kam auch Nirim teuer zu stehen, und sieben der insgesamt 40 Verteidiger starben.

Die Ägypter entschlossen sich zu einem konzentrierten Angriff auf Tel Aviv, wurden aber in Jad Mordechai aufgehalten. Die Kämpfe hier dauerten sechs Tage, und die Zahl unserer Verluste, 18 Tote und 20 Verletzte, war groß. Am 22. Mai meldete man aus Jad Mordechai: »Die Widerstandskraft nimmt ab. Wir befürchten ein zweites Kfar Ezion.« Verstärkung wurde entsandt, aber die Attacken der Ägypter gingen weiter, und Jad Mordechai fiel am 24. Mai. Dadurch stand der ägyptischen Armee der Weg nach Norden offen. Die Mitglieder der »Moslem-Bruderschaft« kamen über den Höhenzug von Hebron bis nach Bethlehem. Hier brachen Konflikte zwischen ihnen und Einheiten der Arabischen Legion aus.

Um die nach Norden vorrückenden ägyptischen Einheiten aufzuhalten, wurden die ersten vier Messerschmitt-Maschinen, die wir in demontiertem Zustand aus der Tschechoslowakei erhalten und auf unserem Flugplatz zusammengesetzt hatten, in den Kampf geschickt. Unsere Flugzeuge stießen auf konzentriertes Abwehrfeuer, und eines wurde abgeschossen. Wir beschlossen daher, mit einer größeren Truppenmacht in Richtung auf das heutige Aschdod loszugehen, wohin die Ägypter schon gekommen waren. Unser Angriff hatte zwar keinen Erfolg, aber der Vormarsch des Feindes wurde in der Umgebung des Ortes aufgehalten. Die Ägypter gruben sich hier ein und schickten sich an, im Rücken ihrer Front aufzuräumen. (...) Erst als sich der Termin der Waffenruhe näherte, und zwar in der letzten Nacht, konnten wir den Korridor zwischen Gan Jawne und Beer-Tuvia verbreitern. Ein Versuch, in der gleichen Nacht von der Polizeistation Irak–Suidan (strategisch wichtiger Ort südlich von Negba) Besitz zu ergreifen, endete mit einem Mißerfolg. Die Negev-Brigade aber errang weiter südlich einen Sieg. Sie eroberte die Polizeistation Bir-Asludsch und das benachbarte Militärlager. Dadurch war für einige Zeit der Weg durch die Wüste von Udschia nach Beerschewa für die Ägypter blockiert, doch noch am Morgen des 11. Juni, knapp vor Beginn der Waffenruhe, baute der Feind seine Stellungen an einer Straßenkreuzung aus und versperrte uns so den Weg in den Negev.

Auch die Siedlungen im Rücken der ägyptischen Armee, die nicht unmittelbar angegriffen wurden, waren Attacken aus der Luft ausgesetzt. Ägyptische Maschinen bombardierten überdies sechzehnmal Tel Aviv, viermal Rechowoth und zweimal Rischon-le-Zion, und am Tag, an dem die Waffenruhe in Kraft trat, wurde der Kibbuz Ruchama siebenmal mit Brandbomben und Maschinengewehrfeuer aus der Luft belegt. Siedlungen, die in Reichweite der ägytpischen Kanonen waren, wurden beschossen, aber nicht erobert.

Im ersten Monat der arabischen Invasion mußten nachstehende Siedlungspunkte geräumt werden:

Im Süden Jad Mordechai und Nizanim, die im weiteren Verlauf des Krieges wieder in unsere Hände gelangten.

Im Zentralabschnitt Hartuv, das wir später ebenfalls wiedererlangten, der Ezion-Block, Atarot, der Nordzipfel des Toten Meeres, das jüdische Viertel der Jerusalemer Altstadt, das erst im Sechstagekrieg wieder zurückgewonnen werden konnte.

Im Norden Mischmar Hajarden, das wir am Schluß des Krieges zurückbekamen, und das Kraftwerk von Naharajim, das sich noch in feindlichem Besitz befindet.

Einige andere Siedlungen mußten vorübergehend aufgegeben werden. Sie wurden nach wenigen Tagen wieder eingenommen.

Im ersten Kriegsmonat aber, genau: vom 15. Mai bis zum 11. Juni 1948, änderte sich unsere militärische Situation. Unser Waffenbestand konnte erweitert werden, unsere Soldaten wurden ausgebildet, unsere militärische Industrie entfaltete sich und wurde vervollkommnet.

Die Verteidigungsarmee entsteht
Waffen und Freiwillige kommen an

In der Sitzung der Provisorischen Regierung vom 23. Mai legte ich den Entwurf einer Verordnung vor, die die Errichtung der »Israelischen Verteidigungsarmee« verkündete. M. Schapira widersetzte sich dem Präfix »Verteidigungs-«, fand aber nirgends Unterstützung. Auf Wunsch einiger Regierungsmitglieder wurden Aussprache und Beschluß auf den 26. Mai verschoben. Der Entwurf wurde an diesem Tage bestätigt, die Verteidigungsarmee trat ins Leben. Für Notzeiten wurde die allgemeine Wehrpflicht eingeführt. Jeder Angehörige der Armee hatte einen Treueid zu leisten. Die Verordnung untersagte die Gründung und den Bestand von militärischen Formationen außerhalb der Verteidigungsarmee.

Es war nicht einfach, der Schwierigkeiten Herr zu werden, die sich aus der Umwandlung der bisher im Untergrund tätigen Hagana in die reguläre Armee eines demokratischen Staates und aus der Erfassung paramilitärischer, den Weisungen der nationalen Instanzen nicht unterworfenen Gruppen zwangsläufig ergaben. Doch die Disziplin und der Zusammenhalt besserten sich, und die separatistischen Tendenzen wurden schwächer, wenn auch der Sonderexistenz des »Ezel« erst im September 1948 ein Ende gesetzt werden konnte. »Lechi« löste sich sofort nach Gründung des Staates auf. Nur eine geheime terroristische Zelle bestand vorläufig noch weiter.

Als die feindliche Invasion begann, besaßen wir lediglich zwei Dutzend leichter Kanonen, die sowohl zur Flugabwehr als auch im Kampf gegen Panzer Verwendung fanden. Den Flugzeuggeschwadern des Feindes und seinen Bombern konnten wir nur ganz kleine Maschinen entgegenstellen, sogenannte »Pipercubs«, die eigentlich nur für die Nachrichtenbeförderung bestimmt waren, und ein paar Transportflugzeuge, von denen sich nur in der Nacht Gebrauch machen ließ. Tagsüber mußten sie, so gut es eben ging, versteckt werden.

Wir verfügten anfangs nur über einige Dutzend hausgemachte Panzerwagen und zwei Cromwellpanzer, die wir von den Engländern »bekommen« hatten. Daher waren wir bei Angriffen des Feindes, der Kampfflugzeuge, Panzer und Kanonen einsetzte, unterlegen. In den ersten Tagen nach Verkündung des Staates wurden in der Tel Aviver Autobusstation 41 Menschen bei einem ägyptischen Luftangriff getötet. Die Ägypter warfen auch über dem Flugplatz von Ramat David Bomben ab, da ihnen nicht bekannt war, daß wir ihn noch nicht übernommen hatten. Die Engländer revanchierten sich durch den Abschuß von vier ägyptischen Maschinen.

Mit dem Eintreffen von Schiffen und Flugzeugen, die die von uns im Ausland erworbenen Waffen brachten, verbesserte sich die Situation. Noch vor dem ersten Waffenstillstand kamen drei Schiffe mit Waffen an. Im ersten Monat nach Ausrufung des Staates trafen auch viele Freiwillige aus dem Ausland ein. Ihre Verbände hießen »*Machal*«. Unter ihnen waren Flugzeugpiloten, Panzerfahrer und Fachleute weiterer militärischer Sparten. Sie kamen aus Südafrika, Kanada, den Vereinigten Staaten und aus anderen Ländern und waren uns mit ihren Spezialkenntnissen und ihrer Kampferfahrung von Nutzen. Anfang Juni trat die Wendung ein. Die Initiative in der Luft ging auf uns über. Am 3. Juni errangen wir unseren ersten Luftsieg über die Ägypter, wobei uns die neuerworbenen Dakotas und Messerschmitts halfen. In diesem Monat verlor der Feind zwei Dakotas, vier Spitfires und einen Harvard. Drei ägyptische Flieger wurden von uns gefangengenommen.

Anläßlich der Gründung der israelischen Verteidigungsarmee erließ ich in meiner Eigenschaft als Sicherheitsminister einen Tagesbefehl an die Truppen.

Aus meinem Tagebuch (16. 5.–16. 6. 1948)

16. 5. 48
Um 1 Uhr nachts wurden Galili und Schkolnik dringlich zu Begin gerufen. Dieser schlug vor, ein seinen Leuten gehöriges Schiff für eine viertel Million Pfund zu kaufen, mit dem Betrag wird er Waffen erwerben.

In Westgaliläa sprengten wir Häuser und Brücken. Akko steht vor der Kapitulation, dagegen ist die Situation im östlichen Obergaliläa ziemlich schwierig. Wir hatten erhebliche Verluste. Der Feind hält die Polizeistation von Nebi Juscha. Die Karmeli-Brigade erhielt Verstärkungen aus Tel Aviv. Die soeben eingetroffenen Kanonen werden ausgeladen. Unter den Neueinwanderern ist ein französischer Offizier (Jude). In der Jordanebene fehlt es an Munition. Die Syrer steigen von den Bergen herab, eines unserer Flugzeuge ist dort erfolgreich tätig. Die Alexandroni-Brigade wird aus Kalkilie (arabische Stadt an der Grenze Samarias) angegriffen. Kaukdschis Einheiten sind dort eingetroffen. Aus dem Negev wird um die Entscheidung eines kompetenten Mannes gebeten, um die Lage dort zu klären. Schwere Angriffe auf einige Punkte im Süden. Die Einwohner fürchten, nicht standhalten zu können. Meldungen über Vorrücken ägyptischer Truppen entlang der Küstenstraße nördlich von Gaza. Eine große Streitmacht Abdallahs ist in Beerschewa eingezogen. Der Süden ist entblößt. Marcus entwarf zusammen mit einem anderen das Aktionsprogramm für die Befreiung der Straße nach Jerusalem. Heute nacht hätten wir auf Latrun losgehen sollen. Nachrichten liegen noch nicht vor. In Jerusalem werden alle Stellungen, die Altstadt ausgenommen, gehalten. Das Allenby-Camp im Süden der Stadt auf dem Wege nach Bethlehem und der Vorort Scheich Dscharrach in unseren Händen. Wenn wir dem Kommandanten Jerusalems, Schaltiel, einige schwere Mörser liefern können, wird der in der Lage sein, der Legion standzuhalten. Sadeh empfiehlt, Nir'am zu räumen. Ich glaube, man sollte keine übereilten Entscheidungen treffen. Zeitgewinn ist mitunter wichtig. Am Donnerstag werden wir vielleicht Offensivkräfte für den Negev freistellen können. Die Araber wollen augenscheinlich den Flugplatz von Akir (Ekron) in der Nähe von Rechowoth erobern. Er müßte befestigt werden. Wir besitzen einen Shermantank, der gegen die Tanks der Gegner in die Bresche zu springen hat. Im Laufe der Woche werden wir wahrscheinlich durch Ausfall an Verletzten eine Brigade verlieren; man muß Ersatz vorbereiten und dafür als Reservisten auch Leute aus den Siedlungen aufbieten.

Im Einvernehmen mit Aharon Remes bestimmte ich Richtlinien für das Kommando der Luftstreitkräfte.

Eine Abordnung der Siedlungen in der Jordansenke berichtet über Angriffe der irakischen Armee. Panzerspähwagen und vielleicht auch Panzer und hinter ihnen Artillerie, gefolgt von Infanterie, kommen die Berge herab. Man muß den Siedlungen in der Jordanebene sofort Mörser und Maschinengewehre liefern. Makleff ist dorthin zu versetzen.

Um 11.30 Uhr abermals Bombardierung von Tel Aviv.

Marcus legt seine Pläne für den Durchbruch nach Jerusalem vor und verlangt bestimmte Waffen. Die Anträge werden vom Stab gebilligt. Heute und morgen werden wir den Konvoi auf den Weg bringen.

17. 5. 48

Um 5 Uhr morgens abermals Versuch eines Bombardements. Unsere Abwehr vertrieb die ägyptischen Flieger.

Allon berichtet von Kämpfen in der Altstadt, die Araber haben die vereinbarte Waffenruhe gebrochen. Der Versorgungskonvoi in den Negev ist aufgehalten worden, da die Legion in Irak-Suidan eindrang. Marcus fliegt heute in den Negev. Die Legion ist auch mit Flugzeugen und Panzerwagen in das Städtedreieck Dschenin-Nablus-Tulkarem im Westjordanland eingedrungen. Meldungen liegen vor, daß wir Nebi Juscha eingenommen haben. Die Arabische Legion griff vom ehemaligen englischen Militärlager Sarafend (nördlich von Tel Aviv), aus Rischon-le-Zion an. Am Flugplatz von Lod ist lebhafte Aktivität der dort stationierten Araber zu verzeichnen; wir planen, ihn aus der Luft zu bombardieren. Eine Siedlung der Jordanebene wird vom Feind mit Artillerie beschossen. Radio Kairo meldet, daß ein ägyptisches Flugzeug vermißt wird. Radio Damaskus berichtet von drei abgeschossenen Flugzeugen.

Am Morgen kam ein Schiff mit Flüchtlingen an. Das Löschen der Waffen ist beendet. Bisher trafen drei Maschinen mit Nutzlast ein. In die Jordanebene wurden weitere Mörser und Sprengstoff geschickt. Wir sammeln die in den landwirtschaftlichen Siedlungen aufbewahrten Waffen. Der Givati-Brigade wurden davon 350 Gewehre, der Alexandroni-Brigade 600 Gewehre zugewiesen. Aus der Jesreel-Ebene und aus Galiläa liegen keine Berichte vor.

Ich fragte Allon, ob wir in den nächsten zwei Wochen ohne zusätzliche Ausrüstung aus dem Ausland standhalten können. Allon ist nicht sicher. Dies hänge, sagte er, vom Tempo der weiteren Einberufungen im Lande ab.

Ratner verlangt Kommandotätigkeit im Rücken der arabischen Armeen. Dajan wird beauftragt, eine solche Kommandoeinheit für den Mittelabschnitt vorzubereiten. Wenn wir innerhalb zweier Wochen nicht weitere Maschinen bekommen, sei es zweifelhaft, ob wir den Angriffen der arabischen Streitkräfte gewachsen sein werden. Berl Repetur und Ben-Aharon teilen mit: Sneh und Barsilai haben ihnen berichtet, daß wir aus der Tschechoslowakei und Polen Flugzeuge bekommen können, wenn wir uns im Namen der Provisorischen Regierung dorthin wenden. Ich lud Sneh zu mir, der mir sagte, daß die Polen Weizen gegen Dollar oder im Austausch gegen Güter liefern können, die sie brauchen. Eine allgemeine Hilfe aus Jugoslawien und der Tschechoslowakei sei nur auf dem Wege über die Sowjetunion möglich. Aus einem Gespräch mit einem polnisch-jüdischen General habe sich ergeben, daß die polnische Produktion klein sei. Das von den Deutschen zurückgelassene Material wurde vernichtet. Waffen seien nicht zugesagt worden. (…)

Am Abend traf eine erfreuliche Meldung ein: Molotow beantwortete die Note Sharetts mit einer *De-jure*-Anerkennung Israels.

Gerade geht das Luftbombardement von neuem los.

18. 5. 48

Zwanzig Lastwagen, für die Armee bestimmt, fuhren in der Nacht nach Jerusalem. Der Konvoi in den Negev, 25 Wagen, ist wohlbehalten angekommen. Die Situation in der Altstadt ist schwierig, die Lage in der Jordanebene stabil. Die Araber haben sich zurückgezogen und eingegraben. Dajan wurde zum Abschnittskommandanten in der Jordansenke ernannt. Ein ägyptisches Luftbombardement auf Tel Aviv richtete schweres Unheil an. Dutzende von Toten, über 100 Verletzte.

Abends ein Anruf aus Haifa: Ein Kibbuzmitglied aus der Jordanebene teilt mit, die Situation werde zunehmend ärger. Die Siedlungen stehen unter Artilleriefeuer. Beträchtliche Hilfe ist notwendig.

Ein Besucher aus Amerika: Große Möglichkeiten eröffnen sich in Mexiko, mindestens eine Million Dollar müßten aufgebracht werden. Wir könnten dafür Bomben- und Kampfflugzeuge usw. erwerben.

19. 5. 48

Ganz Westgaliläa befreit und erobert. Das Kibbuzmitglied, von dem ich am Vorabend angerufen wurde, kam zu mir. Ein zur Verstärkung herangezogenes Palmach-Regiment hat um Mitternacht mit einem Gegenangriff begonnen, um die Polizeistation von Zemach in der Jordanebene zu erstürmen. Der Kibbuz Massada wurde von seinen Bewohnern aufgegeben, die nach Afikim flüchteten. Die Siedler von Scha'ar Hagolan sind nach Beth Sera ausgewichen, ohne Weisungen abzuwarten. In Scha'ar Hagolan waren nur 18 Gewehre vorhanden.

20. 5. 48

Die Arabische Legion hat ungefähr 5000 Mann gegen uns aufgeboten, die Mehrzahl im Mittelabschnitt. In Ejn Schemer haben wir 500 Soldaten, überdies 360 Mann, von denen die Hälfte ausgebildet ist, 460 Maschinengewehre, Mörser verschiedener Kaliber, Handgranaten, Minen, ein Panzerspähwagen-Regiment und andere Fahrzeuge. Laskov ist in Ejn Schemer. Im ehemaligen britischen Militärlager Tel Litwinsky bei Tel Aviv haben wir eine Sammelstelle von Panzerwagen, 60 Mann, 700 Rekruten, 250 Gewehren, 18 verschiedenen Maschinengewehren, sechs Mörsern.

Die Situation in Jerusalem: Eine Angriffsspitze der Legion kam nach Scheich Dscharach. Die Ezel-Leute sind geflohen. Eine zweite Einheit der Legion nähert sich der Stadt vom Ölberg her. Eine dritte kam bis zum Damaskustor. Wir halten den Zionsberg, Menschen und Waffen sind zur Genüge vorhanden. Die Männer sind aber übermüdet. Ein Lastwagen verunglückte auf dem Wege vom Zionsberg, 40 Verletzte. Wir haben in Jerusalem zwei selbstfabrizierte Mörser. Alle Höhen westlich von Latrun sind in unserer Hand.

Ich stellte fest, daß die von mir an Galili gegebene Weisung über die Ernennung von Kommandanten nicht ausgeführt wurde.

21. 5. 48

Die erste Messerschmittmaschine ist angekommen. Wir haben einen Ort in der Umgebung von Jerusalem und einen Punkt im Negev bombardiert. Die Flugzeuge kehrten wohlbehalten zurück. Die vier Kanonen, die wir in die Jordansenke geschickt haben, haben zur Hebung der Moral in den Siedlungen beigetragen.

Beschwerden aus Jaffa über Anarchie und Raubüberfälle.

22. 5. 48

Gestern schwere Angriffe auf die beiden Degania-Kibbuzim. Sechs feindliche Panzer wurden unschädlich gemacht. Einer fiel in unsere Hände.

Elf Mann wurden in die Tschechoslowakei geschickt, um Flugunterricht zu bekommen. Sie wurden in tschechische Uniformen eingekleidet und bekamen englischsprechende Instruktoren.

Waffen im Rahmen des zweiten von Ehud Avriel abgeschlossenen Vertrags werden erwartet: 10 000 Gewehre, 1421 Maschinengewehre,

16 Millionen Patronen, insgesamt 800 Tonnen. Der Preis: 2528000 Dollar.

Am Abend trafen die zweite Messerschmittmaschine und ein weiteres Flugzeug mit Ausrüstung ein.

Man zeigte mir ein dringendes Telegramm, die Legion habe das Hadassa-Krankenhaus und die Universität auf dem Skopusberg umzingelt. Es gab Verhandlungen zwischen den Konsuln und der Legion, die die Kapitulation der Hagana, die Übergabe der Waffen und die Verbringung unserer Leute in ein Gefangenenlager bei Amman verlangte. Die Forderungen wurden zurückgewiesen. Ich depeschierte Jadin, eine größere Truppenanzahl aufzubieten und den Kampf fortzusetzen.

23. 5. 48

Ein Bote von Marcus: Die Situation im Negev ist kritisch, doch es besteht kein Anlaß zu Panik. In Jad Mordechai hatten wir 20 Tote und 30 Verletzte von insgesamt 100 Leuten. Ein ägyptisches Regiment hat den Ort angegriffen. Im Negev operiert eine motorisierte ägyptische Brigade. In Beerschewa sind die Ägypter und nicht die Legion. Diese marschiert auf Beth Govrin los. An anderen Orten im Negev wurde gekämpft. Irak-Suidan konnten wir nicht einnehmen, auch dort stehen Ägypter. Die im Negev ansässigen Araber sind nicht aktiv, einige von ihnen haben sich uns angeschlossen.

Heute nacht brachte man 200 Kinder aus dem Negev. Kinder sind nur noch in den Kibbuzim Dorot und Ruchama geblieben. Marcus verlangt verschiedene Waffen. In den Negev wurden 250 Mann des Palmach, teilweise ausgebildet und zu 70 Prozent bewaffnet, geschickt.

Jadin teilt mit: Auf Wunsch aus Jerusalem haben wir Scheich Dscharrach aus der Luft bombardiert. Unsere Truppen konnten nicht in die Altstadt und ins Universitätsgelände eindringen. Der Zionsberg ist in arabischen Händen.

Ich ließ telegraphisch einen mir bekannten jüdischen Fachmann aus Südafrika bestellen, damit er die Provisorische Regierung in Angelegenheiten der Luftwaffe berate.

20 Uhr. Schlimme Lage in Jad Mordechai. Dutzende ägyptische Panzer und Panzerfahrzeuge kamen nach Irak-Suidan. Nach Negba wurde ein weiteres Regiment entsandt. Jerusalem: Die Legion hat Ra-

mat Rachel erobert und ist auch in Ejn Karem, Beth Safafa und Malcha am Südwestrand von Jerusalem eingedrungen.

Ich verlangte, man möge ohne Aufschub geschulte und gut ausgerüstete Truppen nach Jerusalem schicken. Alle verfügbaren Waffen sind einzusetzen. Panzerwagen sind aus Ejn Schemer nach Hulda zu bringen, um Latrun und die umliegenden Dörfer zu stürmen und die Straße nach Jerusalem freizulegen.

23. 5. 48
Avigur depeschiert: Avriel hat die Verhandlungen mit der Tschechoslowakei über den Ankauf von Flugzeugen, Panzern und Kanonen auf Kredit begonnen. Bedingung: eine Million Dollar sofort, den Rest in fünf bis sechs Monaten. Die tschechische Regierung hat einen grundsätzlich zustimmenden Beschluß gefaßt.

Heute nacht kam eine weitere Messerschmitt, die dritte, an, in jeder zwei Kanonen, zwei schwere Maschinengewehre und Bomben. Zwei unserer Maschinen führten heute nacht Bombenangriffe durch und kehrten unversehrt zurück. Morgen verlassen die Engländer Ramat David; unsere Leute werden es unverzüglich in Besitz nehmen. Die Techniker sind schon dort.

Herzog kommt aus Jerusalem und teilt mit, daß die Legion in Scheich Dscharrach, in der Polizeischule und in dem Gebiet vom Skopus bis zum Damaskustor steht. Ihre Stärke ist nicht bekannt. Legionäre und irakische Soldaten in der Altstadt. Oberrabbiner Herzog und Ben-Zwi erhielten von dort eine Depesche: »Wir sollen abgeschlachtet werden. Im Namen der Bevölkerung rufen wir verzweifelt um Hilfe. Fast alle Synagogen zerstört, die Torarollen verbrannt. Das Krankenhaus unter Mörserfeuer. Alarmiert die Verantwortlichen im Lande und in der ganzen Welt und rettet uns.«

Ramat Rachel wurde gestern erobert. Wir haben 12 Tote, der Feind hinterließ Dutzende von Leichen. Sechs seiner Panzerwagen unschädlich gemacht. Die ganze Stadt außer der Altstadt und einigen Vierteln im Osten in unserer Hand. Wir versuchen jetzt, mit Flammenwerfern in die Altstadt einzudringen. Der Zionsberg in unserem Besitz. Die Stadt liegt Tag und Nacht unter feindlichem Artilleriefeuer. Keine Stelle ist verschont. Die Stimmung ist gedrückt. Schlaflose Nächte für die Bevölkerung. Es gibt wenig zu essen. Brotvorrat für zwei Wochen, mehr ist nicht vorhanden. Wasser wird auf der

Straße verteilt, acht Liter pro Kopf für zwei Tage. Viele streben den Frieden, d. h. die Kapitulation an und üben Druck auf Oberrabbiner Herzog aus. Ein Telefongespräch wurde abgehört: »Der englische Konsul sagte dem Korrespondenten der BBC, Amman tue nichts ohne Auftrag des (Londoner) Foreign Office.« – Dov Joseph macht ganze Arbeit. Unsere Beschießung des Feindes ist eine Aufmunterung für die Einwohner. Alle Verteidiger des Ezion-Blocks wurden getötet, die Siedler anderer Punkte in Gefangenschaft gebracht. Die Legion verhält sich ihnen gegenüber mit großer Zuvorkommenheit.

Almogi teilt aus Haifa mit, daß 250 Einwanderer angekommen und vom Schiff gegangen sind. Die englischen Soldaten wiesen sie an, an Bord zurückzukehren. Abba Chuschi ließ die Arbeit im Hafen unterbrechen, die Arbeiter umstellten die englischen Soldaten und forderten sie auf zu schießen. Das Landeverbot wurde aufgehoben. Am nächsten Tag kam ein weiteres Schiff mit 960 Einwanderern im militärpflichtigen Alter an. Die Engländer machten keinen Störversuch. Regierungssitzung von 16–21 Uhr. Ich ging todmüde nach 48 Stunden ununterbrochener Arbeit ins Bett.

24. 5. 48
Die Versuche mit den sechs Mörsern, drei davon Eigenprodukte, waren erfolgreich. Reichweite dreieinhalb Kilometer. Täglich sollen zwei weitere Mörser hergestellt werden. Eine Maschine mit Bomben eingetroffen. Der Druck auf den Negev ist stark. Das Munitionslager in Dorot wurde getroffen. Jad Mordechai hält noch stand. Eine unserer Maschinen bombardierte Irak-Suidan.

Unaufhörliche Beschießung Jerusalems. Unser Druck auf die Altstadt hält an. Im jordanischen Abschnitt sind wir ohne Verteidigung. Kinneret hält sich wie durch ein Wunder.

Sitzung mit Vertretern der Mapam über den Kompetenzbereich Galilis im Sicherheitswesen. Ben-Aharon beharrt darauf, daß Galili ermächtigt werde, dem Generalstab Weisungen zu geben. Ich lehnte auch den Kompromißvorschlag Ben-Aharons ab, Galili nach meinen Anordnungen handeln zu lassen. Darauf erklärte Galili, er wolle unter diesen Umständen mit der Sache nichts zu tun haben.

Eine Schiffsladung wird gelöscht. Morgen werden wir zusätzliche 45 Kanonen und 5000 Gewehre haben. Dies wird der Beginn des Umschwungs sein. Mikunis besuchte mich. Er war gerade aus Rumänien, Jugoslawien, der Tschechoslowakei, Polen und Bulgarien zurückgekehrt, wo er Unterredungen mit Prominenten hatte. Er fragte, ob es richtig sei, daß wir uns nicht an die Staaten des Ostblocks wenden wollten. Ich dementiere. Wir haben dort noch vor der Staatsgründung um Hilfe gebeten und sie auch erhalten.

25. 5. 48
Der Befehlshaber von Jad Mordechai kam mit 18 Verletzten im Panzerwagen an. Der Ort ist von Arabern aus der Umgebung umstellt. Einige Kibbuzmitglieder, die in Stalingrad gekämpft hatten, sagten, daß es dort weniger arg war als in Jad Mordechai.

26. 5. 48
Zwei weitere Messerschmittmaschinen angekommen. Ich fragte Fachleute, ob eine Waffenruhe wünschenswert sei. Alle bejahten dies. Chasan kam mit neuen Vorschlägen zum Thema Galili. Ich erwiderte auf eines seiner Argumente, in dem er die bisherige Benachteiligung der Mapai zugab, daß mich dies nicht interessiere und daß ich auf der Überparteilichkeit der Armee bestehe. Starke arabische Kräfte in der Nähe von Kiriat Anawim und Ma'aleh Hachamischa. Sie wollen um jeden Preis Jerusalem erobern.

27. 5. 48
Ein Freund, der in Prag war, berichtet, daß 30 Messerschmittmaschinen, 30 Spitfires und neun Moskitos gekauft werden können. Die Tschechen sind bereit, uns auch 30 Panzer jetzt und weitere 30 bis Ende Juni sowie neun leichtere Panzerwagen zu verkaufen. Vielleicht werden sie uns einen Kredit von 10 Millionen Dollar für ein halbes Jahr einräumen, wenn wir 20 Prozent sofort erlegen.

Nachricht aus Jerusalem: Situation unverändert, aber Ramat Rachel in unseren Händen. Gestern stellten die Araber ein Ultimatum in der Altstadt: Kapitulation innerhalb 12 Stunden oder Beschießung der altehrwürdigen Churva-Synagoge. Jerusalem hat nur noch für zehn Tage Zucker- und Teevorräte, Wasser für drei Monate. Unsere Soldaten warten auf Waffen und glauben, weiter Widerstand leisten zu können. Der Mann auf der Straße verhält sich heldenhaft. Dov Joseph telegrafiert: Lebensmittel noch für eine Woche: 140 Tonnen Brot, 3 Tonnen Eipulver, 10 Tonnen Milchpulver, je 10 Tonnen Fischkonserven, Hülsenfrüchte und Graupen, je 5 Tonnen gelber Käse und Marmelade.

28. 5. 48
Marcus berichtet, daß wir mit 1500 Mann Gaza erobern könnten. Unsere Armee ist ausgezeichnet. Die Ägypter haben Waffen. Man muß sie ihnen wegnehmen. Ich entsandte ihn nach Latrun, um den Entsatz Jerusalems voranzutreiben, und ernannte ihn zum Kommandanten des Frontabschnitts Jerusalem.

29. 5. 48
Das Zentralkomitee der Mapai trat zusammen. Es ist seine erste Sitzung nach Gründung des Staates. Ich erstattete Bericht und beantragte, die Verhandlungen mit den anderen Parteien über die Errichtung des Staatsapparates abzubrechen, da dies keine Sache der politischen Parteien sein kann.

Rabin berichtet, 700 Juden wurden von den Arabern aus der Jerusalemer Altstadt nach Westjerusalem entlassen. Gestern: Die Führer der jüdischen Gemeinschaft sahen sich zur Kapitulation gezwungen. Die Altstadt brannte am Morgen. Die Soldaten der Legion benahmen sich höflich zu den Mitgliedern der Hagana und zu den anderen Gefangenen. Der Druck auf Kiriat Anawim und Ma'aleh Hachamischa ist stark. Intensive Beschießung Jerusalems. Unsere Bombardierung Ramallas war erfolgreich.

Ich entwarf den Wortlaut des Diensteides der Soldaten.

Die Eroberung Beerschewas noch vor Eintritt der Waffenruhe wäre möglich, wenn unser Abschnittskommandant bis morgen Weisung bekommt.

31. 5. 48
Laskov drang mit seinen Leuten in Latrun ein. Etwa 150 arabische Soldaten getötet. Da aber die beiden Regimenter der siebenten Brigade die Aktion aus Besorgnis vor feindlicher Beschießung nicht unterstützten, mußte Laskov Latrun wieder aufgeben. Unsere Verluste sind relativ gering: Zwanzig Tote und dreißig Verwundete.

Meldung aus Jerusalem: Der Feind verwendet vergiftete Geschosse; zwei unserer Soldaten wurden von Splittern getroffen und starben nach sechs Stunden an Vergiftung.

Um 6 Uhr besuchte mich Bernadotte in Begleitung von Dr. Ralph Bunche. Wenn es zum Waffenstillstand käme, würde man vom Frieden sprechen können. Bei einer Waffenruhe dürften die Araber ihre Truppen nicht verschieben. Nahrungsmittel könnten durch das Rote Kreuz nach Jerusalem gebracht werden. Bernadotte sieht die Schwierigkeiten der Kontrolle des Waffenexports und -imports in arabische Länder und in Israel ein, hofft aber, diese Schwierigkeiten in einiger Zeit überwinden zu können. Ein Einzug Abdallahs in die Altstadt von Jerusalem wäre als Bruch des Waffenstillstandes anzusehen.

Um 8 Uhr abends kamen Laskov aus Latrun und Allon aus Galiläa. Sollte eine Waffenruhe nicht abgeschlossen werden, würden wir die Operation zur Befreiung Jerusalems vorbereiten. Wir beschlossen, Amman und Kairo zu bombardieren.

Laskov berichtet von fehlgeschlagenen Aktionen in der Gegend von Latrun und von den Verlusten, die wir erlitten.

1. 6. 48

Drei Maschinen bombardierten um 5 Uhr morgens Amman. Die Stadt war beleuchtet. Nach acht Minuten gingen die Lichter aus. Eine dreiviertel Tonne Sprengstoff wurde abgeworfen. Brände brachen aus. Die Maschinen kehrten wohlbehalten zurück. Wir belegten auch Latrun, Tulkarem usw. mit Bomben.

Um 11 Uhr Regierungssitzung in meinem Büro in Ramat Gan (einer nördlichen Vorstadt von Tel Aviv). Zur gleichen Stunde wurde das Haus vom Feind aus der Luft mit Bomben und Gewehrsalven angegriffen. Es scheint, daß sich unter den Begleitern Bernadottes ein arabischer Spion befindet. Die Bombardierung meines Büros, des Sicherheitsministeriums, sollte wohl ein Racheakt für die Bombardierung Ammans sein. Die Regierung stimmte den Bestimmungen der Waffenruhe zu.

Sabarsky legte die Abrechnung vom 1. bis einschließlich 20. Mai vor. Insgesamt hat er in dieser Zeit 1 459 560 Pfund ausgegeben.

Eine Abordnung aus der Jordansenke: In Degania A sieben, in Degania B neunzehn, Kinneret acht und Afikim fünf Tote. Auch im Aschdot Ja'akov sind Menschen gefallen. Über 2000 Kinder, etwa 1300 Frauen und Alte wurden aus dieser Gegend evakuiert. Zurück blieben 1200 Wehrfähige, darunter 200 Frauen. Man braucht 200 Mann für Erdarbeiten. Die Forderung kann nicht erfüllt werden.

2. 6. 48

Um 3 Uhr abends weckte man mich, um mitzuteilen, daß nach einer Reuter-Meldung die Araber die Waffenruhe angenommen haben. Am Morgen stellte sich heraus, daß die Nachricht unzutreffend war. Ägyptische Maschinen warfen Bomben auf Hulda ab, und Negba wurde angegriffen. Einige Dörfer nördlich von Dschenin wurden eingenommen, die Stadt selbst nicht. Wir müssen alternativ planen: für den Fall der Waffenruhe und für die Fortsetzung der Kämpfe.

Die Verpflegung Jerusalems: Der Großteil der Straße nach Jerusalem, außer einem Abschnitt von einigen Kilometern in der Gegend von Latrun, in unserer Hand. Dort muß eine provisorische Verbindung hergestellt werden, um Nacht für Nacht Nahrungsmittel nach Jerusalem zu transportieren.

Die Produktion von Waffen ist zu vergrößern. Die Herstellung von Gewehren wird eingestellt, dafür aber die Anfertigung von Munition aller Art erweitert.

Die Ausbildung der Soldaten und Offiziere ist eine vordringliche Aufgabe. Neue Siedlungspunkte sind mit größter Schnelligkeit zu errichten, die Einwanderung mit Nachdruck zu betreiben.

Inzwischen meldet man aus Jerusalem, daß seit drei Stunden, seit 9 Uhr morgens, Ruhe herrscht. Es ergab sich, daß über den Beginn der Waffenruhe ein Irrtum unterlaufen war. Sie sollte nicht um 3 Uhr beginnen, sondern bis zu dieser Stunde wurde die Zusage erwartet.

Abends fiel wieder eine Bombe neben meinem Büro in Ramat Gan. Drei Arbeiter wurden getötet, zwei Männer aus meiner Begleitung verletzt. Das ist das dritte Bombardement nach dem Besuch Bernadottes bei mir. Ich werde das Haus verlassen müssen.

Eine unserer Maschinen schoß ein englisch-ägyptisches Flugzeug über Tel Aviv ab.

4. 6. 48

Wir greifen Dschenin an, der Feind leistet heftigsten Widerstand. Jadin hörte gestern von Karmel, daß ohne die Beschießung der Stadt Tulkarem und ihre Eroberung auch Dschenin nicht gehalten werden könnte. Die Kräfte zu einem Sturm auf Tulkarem reichen nicht hin. Jadin riet Karmel, sich zurückzuziehen.

Wir werden morgen noch einmal versuchen, Latrun zu erobern. Eine unserer Messerschmitt-Maschinen holte ein feindliches Flug-

zeug herunter. Ein zweites wurde getroffen und stürzte auf arabischem Gebiet ab.

Sharett sprach mit Bernadotte. Die Waffenruhe wird nicht vor dem
kommenden Montag, d. h. in einer Woche, beginnen.

5. 6. 48
Josef Weitz brachte mir den Plan eines »Bevölkerungstransfers«.
Nach seinen Mitteilungen haben 123 000 Araber 155 im Gebiete des
Staates liegende Dörfer verlassen, 22 000 Araber 35 Dörfer außerhalb
dieses Gebietes. Aus den Städten Haifa, Beth Sche'an, Tiberias, Safed
und Zemach flohen 77 000 Araber. Aus zwei Städten, die außerhalb
des uns zugesprochenen Gebietes liegen (Jaffa und Akko), gingen
73 000 Araber fort, während 40 000 Araber ihre Wohnungen in Jerusalem räumten. Insgesamt haben also 335 000 Araber (davon 200 000
aus dem Gebiet des Staates Israel) ihre Wohnstätten aufgegeben.
Weitz regt an, den arabischen Regierungen Unterstützung bei der
Ansiedlung der geflohenen Araber in den arabischen Staaten anzutra-
gen. Ich bin nicht der Auffassung, daß dies während des Krieges
möglich sei, doch es ist jetzt dafür Sorge zu tragen, die von den Arabern verlassenen Dörfer mit Hilfe des Jüdischen Nationalfonds zu
besiedeln.

In der Maschine, die wir gestern bei einem Angriff auf ägyptische
Schiffe verloren, kamen ein Sohn Sprinzaks und der jüngere Bruder
Jadins um. Ich besuchte Sprinzak.

6. 6. 48
Zwischen 5 und 6 Uhr morgens explodierte eine Maschine auf dem
Flugplatz von Tel Aviv. Wir hatten dabei zwei Tote und einige Ver-
wundete.

In Galiläa begann eine syrische Offensive. Die Kibbuzim Lahawot
Habaschan und Ajelet Haschachar usw. wurden angegriffen. Ich
klärte die Frage weiterer Einberufungen. Eingezogen sind im Augenblick 40 000 Mann, davon sind 23 000 unter Waffen. Eine weitere Mobilisierung ist notwendig.

7. 6. 48
Aranne erzählt, daß Jerusalem schwere Zeiten zu bestehen hat. Nahrungsmittel sind nur noch für drei Tage vorhanden. Die Beschießung

der letzten drei Tage richtete große Verheerungen an. In den vergangenen 18 Tagen hatten wir 300 Tote und fast 1000 Verletzte. Beim Damaskustor stehen arabische Kanonen und feuern mit mörderischer Intensität auf den jüdischen Teil der Stadt. Er lobt die Arbeit Dov Josephs und Dobkins.

8. 6. 48
In einer Note Bernadottes wird der Beginn der Waffenruhe für den 11. Juni 6 Uhr morgens GMT festgesetzt. Er verlangt Antwort bis morgen mittag und wird dann den Parteien endgültige Mitteilung machen.

9. 6. 48
Ein Konvoi mit Proviant kam über die neue, geheime Straße nach Jerusalem. Vorläufig sind nur die Jeeps eingetroffen, man glaubt, daß den Maultieren der Aufstieg heute nacht gelingen wird. Die Operation gegen Latrun wurde heute nacht nicht durchgeführt.

10. 6. 48
Rabin berichtet am Morgen, daß in der Nacht mit Jeeps, auf Maultieren und durch Lastträger insgesamt 9,5 Tonnen Mehl und 1300 Gallonen Benzin nach Jerusalem gebracht wurden. Heute will man 30 Rinder in die Stadt schaffen. Marcus und Allon sind der Ansicht, daß der Angriff auf Latrun auch heute nacht unmöglich ist. Wenn die Waffenruhe morgen in Kraft treten sollte, bleibt Latrun in den Händen der Araber. Sadeh erklärte dies durch die Schwäche der uns zur Verfügung stehenden Truppen. Wir erwogen eine Alternativoperation, die unter Führung Jadins durchgeführt werden und den Bau einer Ausweichstraße ermöglichen sollte. Rabin war dagegen. Allon nahm den Auftrag an.

Gestern abend kam Avriel an. In einem jugoslawischen Hafen steht ein drittes mit Waffen beladenes Schiff bereit. Sie werden auf eines unserer Schiffe verladen, das zwischen dem 14. und 16. Juni den Anker lichten und innerhalb acht bis zehn Tagen in Tel Aviv sein wird. Dieses Schiff wird unter italienischer Flagge segeln, die Mannschaft ist israelisch. Flugzeuge sollen ohne Zwischenhalt unmittelbar aus Prag kommen. Weitere Verträge über Waffenlieferungen wurden unterschrieben. In Frankreich haben wir Mörser (120 mm) erworben, die im Flugzeug eintreffen werden. In der Schweiz haben wir Kanonen gekauft. Die Tschechen sind bereit, unsere Piloten in einem Fünf-Monate-Kurs zu schulen. Auch die Ausbildung von Panzertruppen und Fallschirmjägern ist in Aussicht genommen. Die Tschechen wollen Männer des israelischen Heeres in ihre Militärakademie für hohe Offiziere aufnehmen.

11. 6. 48

Von den Fronten kamen folgende Meldungen: Unser Angriff auf Irak-Suidan ist gescheitert. Die Arabische Legion griff Sarafend und zwei andere Punkte an und hatte nur teilweise Erfolg. Unsere Offensive im westlichen Galiläa wurde durchgeführt. Die die Straße nach Jerusalem beherrschenden Stellungen wurden plangemäß eingenommen. Damaskus wurde ohne Widerstand bombardiert. Die Stadt war beleuchtet. Wir haben die Zielpunkte gefunden und getroffen. Brandbomben wurden abgeworfen. Alle Maschinen kehrten zurück.

Die Waffenruhe trat zur festgelegten Stunde in Kraft.

Die Syrer griffen bis in die Abendstunden im Abschnitt Rosch-Pina an. Ich gab den Auftrag, sie heute nacht mit allen Waffengattungen anzugreifen, und wenn die Beobachter der UNO kommen sollten, diesen zu erklären, daß wir unsere Angriffe fortsetzen, weil die Syrer den vereinbarten Beginn der Waffenruhe nicht einhielten und ihre Beschießung bis 20 Uhr fortsetzten. Wir sind nicht verpflichtet, uns an eine von den Syrern nach deren Gutdünken bestimmte Zeit zu halten.

12. 6. 48

Das Elektrizitätswerk in Jerusalem ist in unserer Hand. Die arabischen Arbeiter sind geflüchtet. Der Treibstoff für die Bäckereien reicht noch für vier Tage, wir sollen Generatoren schicken, damit Brot gebacken werden kann. Der Wasservorrat reicht für zweieinhalb bis drei Monate. Ich lud die Männer vor, die für den Transport von Proviant und Treibstoff nach Jerusalem verantwortlich waren. Die Beförderung muß aus technischen Gründen in zwei Abschnitten erfolgen, einer kann nur mit Hilfe von Lastträgern bewältigt werden.

Dobkin berichtet: Die Altstadt ging wegen der inneren Situation der Hagana in Jerusalem verloren. Auch an der Zerstörung Ramat Rachels trägt die ungenügende Zusammenarbeit Schuld. David Schaltiel beschwert sich über mangelnde Disziplin. Es sei auch zu Raub-überfällen gekommen. Offiziere weigern sich zu kämpfen. Es gebe keine militärische Tradition. Drei Gruppen sind zu unterscheiden: 1. Diejenigen, die schon in einer Armee gedient haben, sind zwar dis-zipliniert, stellen jedoch Forderungen, als ob sie noch Angehörige der britischen Armee wären. 2. Die Veteranen der Hagana kämpfen mit Begeisterung und haben die ihnen aufgetragenen Aktionen durch-geführt. 3. Die junge Generation trägt die bittere und schwere Reali-tät nur mühsam. Schlaf- und Wassermangel setzt ihnen zu. Sie sind nicht widerstandsfähig; zu Angriffen sind sie zwar bereit, aber nicht imstande, Schläge auszuhalten. In Kfar Ezion haben sie ihre Pflicht getan, nicht aber in der Altstadt und anderswo. Mitunter liefen sie im Gegensatz zur ausdrücklichen Weisung einfach fort.

Was die Diebstähle betrifft, so wird übertrieben. In der Stadt herrscht Hunger und Wassermangel. Die Menschen verlieren die Selbstachtung. In Jerusalem sind seit Kriegsbeginn 700 Soldaten ge-fallen. Die Mitglieder des Palmach sind Prahlhänse und schätzen die Arbeit anderer nicht richtig ein.

13. 6. 48
Ich habe sieben Offiziersränge, vom Fähnrich bis zum General, fest-gelegt und außerdem eine Kommission ernannt, die die Frage noch einmal behandeln soll.

Ein Angebot, in England Moskito- und Spitfiremaschinen gegen Devisen zu kaufen, habe ich angenommen und Weisung zur Durch-führung der Transaktionen gegeben.

14. 6. 48
Bei der Eroberung von Asludsch, südlich von Beerschewa, hatten wir schwere Verluste durch eine Mine und durch die Explosion einer feindlichen Sprengladung in der Polizeistation: dreizehn Tote, zwei Vermißte, neun Verletzte. Die Verluste des Feindes sind größer.

Einige Angelegenheiten im Heer erfordern eine Regelung, so Ver-setzungen und Auswechslung, Schulung, Disziplin, die Form der Er-nennungen, die Abteilungen im Sicherheitsministerium, der Aufbau des Generalstabes, Ränge, Abzeichen und Fahnen, Heeresverwal-tung, weitere Aushebungen, Waffenproduktion und -kauf, Wissen-schaft, Kommunikation, Freizeit und Urlaub, Ersatztruppe in Stadt und Land, Verstärkungen für die landwirtschaftlichen Siedlungen, militärischer Brauch, Arbeitseinteilung, rasche Verbindung zwischen Generalstab und Sicherheitsministerium, Verteilung der Waffen, Reserven, Luftwaffe, Seestreitkräfte, Ausbildung im Ausland.

Slawin erzählt mir von den allmählichen Fortschritten der Waffenproduktion. Nachmittags Regierungssitzung.

15. 6. 48

An Bord eines Schiffes angekommen: zehn 75-mm-Kanonen (die Munition ist schon im Lande), zehn Hotchkiss-Panzer, auf jedem eine 37-mm-Kanone und ein Maschinengewehr, neunzehn 65-mm-Kanonen (Munition ist schon im Lande), vier Hispano 20-mm-Kanonen (für Flugabwehr), Munition für Artillerie.

Auch andere Munition ist eingetroffen. Avriel berichtet von weiteren Waffenkäufen. Ferner Mitteilung erhalten über Einkäufe in Frankreich. Avriel und Teddy Kollek erstatten Meldung vom Erwerb weiterer Flugzeuge. Auch durch andere Vertrauensleute werde ich von Rüstungskäufen, u. a. in Frankreich, unterrichtet.

Wir haben 111 000 Mann in der Altersklasse 17–35, davon haben sich 90 000 gestellt, 40 000 wurden bereits eingezogen. Der Polizei und für andere Zwecke wiesen wir 2000 Mann zu. Wegen dringlicher Arbeiten wurden 7000 und für die landwirtschaftlichen Siedlungen 15 000 befreit. Aus Gesundheitsgründen wurden 10 000 für untauglich erklärt, 3000 befinden sich im Ausland. Als Mitglieder der »Privatarmeen« und infolge von Einsprüchen fallen 12 000 weg, 22 000 wurden befreit, weil sie mehr als zwei Kinder haben. In jedem Jahrgang sind 5500 bis 6000 Mann, davon werden jeweils 2050 für die Armee ausgebildet.

Die Rangordnung für Offiziere und Unteroffiziere festgelegt.

Eliahu Elath telegraphiert, daß er aus verläßlicher Quelle erfahren habe, Truman werde unser Ersuchen um eine Anleihe unterstützen und sich jedem Versuch, die Grenzen Israels zu ändern, widersetzen. Bei der Überreichung des Beglaubigungsschreibens durch den neuen englischen Botschafter drückte Truman in scharfen Worten seinen Unwillen über die Palästinapolitik Bevins aus.

Fischer telegraphiert aus Paris, Bernadotte habe dem französischen Botschafter im Irak gesagt, die arabische Armee sei »außer Atem«.

16. 6. 48

Ich bat die für die Versorgung Jerusalems Verantwortlichen zu mir und verlangte die Beschleunigung der Proviantsendungen. Vorgestern sind überhaupt keine Nahrungsmittel geschickt worden, da die Straße durch Soldaten, die nach Sarafend zurückmußten, verstopft war. Gestern sind 100 Tonnen nach Jerusalem transportiert worden, davon 85 Prozent Mehl, der Rest Käse, Milchpulver, Zigaretten usw. Für heute abend wird ein weiterer Transport von 100 Tonnen vorbereitet. Die Reparatur der Straße ist in Angriff genommen und wird in zwei Tagen abgeschlossen sein. Freitag oder Samstag abend soll es möglich sein, ungehindert nach Jerusalem zu fahren, ohne daß, wie bisher, an den steilen Stellen die Hilfe eines Traktors in Anspruch genommen werden muß. In Scha'ar Hagai stehen drei Mann von der UNO, die aber den Verkehr nicht stören. Gestern wurden einige 6-Inch-Mörser nach Jerusalem gebracht. Der Transport der Nahrungsmittel wurde dem Solel Boneh* übertragen. Sobald die Straße gebrauchsfähig sein wird, können täglich 100 Lastwagen mit je drei Tonnen Nahrungsmitteln auf den Weg gebracht werden. Jerusalem braucht im Monat 4000 Tonnen Lebensmittel.

Besuch Jigal Allons, der sich über meine Anordnung beschwert, der Generalstab habe sich mit den Palmacheinheiten unmittelbar und nicht über die Palmachzentrale ins Benehmen zu setzen. Dezentralisation sei notwendig, der Esprit de Corps müsse gepflegt und Erschütterungen sollten vermieden werden. Ich setzte ihm auseinander, daß es absurd wäre, die Palmacheinheiten in Galiläa nicht genauso zu versorgen wie andere Truppenteile der gleichen Region. Eine Einheit an einem bestimmten Abschnitt ist Teil der ganzen Front, wobei die Herkunft der einzelnen Einheiten belanglos sei. Wir stehen im Begriff, größere Formationen zu bilden, die unter einem einheitlichen Kommando stehen werden. Absonderung führt zu unerwünschten Erscheinungen. Jigal pflichtete mir in der Hauptsache bei.

Die Ressortverteilung in der Provisorischen Regierung

Trotz der schweren Kämpfe gegen die arabischen Armeen und der Gefahren, die dem jungen Staat drohten, blieb die Regierung von inneren Zwistigkeiten nicht verschont. Der Sitzung vom 20. Mai lag ein

Brief des abwesenden Ministers Maimon vor, der sich über die Benachteiligung des Hapo'el Hamisrachi und des Misrachi bei der Ressortverteilung beschwerte und insbesondere darüber Klage führte, daß das Justizministerium Rosen übertragen wurde, den er zwar als redlichen Mann achte, der aber auf dem Gebiet des jüdischen Rechts nicht genug bewandert sei. M. Schapira rügte ebenfalls, daß seine Partei bei Ernennungen von Beamten im Sicherheitsministerium und in anderen Ministerien zu kurz gekommen sei. Auch er sprach über das große Interesse, das die religiöse Judenschaft am Justizministerium habe.

Ich erwiderte, daß die Verteilung der Fachbereiche noch nicht abgeschlossen sei, und beantragte, einen dreiköpfigen Kabinettsausschuß einzusetzen, der alle von mir seit dem Zionistenkongreß von 1946 vorgenommenen Ernennungen überprüfen solle. Von den 16 Kommandanten, die ich auf Vorschlag Galilis einsetzte, ist ein einziger Mitglied meiner Partei, einer parteilos und die übrigen Mitglieder anderer Parteien, zumeist der Mapam. Nie habe ich nach der Parteizugehörigkeit eines Mannes gefragt, den ich ernennen wollte. Ich unterstrich abermals, daß ich das Sicherheitsressort nicht behalten wolle, wenn die Unterwerfung der ganzen Armee unter den Willen der Regierung nicht absolut sichergestellt sei. Alle Einheiten des Heeres und alle Soldaten genießen die gleichen Rechte, und die Befehlshaber dürfen nur im Rahmen der ihnen von der Regierung erteilten Aufträge handeln.

Remes teilte mit, daß im Viererausschuß (Bernstein, Repetur, Remes und Maimon), der über die Ressortverteilung verhandelt habe, keine Meinungsverschiedenheiten zu verzeichnen waren, von Differenzen in religiösen Fragen abgesehen, über die noch nicht entschieden wurde. Bernstein bestätigte dies, doch auch er meinte, daß die Beamtenschaft in ihrer Mehrzahl aus dem gleichen Holz geschnitzt sei. Zisling beantragte, daß nicht nur die Ernennungen im Sicherheitsministerium, sondern auch in allen anderen Staatsämtern überprüft werden sollen.

Rosen stellte fest, daß kein Minister Verordnungen unterschreiben und Weisungen geben könne, solange kein Beschluß über die Ressortverteilung angenommen sei. Zumindest müsse unverzüglich verlautbart werden, wer Ministerpräsident sei. Der Antrag wurde angenommen und man beschloß, mich zum Ministepräsidenten zu bestellen. Ferner wurde ein Vorschlag Kaplans gebilligt, einen neuen Ausschuß von vier Ministern (Bentov, Bernstein, Kaplan, Rosen) einzusetzen, der Empfehlungen über die Ressortverteilung vorlegen solle.

Am 23. Mai wurden die Portefeuilles verteilt: Bentov: Arbeit und Bauwesen; Bernstein: Handel und Industrie; Grünbaum: Inneres; Lewin: Sozialfürsorge; Maimon: Religion und Kriegsversehrte; Zisling: Landwirtschaft; Kaplan: Finanzen; Rosen: Justiz; Remes: Verkehr; Shitrit: Polizei und Minoritäten; Schapira: Einwanderung und Gesundheit; Sharett: Außenamt. Auch die Angelegenheit des Sicherheitsministeriums wurde definitiv geregelt, nachdem die Verordnung über die Errichtung der Armee erlassen und festgestellt war, daß das gesamte Heer und alle seine Unterabteilungen der Regierung und dem Sicherheitsministerium unterstehen.

Sharett teilte in der gleichen Sitzung mit, daß die Anerkennungen durch Polen und Guatemala eingetroffen seien. Der tschechoslowakische Konsul kündigte die bevorstehende Anerkennung durch seine Regierung an. Weizmann verhandle mit General Smuts über die Anerkennung durch Südafrika. In der französischen Nationalversammlung sei die Gründung des Staates Israel begrüßt worden. Der Außenausschuß und die Sozialistische Partei hätten die Anerkennung des Staates Israel beschlossen, doch die Regierung zögere unter dem Druck des englischen Kabinetts. Die Einstellung Uruguays sei zwar freundschaftlich, ein formeller Beschluß über die Anerkennung aber noch nicht gefaßt worden.

Wir haben die sowjetische Regierung gebeten, uns den Erwerb von Flugzeugen und Kanonen zu ermöglichen. Das amerikanische Embargo ist weiter in Kraft. Amerika hat im Sicherheitsrat beantragt, die arabischen Staaten unter Androhung von Sanktionen aufzufordern, den Einfall in Israel abzubrechen, doch nur die Sowjetunion, die Ukraine und Frankreich haben für diesen Antrag gestimmt, der nicht angenommen wurde.

Hingegen wurde ein Vorschlag über die Waffenruhe mit zehn Stimmen gegen die Stimme der Russen angenommen. Wir wollten uns danach richten, da jedoch die Araber das Feuer nicht einstellten, kam es zur Waffenruhe erst am 11. Juni.

Ende Mai trafen der Delegierte der UNO-Vollversammlung, der schwedische Graf Bernadotte, Dr. Bunche und sechs Asisstenten ein. Am 7. Juni teilte Bernadotte mir und Sharett in einem Gespräch mit, er sei gekommen, um mit beiden Seiten, Israel und den Arabern, zu klären, ob die Möglichkeit einer Übereinkunft und eines Friedens gegeben sei. Käme ein Waffenstillstand zustande, hätte er ihn zu überwachen. Er sei zu Vorgesprächen in Kairo gewesen. Ich sagte Bernadotte, daß man uns Israelis nicht den Frieden predigen müsse, denn das Wesen des Staates – die Aufnahme von Einwanderern und der wirtschaftliche Aufbau – hänge vom Frieden ab.

Sharett wollte wissen, was nach Eintritt des Waffenstillstandes geschehen werde und was passieren würde, wenn es nicht zum Waffenstillstand käme. Wäre es eine Verletzung des Waffenstillstandes, wenn Abdallah mit seiner Legion in Jerusalem einzöge? Jerusalem sei Abdallah nicht zugesprochen worden, und wir hätten jedes Recht, ihn zu vertreiben. Bernadotte erwiderte sofort, daß er es als einen Bruch des Waffenstillstandes betrachten würde, wenn wir die Legion Abdallahs am Einzug in Jerusalem hindern wollten. Sharett stellte die Frage des freien Zugangs nach Jerusalem. Bernadotte antwortete, daß ihm das Problem der Versorgung Jerusalems mit Nahrungsmitteln und Wasser bekannt und daß er entschlossen sei, dafür als Delegierter des Roten Kreuzes Sorge zu tragen (nebenbei: Bernadotte kam zum Gespräch in der Uniform des Roten Kreuzes). Wir gaben uns mit dieser Antwort nicht zufrieden und bestanden auf dem freien, vom Schutz des Roten Kreuzes unabhängigen Zugang nach Jerusalem. Bunche warf ein, daß es die Aufgabe des Grafen sei, die Erfüllung der Waffenstillstandsbedingungen zu überwachen, und daß er von Fall zu Fall seine Entscheidungen treffen werde, ohne sie im voraus bekanntgeben zu können. Auch mit dieser Antwort waren wir nicht einverstanden und verlangten Verkehrsfreiheit von und nach Jerusalem. Wir schnitten auch die Frage des Waffenimports an: Die Kontrolle über Israel werde in diesem Punkt effektiv sein, denn unsere technischen Möglichkeiten seien begrenzt und leicht im Auge zu behalten. Die Araber hingegen hätten viele Flughäfen. Bernadotte erwiderte, daß er einen großen Beobachterstab aufbieten wolle. Er habe sich bereits vor einigen Tagen an die schwedische Regierung gewandt.

Wir fragten, was er tun würde, wenn es nicht zum Waffenstillstand käme. Bernadotte antwortete, er habe auch dann einen Auftrag zu erfüllen, der vielleicht nicht viel Erfolgschancen habe, er werde sich aber bemühen, die Parteien an den Verhandlungstisch zu bringen. Sein alter Vater habe ihm für die Reise eine Bibel geschickt, und er lese Abend für Abend in dem Buch; sein Lieblingsabschnitt seien die Psalmen.

Bunche zeigte sich nach dem Gespräch sehr besorgt. Er spürte unseren Mangel an Vertrauen und unsere Verbitterung über die UNO, die gegen die Invasoren nichts unternahm. Er hörte unsere Beschwerden über die Engländer, die in England ein ägyptisches Regiment ausbildeten und den Flugplatz von El Arish den Ägyptern zur Verfügung gestellt hatten. Die Ägypter hätten sich bei Bunche beschwert, daß wir sie beim Waffenkauf störten (wir hatten ein Schiff mit tschechischen, an die Syrer verkauften Waffen gekapert und nach Jaffa gebracht, wo wir die Waffen ausluden). Bunche sagte, die Araber hätten Furcht vor uns, und wir hätten übertriebene Vorstellungen von der Kampfkraft der Araber, besonders der Ägypter.

Wir erfuhren auch Einzelheiten über die amerikanische Einstellung zu uns. Bis zur Anerkennung durch Truman herrschte bei den Behörden der USA eine starke Neigung, den Beschluß der UNO vom 29. November 1947 aufheben zu lassen. Nach der Anerkennung sei eine entscheidende Wendung eingetreten, und die Amerikaner ließen sich seither keinen Fehler zuschulden kommen. Sie seien konsequent und hätten den Engländern in keinem Punkt nachgegeben. Im Gegenteil, Washington drücke auf andere Staaten, seine Politik mitzumachen. Die Engländer hörten zwar nicht auf, Ränke gegen Israel zu schmieden, stießen aber auf den Widerstand Amerikas und Frankreichs.

Nach der Ansicht Bunches würden wir nur den Engländern helfen, wenn wir den Waffenstillstand ablehnten. Auch in England selbst bestünden widersprüchliche Tendenzen, und nicht alle Kabinettsmitglieder gingen mit der Politik Bevins konform. Im amerikanischen Kongreß sei man über die britische Politik sehr erbittert. Frankreich stehe im Begriffe, Israel anzuerkennen. Wenn der Waffenstillstand geschlossen würde, müßten Hunderte von Beobachtern aus europäischen Staaten (Schweden, Belgien, Norwegen) aufgeboten werden. England komme dafür nicht in Frage. Amerikanische Schiffe würden die Küsten überwachen. In jedem Hafen und auf jedem Flugplatz würden Beobachter postiert werden. Sie würden auch die Waffenimporte aus England in die arabischen Staaten kontrollieren. Wenn die Engländer über Waffenlager in Ägypten und im Irak verfügten, werde man sie auffordern, diese Waffen nicht an die Ägypter und die Iraker auszuliefern.

Was Jerusalem betreffe, so werde man darauf Bedacht legen, während des Waffenstillstandes keine Änderungen eintreten zu lassen. Nach dem Waffenstillstand werde man sich bemühen, Verhandlungen zwischen Israel und den arabischen Staaten an einem neutralen Platz, auf einer Insel im Mittelmeer oder auf einem Schiff, einzuleiten. Die Araber behaupteten, die Juden seien untereinander zerstritten, eine Gruppe könne die andere nicht ausstehen. Es gebe bei ihnen Terroristen und Kommunisten. Die Israelis wären ein Übel für den gesamten Nahen Osten. Sie wollten andere Länder erobern. Nach der Meinung von Dr. Bunche hätten wir auf dem Beschluß vom 29. November 1947 zu bestehen und den Arabern die Furcht vor unserer Expansionslust zu nehmen. Bunche warnte vor einer Ablehnung des Waffenstillstandes durch uns. Er sei gewiß, daß der Sicherheitsrat gegen jeden Staat, der den Waffenstillstand breche, mit Sanktionen vorgehen werde.

Ein Assistent Bunches traf Sharett vor unserer Zusammenkunft und sagte ihm, daß der Generalsekretär der UNO mit Nachdruck auf dem Waffenstillstand bestehe. Sharett antwortete, daß wir auf drei Voraussetzungen nicht verzichten würden: freier Zugang nach Jerusalem, freie Einwanderung und ein militärisches Stillhalteabkommen. Wir gaben Bernadotte auf seinen Wunsch eine Übersicht über die militärische Situation an den verschiedenen Fronten.

Unser Bevollmächtigter in den USA wurde gebeten, folgende Fragen zu klären: 1. Ob der Waffenstillstand Freizügigkeit der Bürger auf allen Straßen, insbesondere auch nach Jerusalem, gewähren und die Sicherstellung der Verpflegung einschließen werde. 2. Ob es innerhalb des Landes keine militärischen Bewegungen geben werde. 3. Wie das Verbot des Waffenimports in die Nachbarstaaten garantiert werden könne. 4. Ob die von den Ägyptern verhängte Blockade über israelische Handelsschiffe abgebrochen werde. – Auf die Frage der Freizügigkeit bekamen wir eine positive Antwort. Das Verbot der Waffeneinfuhr in die benachbarten Staaten sei Aufgabe des Grafen Bernadotte. Was Truppenbewegungen innerhalb des Landes betreffe, so werde der Waffenstillstand Veränderungen der bestehenden Situation grundsätzlich untersagen, aber nicht Verschiebungen innerhalb der bestehenden Grenzen verhindern. Das heißt, daß die Arabische Legion in die Jerusalemer Altstadt einziehen darf und daß wir Truppen aus Tel Aviv in das (von uns besetzte) westliche Jerusalem bringen können.

Die Regierung beschloß, dem Waffenstillstand unter der Voraussetzung beizupflichten, daß sämtliche militärischen Positionen nach der Unterzeichnung des Abkommens unverändert bestehen bleiben und die friedliche Schiffahrt und die Einwanderung nach Israel nicht gestört werden.

Ich teilte der Regierung mit, daß wir mit Staaten, die uns Waffen verkaufen, Verhandlungen über eine Kreditgewährung führen.

Kaplan sagte, wir müßten unsere Gelder in Amerika einfrieren lassen, denn sonst könnten wir die für die Waffenkäufe erforderlichen acht Millionen Dollar nicht aufbringen.

Vertrag mit den privaten militärischen Formationen

In der gleichen Sitzung erstattete ich Bericht über die Verhandlungen mit den Privatarmeen, die sich vor der Staatsgründung der nationalen Disziplin nicht unterworfen hatten. Die Übereinkunft mit den Lechi-Leuten kam glatt zustande; sie teilten mit, daß ihre im militärpflichtigen Alter stehenden Mitglieder in die Verteidigungsarmee Israels eintreten würden. Ihre Waffen, Gewehre, Maschinenpistolen und Sprengstoff, lieferten sie ab. Mit Ezel hingegen gab es Schwierigkeiten.

Bei einer Zusammenkunft zwischen dem Kommandanten des Ezel und einem meiner Bevollmächtigten wurde vereinbart:

»1. Die Mitglieder des Ezel werden sich gemäß den Gestellungsbefehlen der Regierung beim Militär melden und den üblichen Treueid leisten.

2. Aus Angehörigen des Ezel, die zum Militär eingezogen werden, sollen Regimenter innerhalb der Armeebrigaden gebildet und diese an den Frontabschnitten entsprechend den Verfügungen des Oberkommandos eingesetzt werden.

3. Die im Besitz des Ezel befindlichen Waffen und die Kriegsaus-

rüstung werden der Verteidigungsarmee ausgeliefert. Das Oberkommando kann über sie verfügen.

4. Produktionsstätten des Ezel für Kriegsmaterial werden der Armee übergeben.

5. Ein aus Offizieren des Ezel zusammengesetzter Interimsstab wird im Auftrag der Armee tätig sein, bis alle Ezel-Mitglieder schnell und vollständig mobilisiert und seine Regimenter aufgestellt sind.

6. Der Ezel und seine Führung beenden ihre Tätigkeit im Staate Israel und im gesamten der Regierung Israels unterstehenden Gebiet.«

Der Vertreter des Sicherheitsministeriums, der die Verhandlungen führte, erklärte, in den Gesprächen habe Einverständnis darüber geherrscht, daß »das der Regierung Israels unterstehende Gebiet« sich auf alle Juden der Welt erstrecke. Ezel könne demnach keine Geldsammlungen im Ausland veranstalten.

Zwei Anmerkungen zur Durchführung der Übereinkunft wurden hinzugefügt.

»1. Jede mit dem Ankauf von Kriegsausrüstung und Waffen verbundene Tätigkeit des Ezel wird eingestellt; die Beziehungen, die der Ezel zu diesem Zwecke knüpfte, werden der Armee zur Kenntnis gebracht, damit sie dem Kriegseinsatz dienstbar gemacht werden können.

2. Die im Besitz des Ezel befindlichen und für die Armee verwendbaren militärischen Produktionsstätten sollen nach ihrem Schätzwert abgegolten werden.«

Schließlich wurde vereinbart, daß der Interimsstab des Ezel längstens einen Monat bestehen werde.

Beratung über militärische und politische Angelegenheiten

Am 3. Juni trat der Provisorische Staatsrat zu seiner dritten Sitzung zusammen. Tatsächlich war es aber die erste Sitzung, in der militärische und politische Angelegenheiten zur Beratung standen. In meinem militärischen Situationsbericht sagte ich, daß die arabische Invasion ganz bewußt darauf angelegt war, den jungen Staat Israel in einem Blitzkrieg zu erobern. Nach den Plänen, die uns in die Hand fielen, hätten Haifa am 20. und Tel Aviv und Jerusalem am 25. Mai fallen sollen. Für denselben Tag war der Einzug Abdallahs in Jerusalem und seine Krönung zum König des vergrößerten Reiches angesetzt. Drei Wochen nach Ausrufung des Staates könne nicht gesagt werden, daß die dem Staat Israel drohende Gefahr gebannt sei. Im Gegenteil, es sei durchaus möglich, daß sie in den nächsten Tagen noch wachsen werde. Nachdem wir Amman bombardiert hatten, wandte sich der britische Konsul in Haifa an den jüdischen Bürgermeister der Stadt und bat ihn, der zuständigen Stelle in Israel mitzuteilen, die britische Luftwaffe würde bei einer Wiederholung des Bombardements jedes jüdische Flugzeug über Palästina vernichten, denn Amman sei das Zentrum der britischen Luftfahrt in dieser Region. In meinen Ausführungen konnte ich darauf hinweisen, daß die Vernichtungspläne des Feindes bisher an der Widerstandskraft unserer Armee scheiterten. Das gesamte uns im UNO-Beschluß zugesprochene Territorium befinde sich in unserer Hand, und wichtige Gebiete jenseits der Grenzlinien seien erobert worden. Das neue Jerusalem, Westgaliläa und ein großer Teil der Straße von Tel Aviv nach Jerusalem, außer zwei kleinen, aber wichtigen Abschnitten, würden gehalten. Nicht nur die Armee, auch die Siedler in der Jordanebene halten sich ausgezeichnet. Diese, ein kleines unbewaffnetes Häuflein, stellten sich nahezu mit bloßen Händen dem Feind entgegen, der mit Flugzeugen, Kanonen und Panzerwagen angriff. Ich pries die Ausdauer und den Mut der Jerusalemer, die nicht nur der Gefahr des Verhungerns und Verdurstens ausgesetzt seien, sondern auch Tag und Nacht unter einem erbarmungslosen Beschuß stünden.

Die Regierung nehme, so teilte ich dem Provisorischen Staatsrat mit, den Vorschlag des Sicherheitsrates für einen Waffenstillstand unter bestimmten Voraussetzungen an:

»Die arabischen Staaten verlangen, wie uns zu Ohren kam, von Bernadotte die Erfüllung zweier Bedingungen: 1. Verbot der jüdischen Einwanderung; 2. Rücknahme des Beschlusses über die Gründung des Staates Israel. Man darf annehmen, daß Bernadotte, sollte die Meldung zutreffen, soviel gesunden Menschenverstand aufbringt, den Auftrag von sich zu weisen und uns die törichten Bedingungen der arabischen Staatsoberhäupter gar nicht erst unterbreitet.

Der Staat Israel wurde nicht errichtet, um Krieg zu führen. Seine Hauptaufgabe ist, den Heimatlosen ein Dach über dem Kopf zu bieten und das verwüstete Land aufzubauen. Wochen und Monate werden wir dauernd unsere besten Kräfte dem Krieg widmen müssen, aber auch im Krieg obliegt uns konstruktive Arbeit. Die Mandatsregierung hat uns als Erbe ein Tohuwabohu in allen Bereichen der öffentlichen Dienste hinterlassen, und wir haben diese Dienste zu erneuern, während gekämpft wird. Die perfide Absicht Bevins und seiner Regierung wurde vereitelt. Im Lande herrscht nach Beendigung des Mandats viel größere Ordnung als zuvor.«

Nach meinem Bericht entwickelte sich eine kurze Debatte, in der ein Vertreter der Mapam den Verdacht äußerte, es könne uns während der bevorstehenden Waffenruhe eine Verkleinerung des Territoriums vorgeschlagen werden, das uns am 29. November 1947 zugesprochen worden war. Die Regierung werde einen solchen Vorschlag zurückzuweisen haben.

Der Kommunist M. Wilner sagte, unsere Situation sei schwierig, weil England offen und Amerika heimlich gegen uns kämpfe. Der Staat Israel sei entstanden, obwohl Amerika alles getan habe, um seine Ausrufung zu verhindern. Unsere militärischen Erfolge und die Unterstützung durch die UdSSR und andere Staaten hätten entscheidende Tatsachen geschaffen. Zwischen der De-facto-Anerkennung durch die USA und der De-jure-Anerkennung durch die Sowjetunion bestehe ein wichtiger grundsätzlicher Unterschied. Wilner beschwerte sich über die Verhandlungen, die Pressemeldungen zufolge durch Berl Locker und Nachum Goldmann in London mit der englischen Regierung geführt würden. Er kritisierte auch Verhandlungen, die Dr. Weizmann in Amerika über eine eventuelle Anleihe eingeleitet habe. Dadurch würde die politische Abhängigkeit Israels von den Vereinigten Staaten besiegelt werden. Er schlug vor, man möge sich an die Sowjetunion, an demokratische Staaten wie Polen und die Tschechoslowakei und an andere Länder, die Israel anerkannt haben, mit einem Antrag auf Unterzeichnung eines Nichtangriffspaktes wenden. Wilner sagte ferner, daß fortschrittliche Arabische Kreise in Haifa das Recht des jüdischen Volkes auf einen eigenen Staat anerkennen und den Beschluß der Vereinten Nationen unterstützen. Die Ermunterung von dieser Seite könne uns im militärischen und im politischen Kampf nützlich sein. Wie dürfe man, fragte Wilner, die israelische Außenpolitik mit dem neutralistischen Schlagwort der »Orientierung auf uns selber« umschreiben, wenn Weizmann in Amerika wegen einer Anleihe von 100 Millionen Dollar verhandle?

Der Sprecher der Revisionisten war nicht damit einverstanden, daß die israelische Armee »Verteidigungsarmee« genannt werde, denn das Wort »Verteidigung« (Hagana) beeinträchtigte die Verdienste anderer Untergrundorganisationen in der Vergangenheit. Der Krieg, den wir führten, sei in Wahrheit kein jüdisch-arabischer, sondern ein jüdisch-englischer Krieg. Der Redner fragte, ob Zeitungsmeldungen zuträfen, daß Weizmann auf Gebiete, die uns zugeteilt wurden, verzichtet habe. Er und ein Redner der Mapai verlangten verstärkte Informationsarbeit.

Beba Idelson rügte, daß während der Kriegshandlungen das Eigentum Fremder angetastet worden sei, und forderte mit Nachdruck, einer Wiederholung derartiger Delikte vorzubeugen. Sie beschäftigte sich mit der Notwendigkeit, für die Familien der Soldaten Sorge zu tragen.

Während der Sprecher der Arbeiterorganisation der Allgemeinen Zionisten A die Reise Goldmanns nach London verteidigte, tadelte ein Revisionist das Vorgehen Goldmanns, der nicht Bürger des Staates Israel sei. Der Redner fragte auch, ob Dr. Weizmann, der zum Vorsitzenden des Provisorischen Staatsrats gewählt worden war, seinen englischen Paß zurückgegeben habe. Der Sprecher des Misrachi lobte den Heldenmut der jüdischen Verteidiger der Altstadt und des Ezion-Blocks, überhaupt die Tapferkeit der Iraelischen Verteidigungsarmee.

Bevor ich die Debatte abschloß, erwiderte Grabowski auf die revisionistischen Vorwürfe wegen des Reisepasses von Dr. Weizmann. Sein Lebenswerk und nicht sein Paß bestimmten Weizmanns Standort im Staate Israel. Vorläufig habe noch niemand in Israel seinen früheren Paß gegen einen israelischen austauschen können. Grabowski antwortete auch Wilner in der Frage der amerikanischen Anleihe, indem er darauf hinweis, daß auch die Sowjetunion eine Anleihe von den USA erbitte.

Ich sagte zum Abschluß der Debatte, daß die Regierung nicht für Neutralität eintrete, sondern in Treue zur UNO die Einheit der Welt anstrebe. Israel wolle in jedem Staat, sogar in England, diplomatisch vertreten sein, wie es auch die Sowjetunion halte. Da Israel ein Judenstaat sei, dürfe keinem Juden die Tauglichkeit abgesprochen werden, den Staat Israel zu vertreten. Der einzige Paß, der dafür entscheidend sei, bestehe in der Treue des betreffenden Juden zum Staat. Zur Beschwerde Frau Idelsons über die Rechtsbrüche sagte ich, die Regierung sei fest entschlossen, gegen die beschämenden Raubüberfälle mit allem Nachdruck anzukämpfen. Sie werde nicht vor den äußersten Mitteln zurückschrecken, das Übel auszurotten.

Israel sei bestrebt, freundschaftliche Beziehungen zu allen Völkern der Welt aufrechtzuerhalten und auch die Beziehungen zu England zu verbessern, das uns vor Gründung des Staates feindlich gesinnt war. Natürlich hänge das auch von der Gegenseite ab.

In einem Gesetzesvorschlag der Regierung wurden der Sabbat (Samstag) und die jüdischen Feiertage zu gesetzlichen Feiertagen erklärt, wobei das Recht der nichtjüdischen Staatsbürger, ihre eigenen Feste einzuhalten, ausdrücklich gewahrt wurde.

Der Justizminister brachte Gesetzentwürfe über die Einkommensteuer und über die Stellung der Staatsbeamten ein. In der Vorlage wurde grundsätzlich festgelegt, Beamte der Mandatsregierung in den Staatsdienst Israels zu übernehmen.

Ablehnung der Vorschläge Bernadottes durch die Regierung

In der Regierungssitzung vom 4. Juni 1948 teilte Sharett mit, daß in den Gesprächen mit Bernadotte die Fortsetzung der Einwanderung während der Waffenruhe am härtesten umstritten sei. Nach Ansicht des Schweden sei die Entschließung des Sicherheitsrates in diesem Punkte unklar, und er habe deshalb eine authentische Interpretation vom Sicherheitsrat erbeten. Der Vorsitzende des Sicherheitsrates erwiderte auf Anfrage, daß nach dem Wortlaut des Beschlusses keiner Seite durch die Waffenruhe ein militärischer Vorteil erwachsen dürfe. Das bedeute, die Einreise militärisch geschulter Personen sei unzulässig. Bernadotte habe mit dieser Frage gerungen und schließlich Sharett ein Memorandum überreicht, in dem er u. a. sagte, daß die Araber bereit wären, Einwanderungsbeschränkungen für Personen im militärpflichtigen Alter auf sich zu nehmen. Die Frage sei für sie weniger wichtig als für die Juden. Ziel der Waffenruhe sei der Abbruch der feindseligen Handlungen. Dabei sollten die Rechte und Positionen der Juden und Araber nicht berührt und sichergestellt werden, daß durch die Waffenruhe weder Juden noch Arabern ein Vorteil erwachse. Bernadotte sei fest entschlossen, die Bestimmungen des Abkommens über die Waffenruhe so zu interpretieren, daß die beiden vorgenannten Ziele erreicht werden. Die generelle Frage der Einwanderung nach Palästina stelle sich in diesem Zusammenhang nicht, denn niemand zweifle das Recht der Juden auf Einwanderung an. Es gehe allein um die Frage des militärischen Vorteils.

Man könne behaupten, wird in dem Memorandum Bernadottes an Sharett weiter erklärt, daß eine erhebliche Zahl von zum Militärdienst tauglichen Personen ins Land kommen würden, wenn die Waffenruhe nicht in Kraft träte. Demgegenüber sei aber auf die Argumente Sharetts selber hinzuweisen, daß die jüdische Einwanderung gegenwärtig mit Gefahren verbunden sei. Die Einwanderung sei das kritische Problem des Konflikts. Die Araber hätten zum erstenmal, und dies sei an sich ein Fortschritt, das Prinzip der jüdischen Einwanderung anerkannt.

Wenn also die jüdische Einwanderung uneingeschränkt fortgesetzt werde und eine erhebliche Zahl von Personen im militärpflichtigen Alter gefahrlos ins Land gebracht werden würden, könnte eine Seite einen klaren militärischen Vorteil erreichen. Dies liefe dem Geist des Abkommens zuwider.

Bernadotte schlug folgende Regelung für die Einwanderungspolitik vor:

»1. Die zuständigen jüdischen Behörden haben über jeden Einwanderungstransport im voraus so rechtzeitig Mitteilung zu machen, daß Bernadotte Beobachter in die Ausgangshäfen entsenden kann. Sie werden die Informationen über die Einwanderer zu prüfen haben.

2. Militärpersonal und Personen im Besitz von Waffen sind ohne Unterschied des Geschlechts und des Alters von der Einwanderung ausgeschlossen.

3. Bernadotte ist berechtigt, Beobachter auf sämtlichen Schiffen mitreisen zu lassen, die Einwanderer nach Israel transportieren.

4. Alle Einwanderer in Israel werden im Ankunftshafen durch Beobachter geprüft werden.

5. Über die Zulassung oder Nichtzulassung von Einwanderern

im militärpflichtigen Alter während der Waffenruhe hat Bernadotte zu entscheiden.

6. Personen im militärpflichtigen Alter, deren Einwanderung gestattet wird, sind während der Waffenruhe unter Aufsicht der Beobachter in Lagern zu halten. Ihre militärische oder paramilitärische Ausbildung ist verboten.

7. In der ersten Woche nach Inkrafttreten der Waffenruhe wird jede Einwanderung nach Israel unterbunden, um die Kontrollen einrichten zu können.

8. Passagiere von Schiffen, die sich bei Inkrafttreten der Waffenruhe auf dem Weg nach Israel befinden und die während der ersten Woche in den Häfen Israels eintreffen, dürfen nicht an Land gehen, solange nach der Meinung des Vermittlers die Wirksamkeit der Kontrollen nicht gesichert ist.

9. Als militärpflichtige Personen werden Männer im Alter von 18–45 Jahren angesehen.

10. Zusammenfassend wird erklärt, daß der Grundsatz und das Recht der jüdischen Einwanderung nicht berührt werden. Lediglich für Militärpersonen und Männer im wehrfähigen Alter werden Einschränkungen erlassen und ihre Einwanderung in den Fällen begrenzt, in denen ihr Eintritt ins Land nach der Ansicht des Vermittlers der jüdischen Seite einen militärischen Vorteil verschaffen könnte.«

Im Gespräch mit Bernadotte sagte Sharett, daß ihn die Vorschläge des Vermittlers mit Sorge für den Bestand der Waffenruhe erfüllen. Bernadottes Formulierungen wichen entschieden vom Beschluß des Sicherheitsrates ab. Der Vorsitzende des Sicherheitsrates habe kein Recht, im Namen des Rates zu sprechen, und wir seien keineswegs verpflichtet, auf seine Ansichten Rücksicht zu nehmen. Der Sicherheitsrat habe über die Einwanderung von Personen im militärpflichtigen Alter verhandelt, und ein französischer Abänderungsantrag sei angenommen worden, demzufolge die Immigration von Soldaten, aber nicht die von militärpflichtigen Personen untersagt werde. Der Konflikt zwischen uns und den Nachbarstaaten sei nicht wegen der jüdischen Einwanderung ausgebrochen, die es immer gegeben habe, ohne daß die arabischen Staaten einen Krieg begonnen hätten. Wir könnten uns mit dem Junktim nicht abfinden, daß die Araber das

Schießen nur einstellen, wenn wir die Einwanderung unterbrechen. Im Judenstaat dürfe die Einwanderung auch nicht für eine Woche unterbrochen werden.

Bernadotte wurde sehr ernst und sagte: »Die Israelis wollen die Waffenruhe nicht, sie haben kein Vertrauen zu mir und meinen, daß aus der Woche zehn Tage oder zwei Wochen werden können. Ich habe die Mission aus humanitären Gründen übernommen und verstehe, was es für Ihre Menschen bedeutet, aus dem Vaterland zurückgeschickt zu werden. Dies wird für mich eine zusätzliche moralische Erwägung sein. Was die Richtlinien des Vorsitzenden des Sicherheitsrates betrifft, so bin ich sicher, daß sie im Einvernehmen mit dem Sekretariat der UNO und nicht auf eigene Faust formuliert wurden.« Bunche bestätigte diese Behauptung.

Sharett wies darauf hin, daß die Gegenseite militärische Vorteile erreiche. Sie könne weitere Mobilisierungen vornehmen; sechs Staaten führten Krieg gegen einen. Bernadotte antwortete, er wisse dies alles und werde nach seinem Gewissen entscheiden. Käme es nicht zur Waffenruhe, geriete alles in Gefahr. Wenn jedoch die Waffenruhe in Kraft träte, werde eine Einwanderung mit Zustimmung der Araber stattfinden. Bernadotte bat Sharett, sich mit seinen Freunden zu beraten. Sollte die Antwort ablehnend ausfallen, wäre dies in der öffentlichen Meinung der Welt nicht zum Vorteil Israels. Bernadotte kehrte nach Kairo zurück, um dort seine Vorschläge endgültig zu formulieren.

Ich sagte u. a., daß alle unsere militärischen Experten sich für die Waffenruhe ausgesprochen hätten, die uns Zeit für die Ausbildung unserer Truppen geben würde. »Dennoch bin ich für die bedingungslose Ablehnung des Vorschlags Bernadottes, der uns gleichsam als ›Mitgift‹ die Zustimmung der Araber zur jüdischen Einwanderung einbringt. Wir brauchen diese Zustimmung nicht. Im Beschluß des Sicherheitsrates ist keine Rede davon, daß Personen im militärpflichtigen Alter nicht ins Land kommen dürfen. Vielmehr wird erklärt: Wenn solche Personen einwandern, dürfen sie weder mobilisiert noch militärisch geschult werden. Nur Bevin untersagte, Männer im militärpflichtigen Alter aus den Lagern in Zypern nach Israel abreisen zu lassen. Das Verbot Bevins bestimmt die Haltung der Araber, uns aber kann es nicht verpflichten. Wir werden auch das Waffenembargo nicht hinnehmen. Wenn die Araber vier Wochen lang keine Waffen einführen, verlieren sie nichts, denn sie haben im Laufe von Jahren Waffen gestapelt. Für uns jedoch kann der Monat von entscheidender Bedeutung sein.

Ich habe keine Furcht vor den politischen Folgen unserer Ablehnung. Im Sicherheitsrat entscheidet jeder Staat nach seinen eigenen Erwägungen. Die militärischen Folgen unserer Weigerung können ärger sein als die politischen, und dennoch schlage ich vor, Bernadottes Anträge zurückzuweisen. Warum glaubt er, daß wir ihm Vertrauen schenken müssen? Haben wir ihn gewählt? Warum bereitet er seine endgültigen Formulierungen in Ägypten vor? Er sollte doch in Zypern sitzen. Die ganze Zeit über ist er arabischem Druck ausgesetzt. Die Einstellung der Einwanderung für eine Woche ist im Beschluß des Sicherheitsrates nicht erwähnt. Sie ist eine Erfindung Bernadottes. Wenn er Zeit braucht, so möge er den Beginn der Waffenruhe um eine Woche verschieben und nicht die Einwanderung stoppen.«

Nachdem eine Reihe von Kabinettsmitgliedern zu den Vorschlägen des Vermittlers Stellung genommen hatten, gab ich einen Bericht über die zahlenmäßige Stärke unserer Truppen. »Als der Krieg begann, verfügten wir über 5000–6000 mehr oder minder für Kriegszwecke geschulte Soldaten. Seither wurden 2500 Männer getötet oder verletzt. Zumeist fallen die Besten und ein großer Prozentsatz der Offiziere, da sie ihren Leuten vorangehen. Mit anderen Worten, von den ›Veteranen‹ blieben etwa 3000 übrig. Zum Militärdienst wurden 40 000 Mann eingezogen. In verschiedenen Diensten sind 5000 beschäftigt. Überdies gibt es auch in den einzelnen Regimentern Personen, die Dienste zu versehen haben, so daß der Prozentsatz der zum Kampf Eingesetzten 70 nicht übersteigt. Von den 40 000 sind mithin nur an 23 000 Kämpfer. Nicht alle haben die heute erforderliche militärische Ausbildung genossen. Dazu kommt noch, daß 5000 Soldaten von ihren Standorten nicht weggenommen werden dürfen. In diesem Zusammenhang hatte sich bereits das Problem ergeben, ob wir geschulte oder nichtgeschulte Regimenter nach Latrun schicken sollten. Wir brauchten die erfahrenen Soldaten anderswo und schickten die mit wenig Erfahrung nach Latrun. Es stellte sich heraus, daß das falsch war.«

In der Aussprache wurden Befürchtungen wegen der militärischen Situation und besonders wegen der gefährdeten Lage Jerusalems laut.

Ein Telegramm Ben-Zwis wurde dem Kabinett bekanntgegeben: »Die Regierung möge in aller Würdigung des Mutes der Jerusalemer Bevölkerung wissen, daß es auch dafür eine Grenze gibt, hinter der die Gefahr des Zusammenbruchs liegt.« Kaplan, der als letzter das Wort ergriff und sich auf die Depesche Ben-Zwis bezog, sagte, daß er zwischen der Notwendigkeit, eine Einwanderungsbeschränkung abzulehnen, und der Erkenntnis des militärischen Notstandes schwanke und sich zu keinem Entschluß durchringen könne. Am Schluß der Debatte wurde entschieden, Bernadotte mitzuteilen, daß sich die Regierung mit dem Standpunkt Sharetts identifiziere, seine, Bernadottes, Interpretation entspreche nicht dem Beschluß des Sicherheitsrates. Wir behielten uns das Recht vor, nach Empfang des endgültigen Wortlauts der Vorschläge Bernadottes an den Sicherheitsrat zu appellieren.

Ferner wurde beschlossen, die Siebzehnjährigen für militärisches Training mit der Bestimmung einzuziehen, daß sie ohne ausdrückliche Bewilligung der Regierung nicht an die Front geschickt werden dürfen. Personen im Alter von 36 bis 38 Jahren wurden zum Militärdienst, Personen bis zum 42. Lebensjahr zu Befestigungsarbeiten für zwei Tage eingezogen. Verheiratete Männer bis zum 35. Lebensjahr waren auch dann mobil zu machen, wenn sie mehr als zwei Kinder hatten.

Die Antwort Bernadottes mit den Bedingungen für die Waffenruhe traf in den Abendstunden des 8. Juni ein.

Die Beratung über die Waffenruhe wird fortgesetzt

Bernadotte setzte den Beginn der Waffenruhe für den 11. Juni 10 Uhr vormittags an. Sollte eine der beiden Parteien den Vorschlag ablehnen oder nur bedingt annehmen, würde der Vermittler keine weiteren Unterhandlungen führen, sondern sich unverzüglich an den Sicherheitsrat wenden, der die ihm richtig scheinenden Schritte zu ergreifen hätte. Bernadotte wolle sicherstellen, daß keine der beiden Parteien aus der Waffenruhe militärische Vorteile zöge. Zu diesem Zwecke habe er es für richtig gefunden, den Beschluß des Sicherheitsrates zu interpretieren und Entscheidungen zu treffen, um die Durchführung des Beschlusses zu gewährleisten. In Kürze besagten die Ausführungen Bernadottes folgendes:

»1. Kampftruppen und Personen, die als Angehörige einer organisierten militärischen Einheit angesehen werden, sowie Personen, die Waffen tragen, dürfen weder in einen der arabischen Staaten noch in einen Teil Palästinas einwandern.

2. In bezug auf Personen wehrfähigen Alters wird der Vermittler während der Waffenruhe nach eigenem Ermessen entscheiden, ob sich Wehrfähige in einer solchen Anzahl unter den Einwanderern befinden, daß ihre Immigration einer Seite militärische Vorteile böte. Ihre Einwanderung würde dann verboten werden. Sollte wehrfähigen Personen in begrenzter Anzahl die Zuwanderung gestattet werden, sind sie während der Waffenruhe unter der Aufsicht [...] in Lagern unterzubringen. Sie dürfen weder in militärische Formationen eingegliedert noch während der Waffenruhe militärisch ausgebildet werden.

3. Der Vermittler wird in den Abfahrts- und Ankunftshäfen eine Kontrolle der Einwanderung vornehmen und UNO-Beobachter auf den Schiffen ernennen. Zu diesem Zweck hat er sobald wie möglich Mitteilungen über den Abfahrtshafen jedes Schiffes zu erhalten, das Einwanderer bringt.

4. In der ersten Woche der Waffenruhe wird der Vermittler nach eigenem Ermessen über die Einwanderung von Personen, ohne Rücksicht auf Geschlecht und Alter, Entscheidungen treffen.

5. Truppenbewegungen und Beförderung von Kriegsmaterial von einem interessierten Staat in den anderen in Richtung auf die Grenzen Palästinas oder in Richtung auf die Kampflinien innerhalb Palästinas sind verboten.

6. Alle Fronten und Kampflinien bleiben während der Waffenruhe unverändert, Kampfkräfte und Ausrüstung dürfen hier nicht verstärkt werden. Eine routinemäßige Auswechslung von Personen ist zulässig.

7. Der Import von Kriegsmaterial in das Gebiet einer der Parteien ist untersagt.

8. Eine Kommission des Internationalen Roten Kreuzes wird der durch die Kämpfe heimgesuchten Bevölkerung städtischer Gebiete auf beiden Seiten, wie z. B. in Jerusalem und Jaffa, Hilfe leisten, wobei der Vorrat an notwendigen Nahrungsmitteln am Ende der Waffenruhe weder erheblich größer noch erheblich kleiner sein darf als zu ihrem Beginn.

9. Kriegshandlungen zu Lande, zu Wasser und in der Luft sind während der Waffenruhe verboten.«

Die Regierung beriet in zwei Sitzungen am 8. und 9. Juni über die Vorschläge Bernadottes. Ein Antrag Rosens wurde angenommen, die bedingungslose Zustimmung zur Waffenruhe auszusprechen, obwohl die Regierung einige Bemerkungen zu machen habe. Sharett faßte sie in seiner Antwort an Bernadotte zusammen:

»1. Der Beschluß des Sicherheitsrates enthält keine Einschränkung für die Einwanderung von Personen im waffenfähigen Alter. Er verbietet lediglich, sie während der Waffenruhe zu mobilisieren oder militärisch auszubilden. Im zweiten Absatz seiner Vorschläge maßt sich Bernadotte das Recht an, die Einwanderung dieses Personenkreises zu verhindern.

2. Die Regierung ist bereit, mit dem Vermittler zu kooperieren und ihm die Erfüllung seiner Aufgaben zu erleichtern, wird jedoch jeden Versuch einer Einmischung bei der Immigration von Personen ohne Unterschied des Alters und des Geschlechts als ungerechtfertigt betrachten.«

Am Tage vor Beginn der Waffenruhe sagte ich in einer Rundfunkansprache u. a., die Regierung habe nach gründlichen Überlegungen der Waffenruhe zugestimmt, obwohl sie sich ihren Mängeln nicht verschließen könne. Die Regierung sei zu diesem Ergebnis hauptsächlich deshalb gelangt, weil wir seit Ausbruch des Krieges, der durch die heimtückischen Angriffe unserer Nachbarn und durch die Hetze von Elementen ausgelöst worden war, die am jüdisch-arabischen Zwist interessiert waren, wiederholt unsere Bereitschaft zur Feuereinstellung erklärt hätten. »Israel, das an der Sicherung seiner Zukunft baut, gründet seine Außenpolitik auf die Zusammenarbeit mit den Vereinten Nationen. Wir werden daher die Waffenruhe einhalten, wenn die Gegenseite das gleiche tut.« Ich verlangte in meiner Rede absolute Disziplin und forderte, die Nation möge sich geschlossen hinter ihre Regierung stellen. Wer die Bedingungen der Waffenruhe verletze, müsse als Feind angesehen und bestraft werden. Ferner sagte ich, daß wir während der Waffenruhe die Dienstleistungen verbessern, unsere wirtschaftliche Position stärken, die Einwanderung erhöhen und die landwirtschaftliche Ansiedlung erweitern würden.

Drei Tage, nachdem die Waffenruhe in Kraft getreten war, berichtete ich in der Regierungssitzung über einige Verletzungen des Abkommens durch die Araber. Sedschera wurde angegriffen, doch der schwerste Zwischenfall ereignete sich im oberen Galiläa. Mischmar Hajarden wurde nach Beginn der Waffenruhe vom Feind erobert. Kfar Szold und Ejn Gev lagen unter Artilleriebeschuß und wurden aus Flugzeugen bombardiert.

Es bestand der Verdacht, daß im oberen Galiläa die Waffenruhe auch durch uns verletzt wurde, um Mischmar Hajarden wiederzuerobern. Eine Prüfung dieses Verdachts ergab, daß der Bruch des Abkommens ausschließlich den Syrern zur Last gelegt werden mußte.

3. Äußere und innere Gefahren

Arbeitsprogramm für die Zeit der Waffenruhe

In der Kabinettssitzung vom 14. Juni legte ich ein Fünf-Punkte-Programm für die Zeit der Waffenruhe vor:

»1. *Jerusalem.* Das Problem der Verteidigung der Stadt ist in organisatorischer, technischer und politischer Hinsicht kompliziert. Organisatorisch besteht zunächst die Frage des Transports von Nahrungsmitteln in die Stadt. Technisch haben wir die Frage des Weges nach Jerusalem zu lösen. Wir haben unter Opfern eine Alternativstraße angelegt, die an einer Stelle wegen des Höhenunterschieds außerordentlich schwierig ist. Politisch wird die Benutzung der Alternativstraße für den Nahrungsmitteltransport von den Arabern und den UNO-Beobachtern angefochten. Vorläufig erfolgt die Zufuhr störungslos, und die Menge an Nahrungsmitteln, die nach Jerusalem kommt, wächst von Tag zu Tag. In den nächsten vier Wochen werden wir große Vorräte speichern, gleichgültig, ob wir sie nun auf diesem oder einem anderen Wege in die Stadt bringen.

Es ist zu verhindern, daß die Bevölkerung Jerusalem verläßt. Ich bin gegen den abwertenden Ausdruck ›Flucht‹, da ich die Leiden der Jerusalemer in den letzten Wochen kenne. Sie schwebten in der Gefahr des Verhungerns. Jerusalem lag Tag und Nacht unter Feuer. Hunderte wurden getötet und Tausende verletzt. Dennoch müssen wir alles aufbieten, den Weggang aus der Stadt aufzuhalten. Was den Arabern durch die Beschießung und Aushungerung nicht gelang, könnte nun durch den Auszug aus der Stadt erreicht werden. Die verhinderte Abwanderung ist noch keine Lösung der Frage. Die Zukunft der Stadt muß verbürgt werden, damit der Anreiz für den Fortgang wegfällt.

2. *Unsere militärischen Kräfte müssen verstärkt werden.* Die gegenwärtige Situation erweckt Besorgnis. Auch auf der Straffung der Disziplin ist zu bestehen. Es ist nicht leicht, aus einer

Untergrundarmee ein reguläres Heer zu machen und liebge-
wordene Bräuche ausrotten zu müssen. Dies ist nicht allein
meine Meinung, sondern auch die der für die Armee verantwortlichen Männer. Die Struktur der Armee ist zu reorganisie-
ren. Der Verlust des Kibbuz Geser möge als Beweis für die
Dringlichkeit dieser Forderung gelten. Der Angriff auf ihn begann um 12.30 Uhr, und er wurde um 18.00 Uhr erobert. In unmittelbarer Nähe befanden sich unsere Truppen und zwei Ab-
schnittkommandos. Auf einer Anhöhe in der Nachbarschaft
der Siedlung haben wir eine Artilleriestellung. Die drahtlose
Verbindung mit Geser funktionierte die ganze Zeit über, dennoch wurde Geser von den Arabern erobert. Zwanzig Verteidiger fielen. Der Rest, bis auf wenige, fiel in Gefangenschaft,
darunter zwölf Mädchen. Ein Mädchen wurde getötet. Der
Kommandant der Araber war ein Engländer, der die Mädchen
nach einem nahegelegenen Ort brachte und dort freiließ. Der
Fall des Kibbuz Geser ist dadurch zu erklären, daß die verschiedenen militärischen Befehlsstellen nicht miteinander ko-
operierten. Geser wurde zwar zurückerobert, aber dies kann
die Tatsache nicht aus der Welt schaffen, daß die Zusammenarbeit zwischen unseren militärischen Einheiten nicht klappt.

Bis vor vier Wochen hatten wir es nur mit arabischen Banden, niemals mit einer regulären Armee zu tun. Wir waren für
eine solche Auseinandersetzung nicht gerüstet. Soweit uns geschulte Kräfte zur Verfügung standen, hatten sie sich vielfach
mit verknöcherten Routinegewohnheiten und Vorstellungen
der alten Hagana herumzuschlagen. Es wird nicht leicht sein,
die eingefleischten Gewohnheiten zu überwinden, zumal ihnen auch bestimmte Ideologien und Gruppeninteressen zu-
grunde liegen.

Ich habe ein Wort des Lobes für einen Feind auszusprechen,
für die Arabische Legion. Wir haben es jetzt nicht mehr mit
einem disziplinlosen, sondern mit einem erfahrenen, diszipli-
nierten und mutigen Gegner zu tun. Die Arabische Legion
weckt bei unseren Soldaten Respekt. Sie beherrscht das Kriegs-
handwerk, sie flieht nicht, und sie kann, wenn notwendig, zum
Angriff übergehen. Sie hat tüchtige Befehlshaber und besitzt
Waffen, an deren Qualität unsere Ausrüstung vorläufig nicht

heranreicht. Auch der ägyptische Soldat weiß zu kämpfen, freilich muß ihn sein Kommandant dazu drängen. Jedenfalls hat jetzt Armee gegen Armee zu stehen. Partisanen haben einen wichtigen Auftrag, doch allein können sie sich gegen eine Armee nicht behaupten.

Die Ausbildung der Armee, ihre Umwandlung in eine disziplinierte Truppe und die Änderung ihrer Struktur – dies sind die drei entscheidenden und vordringlichen Aufgaben, vor denen wir stehen. Wir haben von der Voraussetzung auszugehen, daß es sich nur um eine vorübergehende Waffenruhe handelt und daß der Krieg von neuem losgehen wird. Es ist zu verhindern, daß die nächste Runde uns weniger vorbereitet findet, als wir es sein sollten und sein müßten.

3. *Unsere Rüstungsproduktion ist zu erweitern,* weil die Einfuhr von Waffen mit Schwierigkeiten verbunden sein wird (dies ist einer der größten Nachteile der Waffenruhe, zumal gerade für die kommende Woche wichtige Importe vorgesehen waren). Für die Produktion sind nach der Übereinkunft mit Bernadotte keine Kontrollen vorgesehen.

4. *Die Errichtung neuer Siedlungen.* Dazu sind wir stets und besonders jetzt verpflichtet, und eine Erläuterung ist überflüssig. Ich will aber eine Bemerkung hinzufügen: Wir haben uns Veröffentlichungen zu enthalten, denn ihr Schaden ist größer als ihr Nutzen. Es ist ratsam, daß wir an die Neuansiedlung ohne viel Aufhebens in beschleunigtem Tempo und in größerem Umfang herangehen, dazu haben wir die Möglichkeit. Das gleiche gilt für die Einwanderung. Sie ist zu erhöhen, aber ohne viel Gerede.

5. Ich habe noch ein Wort zu einer Frage zu sagen, die im *Al Hamischmar* angeschnitten wurde. Man beschuldigt mich, ich löse den Palmach auf. Ich beschäftige mich mit dem Aufbau der Armee, nicht mit der Liquidierung irgendeiner militärischen Formation. Es haben sich aber seltsame Dinge ereignet, die mein Interesse erweckten. Im Mittelabschnitt sollte ein Angriff erfolgen, er fand aus irgendeinem Grunde nicht statt. Es stellte sich heraus, daß der Nachschub nicht angekommen war. Als ich der Sache nachging, fand ich, daß Palmacheinheiten nicht direkt, sondern über eine besondere Stelle versorgt werden. Ich

gab den Befehl, mit dieser Gewohnheit zu brechen und den Nachschub auch an Palmacheinheiten ohne Zwischenschaltung vorzunehmen. Dies bezeichnet *Al Hamischmar* als ›Auflösung des Palmach‹. Pressepolemiken werden mich von meinem Wege nicht abbringen.

Unsere Armee hat Verantwortung zu fühlen und zu verstehen, was der Sinn des Krieges ist. In manchen Beziehungen stehen unsere Soldaten über denen des Feindes, allerdings nicht immer und nicht in jeder Hinsicht. In der Armee muß der Geist der Freundschaft herrschen. Alle Soldaten und alle Regimenter sind untereinander gleich. Der Pioniergeist ist nicht der Privatbesitz irgendeiner militärischen Einheit. Alle kämpfen für die Sicherheit des Staates, und alle müssen diesem Ziel in gleichem Maße ergeben sein. Alle sind auch in gleicher Weise dazu fähig.«

In der Sitzung wurde ein dreiköpfiger Ministerausschuß für die Versorgung Jerusalems gewählt.

Aktuelle politische und militärische Probleme

Auf Wunsch einiger Minister fand in der Kabinettssitzung vom 16. Juni eine Klärung der politischen und militärischen Lage statt. Außenminister Sharett erstattete einen Bericht, in dem er sagte, daß Bernadotte eine Zusammenkunft zwischen uns und den arabischen Staatsoberhäuptern herbeiführen möchte. Es sei denkbar, daß die Frage der Grenzen des Staates Israel zur Sprache kommen werde. Sie beschäftigte nicht nur uns und die Araber, sondern auch andere. Wir wissen, daß darüber Unterhaltungen zwischen dem englischen Außenminister und dem amerikanischen Botschafter in London stattfanden, deren Ergebnisse uns unbekannt blieben. Die amerikanische Regierung erörtert die Frage der Grenzen. Wir wurden gefragt, ob wir die Grenzziehung des 29. November 1947 annehmen. Von englischer Seite wurde uns die Frage gestellt, ob wir unsere Position in dem israelisch besetzten westlichen Galiläa (das nach dem Beschluß vom 29. November 1947 den Arabern zugesprochen wurde) der des Negev gleichstellen wollen, der sich in ägyptischer Hand befindet, und ob wir das Schicksal Haifas, in dem Araber wohnen und das sich völlig in unserer Hand befindet, dem Jerusalems anpassen möchten, wo Juden wohnen und wo wir aufgefordert werden könnten, die Herrschaft Abdallahs hinzunehmen. Sharett stellte fest, daß wir uns zu der im Beschluß vom 29. November festgelegten Regelung verpflichtet haben. Wenn an dieser Regelung Änderungen vorgenommen werden sollten, sind wir in unseren Entscheidungen frei.

Der Beschluß vom 29. November 1947 ist auf vier Prinzipien aufgebaut:

1. Ein Judenstaat mit bestimmten Grenzen in einem Teil Palästinas.
2. Ein eigener arabischer Staat, der weder an Transjordanien noch an Syrien angeschlossen sein wird. Dieser palästinensische Staat hat ebenfalls sein bestimmtes Gebiet und seine bestimmten Grenzen.
3. Ein internationalisiertes Jerusalem, dessen Regime Gleichheit und freien Zugang zu den Heiligen Stätten usw. verbürgt.
4. Ein wirtschaftliches Bündnis, das die drei Teile vereint.

»Es wäre gut«, sagte Sharett, »wenn wir zweierlei erreichen könnten:

Erstens kein Verzicht auf die Grenzen des 29. November; zweitens Anschluß jener Gebiete, die wir unter dem Druck der bitteren Notwendigkeit, d. h. bei Verteidigung der jüdischen Bewohner unseres Staates, erobert haben.

Eine ernste Frage ist der Weg nach Jerusalem. Wie immer unsere Entscheidung über die Zukunft Jerusalems ausfallen wird (und es ist möglich, daß wir letzten Endes einer Internationalisierung Jerusalems zustimmen werden) – auf gar keinen Fall dürfen wir uns damit abfinden, daß zwischen Jerusalem und Israel ein breiter arabischer Keil eingeschoben bleibt, wie es die Entscheidung vom 29. November festlegt. Wir haben uns die Herrschaft über einen zusammenhängenden Gebietsstreifen von Tel Aviv nach Westjerusalem gesichert und ihn von Arabern gesäubert. Der Zugang nach Jerusalem vom Westen her bestimmt das Schicksal der Stadt. Dies ist eine der territorialen Veränderungen, auf deren Einhaltung wir zu beharren haben.

Es ist auch möglich, daß wir vor das Problem von Gebietsaustauschen gestellt werden könnten. Ein solcher Vorschlag ist die Herausgabe des südlichen Negev gegen das westliche Galiläa. Dieses Problem wird uns zu beschäftigen haben.

Außer der Frage der Grenzen besteht die Frage der Zukunft der arabischen Bevölkerung, die vor Ausbruch des Krieges im jetzigen Staatsgebiet wohnte. Können wir uns eine Rückkehr zum Status quo ante vorstellen oder sind wir bereit, die gegenwärtige Lage als vollendete Tatsache zu erklären und dafür zu kämpfen?«

Sharett stellte den Auszug der Araber als das revolutionärste Ereignis der letzten Zeit dar.

Es sei in der Geschichte des Landes noch unerhörter als die Errichtung des Judenstaates. »Wir erleben einen Augenblick von überragender Wichtigkeit in der Weltgeschichte und in der Geschichte des jüdischen Volkes«, sagte er.

»Doch nach drei Generationen jüdischer Ansiedler, nach Anerkennung des jüdischen Nationalheimes gegen Ende des Ersten Weltkrieges und nach dem letzten Kriege ist die Entwicklung vielleicht nicht ganz so überraschend. Die Welt hat sich davon überzeugt, daß der Judenstaat besteht, und da wir ihr diese Überzeugung beibringen konnten, hat sie ja und amen gesagt. Die umstürzende Wandlung liegt eben darin, daß ganze Teile des Landes sozusagen über Nacht ihre arabischen Einwohner verloren. Gibt es eine verläßliche Schätzung, wieviel Araber heute auf israelischem Territorium leben?« (Ich unterbrach Sharett durch einen Zwischenruf: »Wenn es 100 000 sind, würde ich mich wundern!«) Auch Sharett schätzte die Zahl der Araber in Isarel auf höchstens 100 000. »Wir müssen«, fuhr er fort, »die enorme Bedeutung, die dieser Änderung für die Zukunft unseres Staates aus vielen Gründen beizumessen ist, der Welt erläutern. Die Dinge haben sich während eines Krieges abgespielt, den die Araber gegen uns vom Zaun brachen, und sind als Begleiterscheinung der Flucht der Araber und der Erschütterungen anzusehen, die dieser Krieg hervorrief. Das Rad der Geschichte kann nicht zurückgedreht werden.

Wir werden für den Boden Zahlung zu leisten haben. Dies wird nicht von Fall zu Fall erfolgen, sondern muß durch internationale Vereinbarungen geregelt werden. Der von uns bezahlte Gegenwert für Boden und anderes Eigentum wird für die Ansiedlung der Araber anderswo verwendet werden. Sie werden nicht zurückkehren, und dies hat unsere Politik zu sein.«

Sharett setzte voraus und glaubte sich einig mit den anderen Mitgliedern der Provisorischen Regierung, daß es ein arabisches Palästina geben werde. Es bestehe die Frage Abdallahs. Das arabische Palästina könnte sein Besitz werden. Bleibe aber Palästina eine selbständige Einheit, werde die Situation durchaus anders sein. »Im ersten Fall kommt ein Wirtschaftsbündnis nicht in Frage. Wir haben uns nur zu einer bestimmten Partnerschaft verpflichtet, nicht zu einer Gemeinsamkeit mit einem anderen Partner.«

Ich erklärte, daß uns drei Themenkreise zu beschäftigen hätten: 1. Sicherheit, 2. der Judenstaat, 3. ein jüdisch-arabisches Bündnis. Wir können uns nicht auf die beiden ersten Aufgaben beschränken, sondern haben auch das dritte Ziel anzustreben, denn gerade darin sehe ich eine Garantie für die Verwirklichung des Zionismus. Ich gehe von zwei Prämissen aus:

1. Der Beschluß vom 29. November ist tot. Ich kann dies zwar nicht mit absoluter Sicherheit behaupten, doch wie ich es sehe, besteht der Beschluß nicht mehr. Es ist allerdings möglich, daß sich eine Situation ergibt, in der man uns sagen könnte, daß die Resolution so zu verwirklichen sei, wie sie angenommen wurde. Ich kenne aber niemanden in der Welt, der über den Beschluß vom 29. November begeistert wäre. Deshalb meine ich, daß er tot ist.

2. Der Konflikt wird durch Gewalt entschieden werden. Die politische Frage hat militärischen Charakter angenommen, und zwar auch dann, wenn, was kaum vorauszusetzen ist, der Krieg nicht weitergeführt werden sollte. Militärische Überlegungen werden den Ausschlag geben, auch wenn es nicht zu einer neuen Runde kommt. Die hauptsächlichen Entwicklungen mögen vielleicht ein wenig überraschend gewesen sein: a) der Einfall der arabischen Staaten mit ihren regulären Armeen; b) daß wir den feindlichen Heeren standhalten konnten; c) die Flucht der Araber.

Für mich selber waren die Dinge nicht ganz so überraschend. Bitter ist es für mich, daß ich in der Einschätzung der moralischen Qualitäten der Juden geirrt habe. Ich habe sittliche Unzulänglichkeiten feststellen müssen, die ich früher nicht bemerkt hatte und die auch militärisch ins Gewicht fallen.

Unser politisches Problem ist, wie ich überzeugt bin, eine Funktion unserer militärischen Widerstandsfähigkeit. Sollten die Feindseligkeiten wieder aufgenommen werden, so erfordern die inneren Mängel, die jetzt offenbar wurden, eine dringende Korrektur. Ich will nicht, daß Fürsprecher für unsere Leute aufstehen, die sich an einigen Orten Raubtaten zuschulden kommen ließen. Ich kann über Dinge, die sich in Jaffa und anderswo ereignet haben, nicht mit Stillschweigen hinwegsehen. Ich war erschüttert, als ich davon hörte, und konnte es nicht glauben. Ich bat Jakob Riftin, den Beschwerden nachzugehen. Das Ergebnis seiner Untersuchung machte mich betroffen. Mein Glaube an den Sieg geriet ins Wanken. Wir haben die Chance zu siegen, daran zweifle ich nicht, wenn ich auch nicht mehr das gleiche Vertrauen wie früher zu unserer sittlichen Stärke habe.

Die nächste Phase des Krieges wird für uns ein Kampf auf Leben und Tod sein – für uns und nicht für die Gegenseite. Wir sind imstande, die gegnerischen Armeen zu schlagen, aber wir haben nicht die Absicht, die arabischen Völker zu vernichten. Wenn wir jedoch unterliegen, wird man uns auslöschen. In Bagdad wurden einige Kaufleute unter dem Vorwand verhaftet, sie trieben Handel mit Rußland, obschon dies nicht verboten ist (Zwischenruf Sharetts: »Wir erhielten eine Liste von Zionisten, die in Kairo verhaftet wurden!«). Wenn die Araber Tel Aviv eroberten, glaube ich nicht, daß sie Erbarmen zeigen würden.

Die Waffenruhe wäre für uns vorteilhaft, wenn sie sich über mehrere Monate erstreckte. In einem Monat können wir nicht viel erreichen, Ordnung, Disziplin schaffen und die Truppen ausbilden.

Ich teile die Meinung der Fachleute nicht, man könne zwischen dem nördlichen und dem südlichen Negev unterscheiden. Ich bin sogar der Ansicht, daß diese Fachleute keine Fachleute sind. Nur der kann ein Experte für den Negev sein, der dort nach Wasser gesucht und an verschiedenen Stellen den Boden untersucht hat. Die Sachverständigen haben nur gelesen, was andere darüber schrieben. Ich selber bin kein Fachmann, doch ich habe die ganze Literatur über den Negev gelesen und behaupte, daß es keinen Unterschied zwischen dem nördlichen und dem südlichen Negev gibt.

Es geht um ein Gebiet von 12 Millionen Dunam *, menschenleer und verödet. Daß der Negev so beschaffen ist, ändert nichts an der

Wichtigkeit des Gebietes. Zionistisch gesehen ist eine leere und wüste Fläche besser, denn wir können sie zu einer Landschaft dichter und fruchtbarer jüdischer Ansiedlung machen. Ähnliches gilt auch für das Tote Meer, das eine unerschöpfliche Schatzkammer ist, deren Reichtümer gerade vom südlichen Ufer her leichter als aus dem Norden anderswohin verbracht und verwertet werden können.

Daß die Araber Eilat haben wollen, ist begreiflich. Aber auch wir wollen es haben. Für den Negev gibt es keinen Ersatz an einer anderen Stelle in Palästina. Zunächst einmal handelt es sich um die Hälfte des Landes. Ihre Wichtigkeit liegt darin, daß sie wüst und leer ist. Dem Negev fehlen Wasser und Juden. Man sagt, daß zwei Millionen Juden dort in der Landwirtschaft angesiedelt werden können. Wenn dies stimmt, könnten im gleichen Gebiet weitere drei Millionen von der Industrie leben.

Die militärische Hauptfrage ist und bleibt Jerusalem. Der Kampf um Jerusalem ist der Kampf um das ganze Land, nicht allein wegen der historischen Bedeutung der Stadt, sondern wegen ihrer strategischen Schlüsselstellung. Der Krieg wird nicht um die Straße nach Jerusalem geführt, sondern um einen durchlaufenden Gebietsstreifen vom Kernland nach Jerusalem. Der bisherige Verlauf des Krieges hat bewiesen, daß Jerusalem keine Zukunft hat, wenn es nicht gebietsmäßig mit dem Judenstaat verbunden ist.

Ein weiteres Problem ist Westgaliläa. Darüber gibt es keine Meinungsverschiedenheiten, und ich muß zu diesem Punkt nicht viel Worte verlieren.

Wir haben mit der Arbeit in Jaffa zu beginnen. Hier sind für die arabischen Arbeiter Beschäftigungsmöglichkeiten zu finden. Ich bin der Ansicht, daß sie den gleichen Lohn bekommen sollen wie jüdische Arbeiter. Jeder Araber muß den Anspruch haben, zum Präsidenten des Staates gewählt werden zu können. Mein Vertrauen in die Bürgerrechte, die in den Vereinigten Staaten gelten, ist erschüttert, wenn dort ein Jude oder ein Neger nicht Präsident werden kann. Doch Krieg ist Krieg, und nicht wir haben ihn begonnen. Jaffa und Haifa haben gegen uns Krieg geführt.

Ich will nicht, daß die Flüchtlinge zurückkehren; es ist zu verhindern, daß sie jetzt zurückkommen. Nach dem Krieg wird alles von seinem Ausgang abhängen. Ich werde auch nach Schluß des

Krieges dagegen sein, daß die Flüchtlinge wiederkehren. Hingegen werde ich dafür sein, daß ein Bündnis zwischen uns und den arabischen Staaten geschlossen wird.

Unser schwierigstes Problem ist England. Ich habe mich darauf verlassen, daß wir gegen die arabischen Staaten mit ihren regulären Armeen bestehen können, aber ich habe niemals geglaubt und glaube auch jetzt nicht, daß wir der englischen Armee Widerstand leisten könnten. Deswegen war ich der Meinung, daß wir einen militärischen Konflikt mit England vermeiden müssen. Die englische Regierung versucht aber, uns auch ohne Krieg abzuwürgen. Mit englischen Waffen wird gegen uns gekämpft, englische Offiziere sind auf der arabischen Seite tätig, und dazu kommt nun der politische Kampf Londons gegen uns. England führt ihn in der Überzeugung, es habe die Araber in der Tasche. Wir werden die englische Animosität erst dann überwinden, wenn wir die politische Freundschaft Englands gewinnen können. Erst danach wird uns die Annäherung an unsere arabischen Nachbarn gelingen.

Wenn die Araber zu einem Gespräch mit uns zusammenkommen wollen, dürfen wir nicht im voraus territoriale Bedingungen stellen, die ihnen die Lust zu Verhandlungen nehmen würden. Eine Begegnung mit den Arabern wäre an sich wertvoll, auch wenn sie keine unmittelbaren positiven Ergebnisse erbrächte. Es ist wichtig, daß Syrien, Ägypten und der Libanon wissen, was wir wollen. Ich bezweifle, ob es zu einer Zusammenkunft kommen wird, aber wir müssen sie anstreben. Allerdings wird ein Treffen erst möglich sein, wenn die Araber und Bernadotte verstehen, daß wir über zwei Themen nicht verhandeln werden: Über die Auflösung des Staates und über die Aufhebung unserer Souveränität. In allen anderen Fragen sollten wir keine Vorbedingungen stellen.

In der Aussprache sagte Zisling, daß die Waffenruhe für uns von Vorteil sei, auch wenn sie uns Beschränkungen auferlege, die natürlich ein vernünftiges Maß nicht überschreiten dürften. Unsere politische Widerstandskraft hänge von unserer militärischen Stärke ab, demnach müßten wir die Verbesserung unserer militärischen Position als zentrale Aufgabe ansehen. Zu einer Freundschaft mit den arabischen Völkern werden wir nicht auf dem Wege über Abdallah gelangen, denn er agiert im Auftrage Englands. Zur Frage Jerusalems äußerte sich Zisling in einer, wie er selber gestand, unpopulären Form. Er glaube nicht an die Fiktion, daß Jerusalem ein Teil des Judenstaates sein könne, sondern vertrete den Gedanken einer Internationalisierung der Stadt. Dies stünde nicht in Gegensatz zur Sicherung des Zuganges. Jerusalem im Judenstaat bedeute Teilung der Stadt und Herrschaft Abdallahs in einem der beiden Teile. Dies wiederum bedeute: Konzentrierung unserer Armee in einem Teil Jerusalems, der, selbst bei einem freien Zugang, von arabischer Umgebung eingeschlossen sein werde.

Die Debatte wurde in dieser Sitzung nicht abgeschlossen, da ich sie verlassen mußte.

Der Staatsrat erörtert die Lage in Jerusalem

In der Sitzung des Provisorischen Staatsrates vom 17. Juni, sechs Tage nachdem die Waffenruhe in Kraft getreten war, schilderte ich hauptsächlich den Kampf um Jerusalem während der letzten Wochen:

»Jahrhunderte sprach die christliche und mohammedanische Welt davon, daß die Stadt, die durch die Propheten Israels für unsere und die Weltgeschichte zur Heiligen Stadt wurde, auch ihr heilig ist. Deshalb wurde entschieden, daß sie unter internationale Verwaltung kommen sollte. Die Heilige Stadt wurde vier Wochen lang von Mohammedanern mit englischen Kanonen, auch unter dem Kommando englischer Offiziere, erbarmungslos und zynisch beschossen. Die Heiligkeit der Stadt wurde mißachtet. Synagogen wurden zerstört. Die christliche Welt schwieg ebenso wie die anglikanische Kirche, deren Land mit seinen Geschützen in der Heiligen Stadt gemeinen Mord beging. Auch die anderen Kirchen sahen und hörten und blieben stumm. Die Heiligkeit Jerusalems war vergessen. Ein kleines Volk, das die Mandatsmacht seinem Schicksal wehrlos preisgab, hat die Heiligkeit der Stadt unter unsäglichen Qualen heldenmütig verteidigt. Es hat sich gezeigt, wem Jerusalem wirklich heilig und für wen die Heiligkeit leeres Gerede ist.«

Ich erwähnte dann noch besonders die Tapferkeit der Soldaten, die den Weg nach Jerusalem im Kampf gegen die Arabische Legion aufbrachen. Zwar gelang es nicht, Latrun zu erobern, doch zwei Dörfer am Weg sicherten uns die Möglichkeit, eine Parallelstraße nach Jerusalem zu legen und so die Versorgung der Stadt sicherzustellen.

Sharett gab einen Überblick über die politische Situation. Auch er befaßte sich mit der feindseligen Haltung Englands, das nicht nur als Waffenlieferant der Araber auftrete, sondern auch seinen politischen und diplomatischen Apparat auf vollen Touren gegen uns arbeiten lasse. Dennoch dürfte die Existenz Israels nicht ohne Eindruck auf die Regierung in London bleiben und darüber hinaus jene Kräfte in England stärken, die an der offiziellen Haltung ihres Landes Kritik üben. Sharett sagte ferner, daß wir unsere Politik auf die Vereinten Nationen zu stützen und die Förderung der entscheidenden Faktoren in der Weltpolitik anzustreben hätten. Wir sollten uns auch um das Verständnis aller Völker der Welt, der großen und der kleinen, in Nah und Fern, bemühen.

Zusammenkunft mit Brigadekommandanten

Als die Waffenruhe eine Woche alt war, am 18. Juni 1948, traf ich mit den Kommandanten aller Brigaden zusammen, um mit ihnen die militärische Situation zu erörtern und Lehren aus dem ersten Monat unseres Krieges mit den regulären arabischen Armeen zu ziehen. Die Sitzung dauerte von 9 Uhr morgens bis 7 Uhr abends.

Karmel unterstrich die Vorteile der Waffenruhe. Die Armee sei nach den Kämpfen müde und erschöpft. Jedes Regiment habe hundert Tote, es ereigneten sich auch Fälle von Desertion. An vielen Teilabschnitten seien wir nach Geländegewinn zu statischer Verteidigung gezwungen, und die Notwendigkeit, befestigte Positionen zu halten, habe einen negativen Einfluß. Das moralische Niveau sei in diesem Monat abgesunken. Die Feuerkraft des Gegners habe in den letzten zwei Wochen zugenommen. Er verfüge über viel Munition und schwere Ausrüstung. In Dschenin hätten uns die Iraker intensiv mit Artillerie beschossen, und wir hätten die Stellungen nicht halten können. Auch die Moral des Feindes habe sich gewandelt, er ließe sich trotz Beschusses und Verlusten nicht zum Rückzug zwingen. Wir müßten zum Guerillakrieg übergehen, wenn wir keine besseren Waffen bekämen. Ohne Flugzeuge und schwere Ausrüstung könnten wir den offenen Kampf nicht fortsetzen. Auf unserer Seite sei keine das ganze Land umfassende Strategie vorhanden. Es gebe keine hinreichende Zusammenarbeit, wir müßten einen eigenen strategischen Plan entwickeln und nicht nur auf die Aktionen des Feindes reagieren. Unsere Mobilität sei nicht nur im Brigademaßstab, sondern der ganzen Front entlang zu erhöhen. In einem großen Teil des Gebietes könnten wir uns auf die Abwehr beschränken und uns dasbei auf Siedlungen stützen und dort zum Angriff übergehen, wo es geboten sei.

Ein anderer Kommandant beschwerte sich darüber, daß Rekruten ohne ärztliche Untersuchung eingestellt würden. Sie seien ein Ballast. Der Mangel an Ausbildung sei eine der Ursachen für Fahnenflucht. In der Armee befänden sich auch kriminelle Elemente; in Sedschera seien Soldaten in jüdische Häuser eingebrochen und hätten sie ausgeraubt. Die Siedlungen seien mit Waffen zu versehen. Von der Armee und in den Dörfern seien hervorragende Heldentaten vollbracht worden. Von anderer Seite wieder wurde festgestellt, daß die Luftwaffe des Feindes viel Unheil stiftete. Die Bewegungen unserer Armee seien zu tarnen.

»Wir haben bis jetzt den Krieg nicht nach üblichen militärischen Grundsätzen geführt«, sagte ein weiterer Offizier. »Wir wollten Gebiete erobern und gingen nicht auf die Vernichtung des Feindes aus. Wir vermochten nicht, ihn an schwachen Stellen zu treffen, sondern suchten uns die schwierigsten Punkte aus.« In der Armee gebe es weder Disziplin noch Verantwortungsbewußtsein. Desertionen während des Kampfes oder davor verdienten die Todesstrafe, Gefängnis allein genüge nicht. In einem Regiment seien hundert Mann zu ihren früheren Einheiten fortgelaufen. Wo gleich zu Beginn eines Kampfes Verluste eingetreten seien, sei nicht für Ersatz gesorgt. Beim Gegner sei keine Müdigkeit zu verzeichnen. Es fehle an Uniformen. Mitunter zögen die Soldaten mit Pyjamas bekleidet in den Krieg. Krisenstimmung sei in allen Regimentern zu spüren, da die Familien der Soldaten keine Unterstützung bekämen. Für die Ausbildung eines Soldaten seien sechs, jedenfalls wenigstens vier Monate erforderlich und nicht drei Tage. Ungeschulte Männer in den Kampf zu schicken, bedeute Schafe zur Schlachtbank zu treiben. Unsere Soldaten seien nicht dumm und wüßten, was sich in der Brigade und unter ihren Kommandanten abspiele. Es sei bekannt, daß wir einerseits Truppenteile mit Waffen und Uniformen verwöhnen, andererseits Regimenter in Pyjamas hätten. Die Waffenruhe sei zu nutzen, um in der Armee ein richtiges militärisches Regime zu verwurzeln.

Schimon Awidan führte aus, die Moral der Truppe sei zufriedenstellend, doch ohne Schuhwerk und ohne Unterstützungsgelder für die Familien könne man keine Moral verlangen. Die Ägypter seien anfangs nervös gewesen, später hätten sie sich beruhigt und eingegraben. Sie verstünden es, ihr schweres Material an den entscheidenden Punkten einzusetzen. Ferner sagte er, unsere Presse betreibe Propaganda unter den Soldaten, sie mögen in die Gefangenschaft gehen: Man lobe nämlich das Verhalten der Legion und die vorzüglichen Bedingungen in den Gefangenenlagern. Es seien Fälle feigen Verhaltens von Leuten aus Siedlungen und von Soldaten vorgekommen, die sich dem Feinde ergaben.

Im Negev sei die Situation von der an anderen Fronten völlig verschieden, sagte ein anderer Offizier. Die Kommunikation mit den Kommandostellen sei abgeschnitten. Man wisse nicht, was in der nächsten Umgebung und beim Gegner vorgehe. Dem Überfall des Feindes seien wir ohne Planung ausgeliefert gewesen, wir wußten nicht, was seine Absichten waren, und wüßten nicht, was er jetzt vorhabe. Unsere Kräfte reichten nicht aus, die Verbindungswege des Feindes zu stören. Wohin wollte er kommen? Etwa nach Tel Aviv? Nach der Waffenruhe würden die Ägypter vermutlich entweder einen Durchbruch versuchen oder strategisch wichtige Punkte im Negev einnehmen wollen. Zwei Regimenter der Legion seien nach Akaba gekommen.

Die Zeit der Waffenruhe sei für eine Planung, und zwar für das ganze Land, zu verwenden. Jede Brigade habe ihre und auch die Aufgabe der Nachbarbrigade zu kennen. Wir hätten schon eine Woche ohne Vorbereitungen verstreichen lassen und aus unseren bisherigen Erfahrungen keine Lehre gezogen. Die seelische Widerstandskraft sei von ausschlaggebender Bedeutung. Die Soldaten stünden seit zwei Monaten ohne Urlaub an der Front. Was den Negev angehe, so müsse man sich entweder für eine Offensive oder für eine Defensive entscheiden.

Die Versammlung hörte einen Bericht aus Jerusalem. Mangels Nachschub sei die Abwehr geschwächt. Man habe während der Belagerung nicht genug zu essen bekommen, es gab keine Vitamine, keine Milch, keine Eier und kein Gemüse. Man lebe von Brot und Konserven. Rings um Jerusalem seien Geschütze aufgefahren. In den Kämpfen hätten wir viele junge Leute aus den Dörfern in der Umgebung der Hauptstadt verloren. Es mangle an Reserven. Deshalb mußten kleine Einheiten von Männern bis zu 45 Jahren aufgestellt werden; insgesamt seien es 2500 Mann. Könnten wir mit ihnen den Krieg weiterführen? Bisher hätten wir uns in Jerusalem gut gehalten. Nunmehr allerdings seien bereits Fälle von Desertion zu verzeichnen. Die Jungen seien verletzt, getötet oder gefangen. In Amman säßen 600 israelische Gefangene. Alles in allem habe man Menschenreserven in Jerusalem besser ausgenützt als an anderen Abschnitten. Der Feind stehe unter der Führung englischer Offiziere. Die Moral der Legion sei hoch, obschon sie nach der Waffenruhe gerne auf die Weiterführung des Krieges verzichten würde. Jetzt bereite sie sich auf eine lange Belagerung und eine völlige Einkreisung Jerusalems vor, hieß es in der Schilderung der Lage in und um Jerusalem. Die Beziehungen zum Palmach seien konfus. Im Anschluß daran berichtete ein Offizier, daß nicht nur die jordanische Legion, sondern auch die Ägypter um Jerusalem schwere Geschütze und Mörser aufgestellt hätten. Ihre Munitionsvorräte seien praktisch unbeschränkt. In den letzten drei Wochen seien sieben- bis achttausend Geschosse auf Jerusalem niedergegangen.

Jigal Allon beschwerte sich, daß Gelegenheiten zu entscheidenden Siegen versäumt worden seien. Für die Ermüdungserscheinungen könnten zwei Gründe angeführt werden: Die lange Dauer, die manche militärischen Operationen erfordern, und die Waffenruhe selbst. Unsere Kampfkraft in den Ebenen sei gering, dagegen gerade in den Bergen durch die Verbindung verschiedener Methoden, des Guerillakrieges und des Kampfes von Mann zu Mann, besser. Nicht genutzt wurden Möglichkeiten der Sabotage in Feindesland. Neue militärische Formationen seien auszubauen, die Mobilmachung müsse auf allen Wegen vorangetrieben werden. Brigaden seien zu Divisionen zusammenzuschließen.

Rabin bemängelte, daß es zwischen den Brigadekommandos und dem Obersten Stab keine Zwischenstellen gebe. Er berichtete, daß in zwei Regimentern seiner Brigade 617 Verletzte und 220 Tote gezählt würden. Nur wenige Fälle von Desertion würden gemeldet.

Die Klage über mangelnde Tätigkeit hinter den feindlichen Linien wurde nicht nur von Allon, sondern auch von einem anderen Offizier erhoben, der ebenfalls über Verluste seiner Brigade berichtete: sie werde nach der Waffenruhe nicht einsatzfähig sein.

Einer der Anwesenden lobte die Qualitäten der jordanischen Legion. Eine wirkungsvolle Artillerie stehe ihr zur Verfügung, sie habe englische Befehlshaber und trete nur dann in Erscheinung, wenn ihre Überlegenheit gesichert scheine. Sie allein könne aber nicht ausschlaggebend sein. Die Araber Palästinas hätten nicht zwei Tage, die Iraker nicht mehr als vier Tage standhalten können. Die Legion sei jedoch von geregelter Versorgung abhängig. Der Kampf um Latrun wäre zu gewinnen gewesen, wenn wir die Versorgungslinien des Feindes hätten gefährden können.

Die Disziplinarvorschriften seien in den höheren Rängen zu verschärfen, forderte ein Offizier. Offiziersanwärter seien zu anderen Einheiten ausgewichen. Wir hätten keinen militärischen Nachrichtendienst, und ohne diesen könne kein Krieg geführt werden. Die Kommandanten würden nicht kontrolliert.

Sadeh sagte, daß es an Information über den Feind mangle, und dies behindere die Kriegsanstrengungen. Er fordere vollkommene Mobilisierung; für Arbeiten im Hinterland sollten lediglich Frauen und Kinder verwendet werden. Die Drückebergerei senke die Moral. Disziplin sei in der Armee nicht zu finden. Der Palmach beweise Disziplin im Kampf, nicht in Verwaltungsfragen. An Disziplin gebreche es auch unter den höheren Befehlshabern.

Auch Jiga'el Jadin beschwerte sich über den Mangel an Zucht auf oberster Ebene und forderte eine rechtzeitige Erweiterung der Mobilisierung. Im Augenblick hätten wir mehr Kanonen als Männer, die imstande wären, sie zu bedienen.

Nachdem noch einige der Anwesenden das Wort ergriffen hatten, faßte ich die Debatte zunächst mit der Bemerkung zusammen, daß wir nun vor der Wiederaufnahme der Feindseligkeiten und damit vor der Frage stünden, wie der Sieg errungen werden könnte. Unsere militärische Anstrengung sei mit der politischen Auseinandersetzung verbunden, und der Gegner heiße England. Er unterstütze die Araber. An drei Fronten hätten wir den Krieg zu führen: im Norden gegen den Libanon und Syrien, im Mittelabschnitt gegen die Arabische Legion und im Süden gegen Ägypten. Wir hätten nicht genug Truppen, um an allen drei Fronten anzugreifen und den Gegner zu bezwingen. Mithin sei zu prüfen, wo der Schwerpunkt gesetzt werden solle. Ein Blick auf die Karte genüge, um die Frage zu beantworten. Ein strategisches Dreieck mit den Eckpunkten Tel Aviv, Haifa und Jerusalem sei zu ziehen. Fiele einer oder gingen etwa gar zwei dieser Orte verloren, bedeutete dies ein Fiasko unserer Anstrengungen. Die Hauptkräfte der Araber seien die Regimenter der Legion, die sich auf eine dichte arabische Bevölkerung stützen können. Ein entscheidender Schlag gegen die Legion würde uns den Sieg sichern. Danach hätten wir die libanesische Armee zu liquidieren und die Syrer zu vertreiben, als letzter Gegner bliebe Ägypten zurück. Theoretisch wäre Ägypten imstande, den Krieg lange Zeit forzuführen, denn es habe genug Menschen, eine Armee und Geld und übertreffe uns in diesen drei ausschlaggebenden Belangen. Dennoch dürfe bezweifelt werden, ob Ägypten sich zu einem langen Krieg entschließen werde, dann nämlich, wenn die Engländer nicht die Rückendeckung übernähmen. Sollten wir also wiederum Krieg führen müssen, so hätten wir zunächst das Rückgrat der Legion zu brechen und Nablus zu erobern. Dies erfordere ein einheitliches Kommando. Ich betonte nochmals, daß der Kampf um Jerusalem und seine Umgebung, abgesehen von sentimentalen Überlegungen, in Wirklichkeit der Kampf um das Land selbst sei. Wenn wir hier gewinnen würden, so hätten wir vermutlich schon den Sieg davongetragen.

Das Problem des Palmach

Am Tage nach der Besprechung mit den hohen Offizieren erstattete ich im Zentralkomitee der Mapai einen Bericht, in dem ich mich u. a. auch mit der Frage des Palmach beschäftigte:

»Der Palmach war vor Kriegsbeginn die einzige Formation der Hagana, die dauernd unter Waffen stand. Die Anzahl seiner Mitglieder war zwar nicht groß, etwa 2000–3000 Mann, doch er unterschied sich in zwei Aspekten von den anderen Einheiten der Hagana: Erstens war er, wie schon erwähnt, ständig in Bereitschaft, und zweitens hatten seine Angehörigen die Hälfte der Zeit der militärischen Ausbildung und die andere Hälfte der landwirtschaftlichen Arbeit in den Siedlungen zu widmen. Der Palmach kam zwar dem Typ eines Armeeregimentes am nächsten, aber er konnte als illegale Truppe nicht eine volle und vollendete militärische

Schulung erhalten. Die Mitglieder des Palmach und die Männer der *Jüdischen Brigade* stellten bisher das Rückgrat unserer Verteidigungskraft dar. Die Verdienste des *Kibbuz Me'uchad* um die Errichtung und Erhaltung des Palmach sollen nicht geschmälert werden. Unser Freund Golomb zählte zu den Initiatoren des Palmach. Hier muß ich ein ›aber‹ hinzufügen, durch das die Meriten des Kibbuz Me'uchad einzuschränken sind. Anstatt eine der Allgemeinheit zur Verfügung stehende militärische Truppe zu gründen, wurde und wird versucht, eine Fraktionsmiliz mit Parteimonopol zu schaffen.

Jetzt, nach Ausbruch des Krieges, haben sich die Dinge grundlegend gewandelt. Der Palmach ist nicht mehr die einzige voll mobilisierte Einheit, auch im Palmach selbst sind Änderungen eingetreten. Zehntausende junger Menschen sind nichts anderes als Soldaten, und in den Palmach wurden Tausende aufgenommen, die nicht landwirtschaftlich, sondern lediglich militärisch geschult sind. Die Unterscheidung zwischen Palmacheinheiten und anderen Einheiten der Hagana ist fortgefallen, und nach Errichtung der Verteidigungsarmee ist alles ausnahmslos dem Generalstab und der Regierung unterstellt. Es kann keine Unterschiede mehr geben.

Die ›Fraktion B‹*, die sich mittlerweile mit dem Haschomer Haza'ir zu einer Partei zusammengeschlossen hat, hört freilich nicht auf, dem Palmach ihre Parteidisziplin aufzuzwingen und dadurch einen Teil der Armee unter Sonderbedingungen zu stellen. Es wurde sogar ohne Kenntnis der Armee und Bestätigung durch die Regierung ein Generalstab für den Palmach gebildet. Man erklärt, daß der Palmach ideologisch das Heer des Arbeiterstandes sei, praktisch allerdings sollte er das Heer einer Partei werden.

Viele von uns sind gleich mir Mitglieder der Histadrut und bereit, für die Angelegenheiten der Partei und der Gewerkschaft einzutreten. Es besteht jetzt indes eine Institution, in der es keine parteipolitischen Trennungswände und Differenzierungen geben darf: Das ist die Armee. Hier ist jeder nur und ausschließlich Jude, und die Armee hat zur Verteidigung des Judenstaates bereitzustehen.

Ein Parteiregime in einem Teil der Truppe untergräbt die Kampfkraft. Der Versuch, den Palmach zum Besitztum einer Partei zu machen, fügt ihm selber Schaden zu. Unsere Armee ist, wie gar nicht anders möglich, auf dem Prinzip der völligen Gleichheit aufgebaut. Der Grundsatz muß gelten, obwohl im Staate Klassenunterschiede und Ungleichheiten im Lebensstandard bestehen. Jeder Soldat erhält das gleiche Essen, die gleiche Uniform und hat dem gleichen Befehl zu gehorchen. Ohne straffe Disziplin kann das Heer nicht existieren. Sie wird nur durchzusetzen sein, wenn alle Teile der Armee der gleichen obersten Instanz unterstehen. Wir werden die üblichen Waffengattungen haben, eine Spezialisierung wird sich herausbilden, doch ideologische Differenzierungen und Klassenunterschiede dürfen nicht gestattet werden.

Es gibt unter uns weder Propheten noch Parias, keine privilegierte und keine benachteiligte Sekte. Jeder junge Mann in Israel, wo immer seine Wiege gestanden haben mag, kann zum höchsten Rang emporsteigen. Wir haben ihn liebevoll, fürsorglich und mit dem Streben nach absoluter Gleichheit zu behandeln. Der Geist der Armee wird den Ausschlag geben. Der Soldat muß wissen, wofür er kämpft. Er hat sich Befehlen zu fügen. Ohne Disziplin gibt es keine Armee. Ein Kommandant wird jedoch nur dann Disziplin verlangen und erreichen können, wenn er selbst Vorbild ist und Vertrauen erweckt. Erziehen kann nur, wer selber ein Beispiel gibt. Unsere Geheimwaffe ist und bleibt die hohe Moral.«

Die Altalena-*Affäre*

An der Regierungssitzung vom 20. Juni 1948 beteiligte sich zum erstenmal Innenminister Grünbaum, der in Jerusalem ansässig war und dem es bis dahin unmöglich gewesen war, nach Tel Aviv zu kommen. Sharett machte im Rahmen seines außenpolitischen Berichtes Mitteilungen von einem Zwischenfall, der das Land in den nächsten Tagen erregen sollte:

»Es ist möglich«, sagte Sharett, »daß wir vor einer explosiven Verletzung des Waffenstillstandes von jüdischer Seite stehen, ohne daß wir für die Sache verantwortlich wären. Es geht um eine Aktion des Ezel, der ein mit Flüchtlingen und Waffen beladenes Schiff, die *Altalena*, in See stechen ließ. Das Schiff soll heute nacht im Lande ankommen. Etwa 500 Ezel-Leute sind heute morgen in eines unserer Militärlager in Samaria eingedrungen und haben es in Besitz genommen. Sie beabsichtigen, die Flüchtlinge im Lager unterzubringen. Die Angelegenheit ist bereits in der ganzen Welt bekanntgeworden und dürfte wohl auch den Vertretern der UNO zu Ohren gekommen sein.«

Während der Sitzung bekam ich einen Brief von Galili über das Ezel-Schiff. An Bord befinden sich 800 Mann, 5000 Gewehre, 250 Maschinengewehre und Munition. Ich erwähnte die mit dem Ezel am 3. Juni getroffene Vereinbarung (s. S. 108 f.), derzufolge alle Waffenbestände des Ezel an die Verteidigungsarmee übertragen werden und der Ezel sich aus freien Stücken aufzulösen habe. Alle im Zusammenhang mit Waffenkäufen stehende Tätigkeit des Ezel müsse der Übereinkunft gemäß aufhören.

Sharett schlug vor, in der Nähe der Küste 500 Mann bereitzuhalten und die dort befindlichen Ezel-Einheiten zu zerstreuen. Die auf dem Schiff ankommenden Einwanderer seien zu verhaften und zu entwaffnen. Bentov beantragte, Begin festzunehmen. Ich regte an, zwei Mitglieder des Generalstabes, Galili und Jadin, die möglicherweise über zusätzliche Information verfügen, dringend zur Sitzung einzuladen. Sie stellten sich unverzüglich ein. Galili berichtete, daß das Schiff gegen 9 Uhr abends in der Nähe von Kfar Vitkin ankommen solle, und Jadin sagte, daß wir 600 Mann an Ort und Stelle hätten und noch zwei Regimenter hingebracht werden könnten. Dies würde, sollte Gewalt angewendet werden müssen, genügen. Jadin fragte: »Wie lautet der Befehl: Hat der Kommandant der Einheit seine Truppe an Ort und Stelle in Bereitschaft zu halten und nur mit dem Eingreifen zu drohen, oder hat er mit der Operation zu beginnen, wenn die Drohung keinen Erfolg haben sollte?« Nach der Meinung Jadins wäre es gut, wenn sich in der Nähe des Kommandanten ein Mitglied der Regierung befände, es sei denn, der Kommandant bekäme im voraus klare Weisungen.

Bentov schlug vor, der Sicherheitsminister möge im Rahmen der geltenden Gesetze handeln. Ich sagte, daß ich dazu bereit sei, wenn genügend Kräfte zur Verfügung stünden. »›Handeln‹ bedeutet schießen, und dies ist eine sehr ernste Angelegenheit. Es ist zu klären, ob wir erstens genügend Kräfte aufbieten können, um den Ezel von einem Kampf mit der Armee abzuschrecken, und zweitens, ob wir, sollte es zu einem Zusammenstoß kommen, die Oberhand behalten werden.«

Raw Maimon sagte, ein Kampf wäre für beide Teile gefährlich. Wenn die Möglichkeit gegeben wäre, Truppen in hinreichender Anzahl zusammenzuziehen, um den Ezel unter Druck setzen zu können, müßte man dies tun. Ich warf ein, »unter Druck setzen« hieße, daß man auch zum Handeln bereit sei. Jadins Wunsch, ein Mitglied der Regierung möge sich in der Nähe aufhalten, sei verständlich. Ein eindeutiger Beschluß sei zu fassen, die erforderlichen Streitkräfte und Waffen bereitzustellen, wenn die Zeit dazu reiche. Das Oberkommando habe klare Weisungen zu erhalten.

Bentov pflichtete mir bei und sagte, daß heute nacht die Entscheidung über unsere Zukunft fallen könne. Würde der Aktion des Ezel Erfolg beschieden sein, so stünden wir vor Zusammenstößen weit größeren Ausmaßes. Der Befehl habe zu lauten, daß die Ezel-Abteilungen um jeden Preis, auch um den Preis der Eröffnung des Feuers, zu entwaffnen seien. Ließe sich der Kampf abwenden, um so besser. Es gehe um einen militärischen Befehl, der unmißverständlich sein müsse.

Einstimmig wurde beschlossen, dem Oberkommando Vollmacht zu einer Gegenaktion zu erteilen, wenn die notwendigen Kräfte rechtzeitig zusammengezogen werden könnten. Der Abschnittskommandant möge alles tun, um Gewaltanwendung zu verhindern. Wenn aber seinen Anordnungen nicht Folge geleistet werden würde, sei mit harter Hand durchzugreifen.

Die Sitzung fand um 9 Uhr abends statt. Am nächsten Morgen gab das Presseamt der Regierung eine offizielle Verlautbarung über den Vorfall heraus, in der es hieß, daß die Regierung und der Generalstab entschlossen seien, jeden heimtückischen Versuch zu unterbinden, durch den die Autorität des Staates in Frage gestellt werde. Es dürfe nicht zugelassen werden, daß die hartnäckige Anstrengung des jüdischen Volkes, Selbständigkeit und Souveränität im eigenen Staat sicherzustellen, durch einen verwerflichen Anschlag im Innern zunichte gemacht werde, während an den Grenzen der Krieg mit dem Feind geführt werden müsse.

Gleichzeitig wurde auch eine Erklärung des Ezel veröffentlicht. Truppen würden, so besagte das Kommuniqué, in großer Zahl in einem bestimmten Gebiete des Landes zusammengezogen, um Soldaten des Ezel anzugreifen, die eine außerordentlich wichtige Aufgabe zu erfüllen hätten. An einer anderen Stelle sei es bereits zu einem blutigen Zusammenstoß gekommen, bei dem einige Ezel-Leute getötet oder verletzt worden seien. Die Erklärung schloß mit der Warnung an die Adresse derjenigen, die zum Bruderkrieg aufforderten. Wenn es zu einem inneren Kampf käme, würde er sich nicht auf einen Abschnitt beschränken.

Am Morgen des 22. Juni fand eine weitere Regierungssitzung statt. Ich teilte mit, daß das Ezel-Schiff in der Nähe von Kfar Vitkin angekommen sei. Viele Mitglieder des Ezel, die in den Reihen der Armee dienen, hätten ihre Regimenter verlassen und seien nach Kfar Vitkin gekommen. Dort hätten auch die meisten Einwanderer das Schiff verlassen, einige Personen seien jedoch an Bord geblieben und hätten versucht, mit Hilfe ihrer aus der Armee desertierten Freunde die Waffenladung zu löschen. Galili habe sich in meinem Auftrage an die Führer des Ezel gewandt, das Schiff und die an Bord befindlichen Waffen der Armee auszuliefern. Die Führer des Ezel hätten sich geweigert, dieser Aufforderung nachzukommen. Nach einem Schußwechsel sei die Revolte gescheitert.

Damit schien die Episode des Ezel-Aufstandes in Kfar Vitkin beendet. Das mit Waffen beladene Schiff entkam jedoch von seinem Ankerplatz vor Kfar Vitkin, nachdem die Mehrzahl der Einwanderer an Land gegangen war.

Zwei Stunden nach Mitternacht teilte man mir mit, daß das Schiff an der Küste von Tel Aviv eingetroffen sei und gegenüber dem Hotel »Gat Rimmon« festgemacht habe. Am Morgen fanden Gespräche mit der Schiffsbesatzung statt, die aufgefordert wurde, einem Bevollmächtigten der Regierung zu gestatten, an Bord zu gehen und die Forderungen der Behörden bekanntzugeben. Die Antwort war ablehnend: Ein Beauftragter der Regierung dürfe das Schiff vor Beratungen der Besatzung mit den Kommandanten des Ezel nicht betreten. Wir weigerten uns, die Kommandanten des Ezel auf das Schiff zu bringen. Ich erteilte nun den Befehl, alle erforderlichen Kräfte zusammenzuziehen, um das Schiff zur Übergabe zu zwingen. Mit der Aktion sollte aber bis zum Eintreffen einer Verfügung der Regierung gewartet werden, die soeben zu einer Sitzung zusammengetreten war.

Sharett fragte, ob ich wüßte, was mit der Schiffsladung geschehen sei. Ich antwortete, ein Teil sei in Kfar Vitkin gelöscht worden und befinde sich in unserer Hand. Bentov wollte wissen, wie sich die Dinge seit vorgestern entwickelt hätten. Ich erwiderte, daß gestern nichts zu berichten gewesen sei, daß ich aber im Laufe des gestrigen Tages erfahren hätte, Grünbaum führe auf eigene Faust Verhandlungen mit dem Ezel. Ich sandte einen Boten zu Grünbaum, um Näheres zu hören. Er antwortete, er sei mit einem der Ezel-Leute zusammengekommen; die vorgestern von Galili der Regierung gegebene Schilderung sei ungenau gewesen. Daher habe es Grünbaum für richtig befunden, in Verhandlungen einzutreten. Ich schickte ihm eine weitere Nachricht, daß Verhandlungen nicht geführt werden dürften, da ein Beschluß der Regierung vorliege, in dem von Verhandlungen keine Rede sei. Grünbaum hatte dem Ezel vorgeschlagen, die Waffen in Magazine zu bringen und deren Bewachung dem Ezel und uns zu übertragen. Die Waffen sollten für den Gebrauch der Ezel-Regimenter bestimmt bleiben. Ich erklärte Grünbaum, daß die Ezel-Leute schon mit den Feindseligkeiten begonnen, das Dorf Awichail beschossen und die Telefonleitungen unterbrochen hatten. Ich setzte Grünbaum auch von der Fahnenflucht der Ezel-Mitglieder in Kenntnis.

Grünbaum sagte in der Sitzung, er habe vorgestern für den einhellig angenommenen Beschluß unter der Voraussetzung gestimmt, daß Truppen in größerer Anzahl aufgeboten werden müßten, um Blutvergießen zu verhindern und zu vermeiden, daß es der Ezel auf den Kampf ankommen lasse. Er sei der Meinung gewesen, man wolle den Ezel nicht um jeden Preis zur Kapitulation zwingen, vielmehr solle die Angelegenheit auf dem Verhandlungswege aus der Welt geschafft werden. Es bestehe, führte Grünbaum ferner aus, kein Streit darüber, daß niemand durch eigenmächtige Handlungen die Waffenruhe brechen und Waffen zum eigenen Gebrauch einführen dürfe. Die Regierung habe solche Versuche mit allen ihr zur Verfügung stehenden Mitteln unterbinden müssen. Wir seien auch, was unbestritten ist, nicht daran interessiert, daß der Ezel als ein gegen die Regierung gerichteter Terrorverband in den Untergrund zurückkehrte. Er, Grünbaum, habe sich eingemischt, weil man sich an ihn gewandt habe. Er setzte mich als Ministerpräsidenten von der Sache in Kenntnis und antwortete, es sei unerwünscht, daß ein Mitglied der Regierung mit den Leuten vom Ezel zusammenkomme. »Hätte ich dies vorher gewußt und hätte ich davon Kenntnis gehabt, daß Ben-Gurion die Meinung der Regierung ausdrückt«, sagte Grünbaum, »hätte ich mich entweder unterworfen oder nicht unterworfen. Ich wußte das aber nicht und dachte, es handle sich um die private Anschauung des Ministerpräsidenten. Man hat mir das Innenministerium anvertraut, und wenn auch die Polizei meinem Ressort nicht untersteht, so hat sich das Innenministerium dennoch um Angelegenheiten der inneren Sicherheit zu kümmern. Ich war demnach legitimiert, mich einzuschalten.« Vom Beauftragten des Ezel habe er, Grünbaum, gehört, daß es entscheidend auf die Verteilung der Waffen ankomme, die das Schiff gebracht habe.

Sharett warf ein, daß das Zentralproblem die Durchsetzung der Autorität des Staates sei, worauf Grünbaum erwiderte, daß es nicht darauf ankomme, was wir selber für das Zentralproblem halten, sondern wo bei den Verhandlungen der Schwerpunkt zu liegen habe.

Ich sagte: »Bei den Verhandlungen war die Autorität des Staates von vordringlicher Bedeutung.«

Bernstein erklärte, er habe vorgestern für den Vorschlag gestimmt, weil zwei militärische Gewalten im Staat nicht nebeneinander bestehen könnten. Formal habe der Ministerpräsident Vollmacht erhalten, die Sache im Rahmen des Gesetzes zu behandeln, doch aus der vorhergehenden Debatte habe sich klar die Bedingung ergeben, Truppen schleunigst und in solcher Zahl einzusetzen, daß die begründete Hoffnung auf eine Niederwerfung des Ezel ohne Blutvergießen gegeben sei. Die Einzelheiten der Aktion kenne er zwar nicht, doch habe er den Eindruck gewonnen, daß es nicht gelungen sei, die erforderliche Anzahl von Soldaten aufzubieten.

Ich antwortete: »Es ist uns gelungen, und es gab fast kein Blutvergießen.« Zisling meinte, daß die Tendenz des Beschlusses, die Autorität des Staates durchzusetzen, unmißverständlich war. Gruppen, die diese Autorität nicht anerkennen, dürfen keine Waffen erhalten, und ein Verzicht auf dieses Postulat hätte einen blutigen Bürgerkrieg zur Folge haben müssen. Das Aufkreuzen des Schiffes vor Tel Aviv sei eine beabsichtigte Provokation. Auch Bentov war der Auffassung, daß die Regierung einzugreifen habe, wenn sie der Welt nicht ihre Ohnmacht vor Augen führen wolle.

Sharett habe, wie er sagte, die Darstellung Grünbaums mit Empörung und auch mit Bedauern aufgenommen. Die Sache wurde geschildert, als habe es sich um die Aufteilung eines Waffenarsenals gehandelt, das zwei Banden in die Hände gefallen sei. Erstaunen über Grünbaums Haltung wäre auch dann berechtigt, wenn er der Regierung nicht angehörte. Der Ezel habe die Abmachung gebrochen und wolle jetzt seinen Nutzen aus dem Wortbruch ziehen. Die Alternative laute: Herrschaft des Staates oder nicht. Grünbaum habe beiden Parteien einen privaten Antrag unterbreitet und dies als Mitglied der Regierung getan. In dieser Eigenschaft habe er sich mithin selber einen Antrag gestellt. Dem Ezel muß der Gehorsam mit allen Mitteln, wenn nötig auch mit Waffen, beigebracht werden.

Raw Maimon erklärte, daß der Ezel ein Verbrechen begangen habe. Der Ezel sei skrupellos. Wir aber trügen die Verantwortung. Sie lege uns Verpflichtungen auf. Sollte die Affäre nicht geregelt werden, so befürchte er nicht nur die Bildung einer Untergrundorganisation, sondern einen offenen Volksaufstand. Kaplan schloß sich der Meinung an, daß der Zusammenstoß mit dem Ezel ein Unglück sei, stellte jedoch fest, daß die Regierung keinen anderen Weg gehen könne. Die Handlungsweise des Ezel ging auf Betrug und Provokation aus. Schon das Gerede, es ginge um Verhandlungen zwischen zwei Parteien, könne uns ins Verderben stürzen.

Ich sagte am Ende der Aussprache, daß der Vorfall viel zu ernst sei, um ihn auch noch mit persönlichen Animositäten zu belasten. Was geschehen sei, bedrohe unsere Kriegsanstrengung und darüber hinaus auch den Staat. Denn der Staat bestehe in Wahrheit nicht, solange die Regierung keine Gewalt über das Heer habe. Ein Versuch, die Armee zu zerstören, sei unternommen worden und zugleich auch der Versuch, den Staat zu liquidieren. Hier gebe es keinen Kompromiß, und wenn der Kampf ausgefochten werden müsse, hätten wir ihn durchzustehen. Beugten sich Staat und Heer einer bewaffneten Gruppe, wären wir am Ende angelangt. In meinem Resümee sagte ich ferner, daß ich mich seinerzeit im Zionistischen Aktionskomitee der Übereinkunft mit dem Ezel widersetzt, mich aber dann dem Willen der Mehrheit unterworfen hätte. Um zu einer Entwaffnung des Ezel zu gelangen, mußten manche Konzessionen gemacht werden, doch die Gegenseite habe gegen den Vertrag verstoßen und die Waffen nicht gestreckt. Grünbaum wolle zwischen unserem Standpunkt und dem, was die Gegenseite sagt, eine Brücke bauen. Das sei ein Fehler, auch wenn er zweifelsohne in guter Absicht gehandelt habe. Es gehe nicht etwa bloß um die innere Sicherheit, sondern um die Existenz des Staates. Bevor der Beschluß gefaßt worden sei, hätte ich der Regierung mitgeteilt, daß wir Truppen zusammenziehen, um den Ezel zur Kapitulation zu zwingen. Mit Gewaltanwendung könne man nicht drohen, wenn man zu ihr nicht entschlossen sei. Die Regierung habe vorgestern entschieden, daß unsere Soldaten im Ernstfall einzugreifen hätten. Ich wiederholte noch einmal mein Kredo, daß die Armee von den Entschlüssen der demokratischen Gremien abhängig zu bleiben habe. Ich selbst sei nicht weniger zu Kompromissen geneigt als die übrigen Mitglieder des Kabinetts, doch es gebe Dinge, in denen ein Kompromiß undenkbar sei. Der Ezel habe sich zu verpflichten, das Schiff auszuliefern und den Weisungen der Regierung nachzukommen. Nachher dürften wir uns großzügig zeigen. Im Augenblick könnten die Verhandlungen überhaupt nicht in Erwägung gezogen werden. Späterhin lasse sich über eine Amnestie reden, gegenwärtig komme ein Vergleich ebensowenig in Frage wie Verhandlungen.

Ich verlas eine mir soeben überreichte Nachricht des Abschnittskommandanten: »Vor einer Stunde wurde der Kampf in Kfar Vitkin mit der vollständigen Kapitulation des Ezel abgeschlossen. Der Befehlshaber der Ezel-Kräfte gab seine Zustimmung zur Auslieferung der Waffen. Wir haben zwei Tote und sechs Verletzte. Die Verluste des Ezel betragen sechs Tote und achtzehn Verletzte. Die Ezel-Leute stellen uns die Gefangenen zurück und liefern auch deren Ausrüstung ab. Der Ezel ist umzingelt und hat keinen Ausweg.«

Offen blieb die Frage des Schiffes. Zwei Anträge lagen vor: Der erste verlangte, eine zwei- oder dreiköpfige Kommission zu Verhandlungen einzusetzen; der Gegenantrag bestand darauf, daß das Schiff der Regierung ausgeliefert werden sollte, sonst würden wir Gewalt anwenden. Ich unterbreitete einen dritten Antrag: Nach dem Zwischenfall sei die Abmachung mit dem Ezel zu widerrufen. Er habe sich den Gesetzen des Staates zu fügen. Es gebe keine besonderen Regimenter und keinen Ezel-Stab mehr, weil der Ezel seine Verpflichtungen gebrochen habe.

Auf den Vorschlag Grünbaums, den Zwischenfall als erledigt zu betrachten, wenn das Schiff die Küste des Landes verlasse, und, falls es zurückkäme, so vorzugehen wie in Kfar Vitkin, antwortete ich, daß der Antrag die Realität verkenne. Man müßte nämlich unsere Kriegsschiffe dauernd auf Alarmstufe halten und Truppen entlang der Küste aufstellen, um für alle Eventualitäten vorbereitet zu sein. Praktisch hieße dies die Bindung erheblicher Landstreitkräfte und aller unserer Seefahrzeuge.

Der Antrag, eine Kommission einzusetzen, die den Konflikt mit dem Ezel zu prüfen und der Regierung Bericht zu erstatten hätte, wurde mit vier zu zwei Stimmen abgelehnt. Ein von Grünbaum und Schapira eingebrachter Vorschlag, das Schiff ungeschoren zu lassen, wenn es die Küste verließe, aber einzugreifen, wenn es sich nur dem Ufer entlang bewegte, oder alternativ, die Auslieferung des Schiffes an die Regierung zu verlangen, fand nur in seinem zweiten Teil eine Mehrheit von sieben gegen zwei Stimmen. Mit allen gegen eine Stimme (Raw Maimon) wurde ferner entschieden: Wenn die Eigentümer des Schiffes vorschlagen sollten, die Territorialgewässer zu verlassen und ohne Bewilligung der Regierung nicht zurückzukehren, werde das Kabinett darüber befinden.

Am Dienstag, dem 22. Juni, tauchte das Schiff früh morgens vor Tel Aviv auf. Ich hörte am Mittwoch Einzelheiten darüber und über die Phasen der Entwicklung bis zur Ankunft des Schiffes vor Tel Aviv von einem ehemaligen Offizier der amerikanischen Flotte, der sich unserer Kriegsmarine angeschlossen hatte.

Am Dienstag nachmittag kamen die Bürgermeister von Tel Aviv, Nethania und Ramat-Gan sowei zwei führende Persönlichkeiten der rechtsbürgerlichen Allgemeinen Zionisten zu mir und beantragten Verhandlungen mit den für das Schiff Verantwortlichen sowie Einstellung des Feuers der Küstengeschütze. Während des Gespräches erhielt ich die Nachricht, daß das Schiff brenne. Es war von einer Granate getroffen worden.

In einer Pressekonferenz gaben Sharett und Galili den Standpunkt der Regierung bekannt.

Am selben Tage hielt der Provisorische Staatsrat eine Sitzung ab, an der sich zum erstenmal alle 37 Mitglieder beteiligen konnten. Vorher fand eine kurze Sitzung der Regierung statt, in der Maimon und Schapira die sofortige Freilassung der im Zusammenhang mit der Schiffsaffäre verhafteten Personen verlangten. Grünbaum schlug vor, einen Richter zu beauftragen, die Beschwerden der Verhafteten zu prüfen und überdies einen dreigliedrigen Kabinettsausschuß (Justizminister, Innenminister und Sicherheitsminister) zu ernennen, der festlegen solle, wie Gesetz und Ordnung im Staate und wie die Geschlossenheit der Armee garantiert werden könnten und unter welchen Voraussetzungen eine Amnestie möglich sein würde. Der Antrag Grünbaums wurde angenommen, worauf Maimon und Schapira ihren Rücktritt anmeldeten und die Sitzung verließen.

Die Sitzung des Staatsrates wurde mit meinem Referat eröffnet, in dem ich zunächst auf die Verpflichtung des Ezel-Führers vom 1. Juni verwies. Ich berichtete über die *Altalena*, von der Desertion der Ezel-Leute aus der Armee und von den Vorfällen bei Kfar Vitkin. Dann erzählte ich, daß sich das Schiff von Kfar Vitkin nach Tel Aviv begeben und der Aufforderung zu kapitulieren nicht entsprochen habe. Nachdem die *Altalena* infolge eines Granateinschlages in Brand geraten war, baten die Ezel-Leute, ihnen bei der Bergung der Verletzten zu helfen. Unsere Soldaten entsprachen dieser Bitte und retteten auch die ganze Schiffsbesatzung.

In der Debatte wurde ich von Raw Meir Berlin wegen meiner unnachgiebigen Haltung in der Angelegenheit kritisiert. Auch S. Warhaftig war mit der Politik der Regierung in der *Altalena*-Frage nicht einverstanden. Man müsse toleranter mit den Untergrundbewegungen sein. Warhaftig verlangte die Einsetzung einer parlamentarischen Untersuchungskommission.

Während einige Redner der Mapai, des Owed Zioni* und der Mapam die Politik der Regierung unterstützten, wurde diese vom Sprecher der Revisionisten gerügt, der den Fall ebenfalls durch eine parlamentarische Untersuchungskommission geklärt haben wollte. Dieser Redner sah in der *Altalena*-Affäre nicht die Vorbereitung zu einem Aufstand, sondern den ersten Schritt des Kabinetts in der Richtung auf eine politische Kapitulation vor äußeren Faktoren.

Sharett antwortete auf die Ausführungen Raw Berlins, der habe sich augenscheinlich noch nicht daran gewöhnt, daß sich in einem geordneten Staatswesen die Minderheit der Mehrheit fügen müsse. M. Shapira begründete vor dem Provisorischen Staatsrat seinen Rücktritt und sagte, daß alles getan werden müsse, um einen Bürgerkrieg und Blutvergießen zu verhindern.

Nach meiner Antwortrede wurden die Vorschläge des revisionistischen Vertreters und Warhaftigs abgelehnt und die Beschlußfassung über die Anträge der Regierung auf die nächste Sitzung vertagt, die anderntags stattfand. Der Beschluß hatte folgenden Wortlaut:

»1. Der Provisorische Staatsrat billigt die von der Regierung ergriffenen Maßnahmen, den Ezel an der Einfuhr von Waffen ohne behördliche Genehmigung zu hindern, weil dadurch die staatlichen Hoheitsrechte gröblichst verletzt und die vom Ezel am 1. Juni 1948 übernommenen Verpflichtungen gebrochen wurden.«

Dieser Antrag wurde in namentlicher Abstimmung mit 24 gegen vier Stimmen bei fünf Enthaltungen angenommen.

»2. Der Provisorische Staatsrat nimmt mit Genugtuung die Errichtung eines Kabinettsausschusses zur Kenntnis, dessen Aufgabe es sein wird, den Bestand einer einheitlichen, mit ausschließlicher Disziplinargewalt ausgestatteten Armee zu gewährleisten, in der allen zum Militärdienst einberufenen Personen gleiche Rechte und Pflichten gesichert werden müssen. Nach Erfüllung dieser Forderungen können die Straftaten verziehen werden, die in der Vergangenheit gegen die Armee begangen wurden.«

Dieser Antrag wurde mit 22 Stimmen ohne Gegenstimmen bei acht Enthaltungen angenommen.

Ferner wurde beschlossen, die Kabinettskommission um vier Mitglieder des Staatsrates zu erweitern.

Zu der in der Debatte angeschnittenen Frage, ob Jerusalem sich im Bereich des Staates befinde oder nicht, erklärte ich:

»Im Augenblick geht es nur um Gebiete, in denen unsere Armee de facto die Herrschaft ausübt. Denn bis zum Friedensschluß und der Festlegung von Grenzen mit Zustimmung der kriegführenden Parteien und mit internationaler Billigung sprechen wir von den Gebieten, über die die Regierung Israels Gewalt hat. Jerusalem liegt in diesem Gebiet (vorläufig zu meinem Bedauern ohne die Altstadt) genauso wie Tel Aviv. Es gibt zwischen Jerusalem und Tel Aviv, zwischen Haifa und Asludsch keinen Unterschied, sie alle liegen im Machtbereich der Regierung.«

Die Besonderheit Jerusalems

Ein Hauptpunkt der Tagesordnung des Provisorischen Staatsrates in seiner Sitzung am 24. Juni war Jerusalem. An der Aussprache nahmen vorwiegend Redner aus Jerusalem teil. J. Ben-Zwi pries das mutige Verhalten, das nicht nur an der Front, sondern auch hinter der Front, in der Stadt selbst, an den Tag gelegt wurde. Alle Bürger Jerusalems standen im Kampf und hatten Schweres zu ertragen. Achtzig Prozent der Toten in Jerusalem fielen hinter den Linien, nur zwanzig an der Front. Es waren nicht nur die Angriffe des Feindes abzuwehren, sondern man hatte auch den Zusammenbruch der Wirtschaft, des Handels, der Industrie und des Handwerks hinzunehmen. Selbst in den Tagen der Waffenruhe waren die Hauptstraßen halb leer. Zwischen den Streitkräften und den Bürgern von Jerusalem gab es keinen befriedigenden Kontakt. Die zivilen Behörden der Stadt, die lange Zeit von der Regierung und vom Generalstab in Tel Aviv abgeschnitten waren, hatten keine Tuchfühlung mit den militärischen Stellen in Jerusalem. Außer den Lehrern wurden auch Schüler, die das militärpflichtige Alter noch nicht erreicht hatten, eingezogen. Daher waren die obersten Schulklassen geschlossen. Waffen, die man nach Jerusalem geschickt hatte, wurden unter Gewaltanwendung vom Kommandanten des Palmach in Kiriat Anawim beschlagnahmt. Die Kompetenzen der militärischen Stellen sind nicht umschrieben. Raub breitet sich in Stadtteilen aus, die von ihren Bewohnern aufgegeben wurden. Der Ezel hatte damit begonnen, doch das Übel griff auch auf »anständige« Leute und die Armee über. Weisungen, damit aufzuhören, wurden zwar erteilt, aber nicht befolgt.

Raw Berlin beschuldigte die Regierung, daß ihre Mitglieder fünf Wochen lang Jerusalem fernblieben und sich für die Vorgänge in der Stadt nicht interessierten. Der Begründung, es seien keine Flugzeuge aufzutreiben gewesen, wird kein Glauben geschenkt. Den leitenden Jerusalemer Persönlichkeiten wurde kein Flugzeug zur Verfügung gestellt, damit sie nach Tel Aviv kommen und Bericht erstatten könnten. Während der fünf Wochen gab es keinen Brief- und Telegrammverkehr. Zwar bestand eine Funkverbindung, es wurde aber befürchtet, der Feind könne mithören. In der Stadt besteht eine Reihe von zivilen Behörden, die ihre Arbeit nicht miteinander abstimmen. Der Status Jerusalems, sagte der Redner, sei klar, doch seiner persönlichen Meinung nach wurde bei der Ausrufung des Judenstaates – eines der schönsten Tage seines Lebens – der Fehler begangen, Jerusalem nicht einer internationalen Verwaltung zu unterstellen. Er schätze die Heiligkeit Jerusalems und sein Vorrecht, Hauptstadt des Judenstaates zu sein, nicht gering ein, sei indes davon überzeugt, daß wir jetzt nicht in den Besitz Jerusalems kommen könnten. Ohnehin gehöre ein Teil der Stadt schon anderen. Der Massenflucht aus der Stadt müsse Einhalt geboten werden. Die Stimmung sei gedrückt. Es mangle an Nahrungsmitteln, Brennstoff, Wasser und Elektrizität; die Stadt müsse ohne Rundfunk und Zeitungen leben; es gebe keine Verbindung zur Welt.

Einer der Redner beklagte sich, daß Jerusalem vergessen worden sei. Im Laufe weniger Wochen seien 10500 Granaten auf Jerusalem niedergegangen, 250 bis 300 Menschen gefallen und mindestens 1500 verletzt worden.

Ich sagte, daß ich Verständnis hätte für den Wunsch der Jerusalemer, ihr Herz auszuschütten, doch die Behauptung, Jerusalem sei benachteiligt worden, treffe nicht zu. Diese Anschuldigung tue Hunderten und Tausenden von Männern Unrecht, die ihr Leben für Jerusalem und für die Straße nach Jerusalem eingesetzt hätten. Jerusalem stellte zunächst und vor allem ein militärisches Problem dar, und die Frage laute, ob wir die Altstadt einnehmen und einen breiteren Korridor aus Tel Aviv nach Jerusalem legen könnten, an dessen Rändern jüdische Siedlungen zu entstehen hätten. Um Jerusalem zu sichern, müsse die Arabische Legion aus dem »Dreieck« (Dschenin, Nablus, Tulkarem) vertrieben werden. Solange uns dies nicht gelinge, könne man nicht sagen, daß Jerusalem befreit und jede Gefahr gebannt worden sei. Militärische Erfolge allein würden das Problem Jerusalems jedoch nicht lösen. Selbst wenn unsere Armee das Herz der Stadt, die Altstadt, eroberte und das Gelände zwischen Tel Aviv und Jerusalem in die Hand bekäme, würden wirtschaftliche Fragen erster Ordnung auftauchen: Wie schafft man eine gesunde ökonomische Grundlage nicht nur für die gegenwärtige Bevölkerung Jerusalems, sondern auch für die Einwanderung, die wir erwarten?

Die vordringlichste Frage – vordringlich, da ich nicht wisse, wieviel Zeit uns noch bleibe – sei die Versorgung Jerusalems mit einem genügenden Vorrat an Wasser, Brennstoff, Nahrungsmitteln und anderen Bedürfnissen während der Waffenruhe.

Das Problem der Verwaltung Jerusalems sei wegen der außerordentlich heterogenen Zusammensetzung der Bevölkerung schwer zu lösen. Kein Vorschlag, eine Behördenspitze zu schaffen, habe Zustimmung gefunden. Sollte die Regierung gerade in Jerusalem einen Gouverneur ernennen? Die Notwendigkeit dieses Schrittes sei für mich klar, und ich würde mich freuen, wenn sich in unseren Reihen ein kluger Mann fände, der zur Frage der Verwaltung der Stadt einen Vorschlag machen könne, der der gesamten Bevölkerung Jerusalems genehm wäre. König David habe sich einen der schwierigsten Orte des Landes als Hauptstadt ausgesucht. Die Juden, die in den letzten Generationen nach Zion zurückgekehrt seien, hätten versäumt, ein durchlaufendes Gelände zwischen der Hauptstadt und dem Kernland zu erwerben. Die jüdische Mehrheit in der Stadt allein genüge nicht. Erforderlich sei eine jüdische landwirtschaftliche Umgebung und ein auf beiden Seiten durch jüdische Siedlungen gesicherter Streifen Land nach Jerusalem.

Die Befreiung Jerusalems hänge von der Öffnung des Weges dorthin ab, und die Öffnung des Weges besteht nicht nur in der militärischen Eroberung, sondern in der Kolonisierung des Gebietes, durch das er führt. Dazu seien Soldaten und Bauern nötig.

Sharett dementierte Zeitungsmeldungen über einen Plan zur Demilitarisierung Jerusalems. Bis zur Stunde sei kein solcher Vorschlag unterbreitet worden, und es hätten auch keine Unterhandlungen stattgefunden.

Mit meiner Erklärung, daß Jerusalem sich genauso im Machtbereich der israelischen Regierung befinde wie Tel Aviv, wurde die Debatte abgeschlossen.

Am nächsten Tage fuhr ich über die »Burmastraße« nach Jerusalem.

Aus meinem Tagebuch (24. 6. – 29. 7. 1948)

24. 6. 48

Ich besprach mit drei Offizieren des Generalstabes die Frage, wie mit den Mitgliedern des Ezel verfahren werden sollte. Meiner Meinung nach sollte man sich allen jenen gegenüber, die den Treueid leisteten, vertrauensvoll verhalten, solange dieses Vertrauen nicht mißbraucht wird. Wer den Treueid verweigert, ist entweder zu Arbeiten in den Negev und nach Galiläa zu schicken oder der Polizei zu übergeben. Besondere Vorsichtsmaßnahmen sind gegenüber den Führungspersonen des Ezel zu treffen, damit sie nicht entkommen. Die Sorge dafür wurde dem »kleinen« Isser Harel übertragen.

In Kfar Vitkin haben wir insgesamt 2 080 000 englische Gewehrpatronen, 1437 englische Gewehre, 40–45 Maschinengewehre, 3300 Granaten und überdies 60 Kisten aufgebracht, in denen sich offenbar weitere Gewehre oder Maschinengewehre befinden. Unsere Panzerwagen sind mit Waffen beladen abgefahren, und es besteht die Vermutung, daß unsere Soldaten und Siedler ebenfalls Waffen (Maschinengewehre) weggeschleppt haben. Nicht ausgeschlossen ist, daß die Ezel-Leute Zeit hatten, Waffen zu vergraben. Wir suchen danach.

25. 6. 48
Heute morgen um 8 Uhr fuhr ich nach Jerusalem ab und kam um 11.30 Uhr an. Gemeinsam mit Dov Joseph und einem weiteren Begleiter besuchten wir die eroberten Stadtteile. Wir gingen durch Rechawia, Katamon, die griechische und die deutsche Kolonie, Baka'a, zu den Allenby-Baracken in Talpiot und kamen bis zum zerstörten Kibbuz Ramat Rachel. Um 5 Uhr Sitzung mit dem Jerusalem-Komitee. Der Dezernent für Beschlagnahmung behauptet, daß Militär und Sicherheitskräfte Konfiskationen ohne seine Genehmigung vornehmen.

Ich fragte, wie die Regierung Jerusalem beistehen könnte. Joseph sagte: Wir haben den Großteil der Stadt eingenommen, doch die militärische Lage bleibt brüchig, weil wir an Kanonen, Munition und offensiven Streitkräften Mangel leiden. Im Bereich der Versorgung mit Nahrungsmitteln zeichnet sich eine Regelung ab. Bis gestern morgen erhielt Jerusalem 2200 Tonnen Proviant, im Laufe des gestrigen Tages kamen noch 600 Tonnen hinzu. In Tel Aviv wurde die Besorgnis geäußert, es könnte dort wegen der Notwendigkeit, Lebensmittel nach Jerusalem zu senden, ein Mangel eintreten. 3000 Tonnen Treibstoff sind in Jerusalem eingetroffen, und während der Waffenruhe sollen weitere 2800 Tonnen verschiedener Art kommen. Dieses Quantum schließt das Elektrizitätswerk ein, das 600 Tonnen monatlich braucht. Von dem Treibstoff ist ein Drittel Petroleum, ein Drittel Benzin und ein Drittel andere Sorten (Heizöl usw.). In Jerusalem leben gegenwärtig 112 000 Menschen, davon 100 000 Zivilisten und 12 000 Militärpersonen (darunter etwa 1000 Nichtjuden und 1000 Gefangene). Unzureichende finanzielle Mittel haben die Treibstoffverknappung in der Hauptstadt zur Folge. Die zentrale landwirtschaftliche Vertriebskooperative könne angeblich nur 100 Tonnen gelben Käse für Jerusalem abzweigen, wurde Dr. Joseph bedeutet. Ich habe die Erhöhung auf 400 Tonnen verlangt und vorgeschlagen, daß Tel Aviv und Haifa auf den Genuß von Käseprodukten verzichten sollten. Das gleiche gelte auch für die Freistellung von Eiern. Ein Quantum von einer Million sei beantragt worden, ich habe zwei Millionen verlangt. Andere Bedarfsartikel können in Tel Aviv nicht beschafft werden, hat man mir mitgeteilt. Die Versorgung mit frischem Gemüse ist in Jerusalem zureichend. Erforderlich ist Milchpulver, das im Lande nicht vorhanden ist, aber mit Flugzeugen aus Amerika gebracht werden könnte. Sollte der Krieg wieder beginnen, müssen täglich 20 Tonnen Mehl auf der neuen Straße nach Jerusalem geschafft werden. Eine Zeitlang zehrte man in den Haushalten von Vorräten, doch die seien überall aufgebraucht worden. Die Frage müsse gestellt werden, wie einzelne sich einen neuen Vorrat beschaffen können, ohne dadurch die Allgemeinheit zu benachteiligen.

Es wurde vorgeschlagen, Nahrungsmittel ohne Kontrolle nach Jerusalem zu bringen, doch die Beobachter der UN lehnten diesen Antrag aus zwei Gründen ab: 1. würde mehr als unbedingt notwendig nach Jerusalem transportiert werden, und 2. könnten Waffen in den Sendungen versteckt werden. Die Beobachter erklärten auf Anfrage, daß auch die Nahrungsmittel, die in den arabsichen Teil Jerusalems gebracht würden, bei der Überquerung der Jordanbrücken einer Prüfung unterzogen werden. Die Stadtgemeinde möchte an den Verhandlungen mit der UNO über die Zukunft Jerusalems beteiligt werden. Ich bemerkte, daß es in Jerusalem drei Instanzen geben müsse: den Militärkommandaten, den Gouverneur und die Stadtgemeinde.

Raphael sagte, Jerusalem sei müde und durch die Waffenruhe gerettet worden. Die letzten beiden Tage vor der Feuereinstellung seien eine Zeit des Schreckens gewesen. Die Einwohner der Stadt hätten das Gefühl der Ohnmacht, weil die feindliche Beschießung nicht erwidert wurde. Die Tel Aviver Presse sei in der Frage Jerusalems nicht auf der Höhe gewesen. Über Konvois nach Jerusalem sollte nichts veröffentlicht werden. Die Beziehungen zwischen der Öffentlichkeit und dem Militär in Jerusalem seien schlecht. Die Furcht vor einer Massenflucht aus Jerusalem sei übertrieben.

Auf meine Anfrage wurde mitgeteilt, daß sich 700 Familien (insgesamt weniger als 2000 Personen) für die Abreise aus Jerusalem hätten vormerken lassen, 350 Personen hätten die Stadt verlassen. Auster bemerkte, daß eine Fluchtpsychose herrsche. Dies wurde von anderen bestritten. Der französische Konsul ist der Beauftragte der UNO für die Ausreise aus der Stadt. Dem belgischen Konsul obliegt, ebenfalls im Auftrage der UNO, die Kontrolle über den Transport von Gütern aus der Stadt.

Abends erhielt ich ein Telegramm aus Tel Aviv: Die Ägypter verletzten die Waffenruhe und beschossen Kfar Warburg und Beer-Tuvia mit Maschinengewehren und durch Tiefflieger. Der Konvoi in den Negev wurde trotz Weisung der UNO durch ägyptische Streitkräfte aufgehalten und mußte kehrtmachen. Bernadotte gab eine schriftliche Erklärung ab, daß die Ägypter die Waffenruhe verletzt und daß die Juden Handlungsfreiheit für Gegenmaßnahmen haben.

26. 6. 48

Ich flog am Morgen aus Jerusalem nach Tel Aviv zurück. Wir stiegen auf 4500 Fuß und befürchteten nach den Vorfällen von gestern einen Angriff gegnerischer Maschinen. Es passierte nichts.

Eliahu Elath telegraphiert aus Amerika, daß auf sein Ersuchen Jacobson aus Kansas City mit Truman gesprochen habe. Der Präsident sagte: 1. Die USA werden die Araber und England in dem Bestreben, die Grenze vom 29. November 1947 zu beschneiden, nicht unterstützen; 2. die De-jure-Anerkennung werde sofort nach der Waffenruhe erfolgen, während der Waffenruhe sei sie unmöglich; 3. eine Anleihe zu konstruktiven Zwecken, besonders für die Ansiedlung von »Displaced Persons« (jüdische Flüchtlinge in Europa) wird uns gegeben werden. Der Präsident ist über Bevin erbittert und kritisierte die britische Nörgelei an seinen Bemühungen, die Palästinafrage zu lösen.

Vorgestern kamen Shitrit und einige Freunde mit dem Redakteur der in Jaffa erscheinenden arabischen Tageszeitung *Falastin*, Al-Issa, zusammen. Sie erfuhren, daß 150 000 Araber in die Nachbarländer geflohen seien, die anderen seien ins Innere des Landes, nach Nablus, Ramallah usw. gezogen. Viele Araber wollen ihre Geschäfte liquidieren und nicht im Judenstaat bleiben. Böswillige Gerüchte über die Juden werden in arabischen Kreisen verbreitet. Aus den Schilderungen Issas wurde deutlich, daß die Araber ausführliche Informationen über die Vorgänge in unseren Reihen erhalten.

Ich bekam Mitteilungen über Waffenkäufe und Waffenbestellungen mit genauen Zahlenangaben. Avriel berichtet, er habe von Golda Meir bis zum 21. Juni etwa sieben Millionen Dollar empfangen, weitere fünf Millionen werden benötigt.

Verlinsky teilt mit: Bisher wurden 5000 Tonnen Nahrungsmittel, darunter 3000 Tonnen Mehl, nach Jerusalem geschickt (dies entspricht nicht den Angaben, die mir in Jerusalem gemacht wurden). Die 3000 Tonnen müßten in Jerusalem für viereinhalb Monate reichen. Der Vorrat an gelbem Käse im Lande beträgt 360 Tonnen; davon sollen 140 Tonnen nach Jerusalem, 220 ans Militär gehen. Es sei unmöglich, zwei Millionen Eier für Jerusalem aufzubringen. Ich telegraphierte an Kollek und Rose Halprin nach Amerika, unverzüglich per Luftfracht 100 Tonnen Eipulver für Jerusalem abzuschicken.

Abends kamen Simon und Bentwich zu mir und berichteten, man beginne in England, die Existenz Israels zur Kenntnis zu nehmen. Die beiden streben eine Neutralisierung der Universität* an. In der Nacht kam Awigur an. Endlich haben wir in der Schweiz 50 Kanonen deutscher Produktion, Kaliber 75 mm, und 1000 Geschosse je Kanone erworben. Der Einzelpreis ist 33 250 Franken, jedes Geschoß kostet 65 Franken.

29. 6. 48
Heute trafen die Empfehlungen Bernadottes ein. Wer ihn verdächtigt hatte, er sei ein Agent Bevins, hat nicht grundlos geargwöhnt. Er schlägt eine Union für die Länder an beiden Ufern des Jordans vor, die zwei Mitglieder, ein jüdisches und ein arabisches, haben soll. Die Aufgabe der Union wäre es, die gemeinsamen wirtschaftlichen Interessen wahrzunehmen, öffentliche Dienste, einschließlich des Zolls, zu besorgen, Entwicklungsprogramme zu entwerfen und die Außenpolitik sowie die Mittel zur Landesverteidigung abzustimmen. Das oberste Gremium der Union sollte ein Zentralausschuß oder eine andere Organisationsform in Übereinkunft mit den Beschlüssen des Verbandes sein. Die Einwanderung läge in der Hand der einzelnen Unionsmitglieder mit der Auflage, daß nach zwei Jahren jedes der beiden Länder berechtigt wäre, die Einwanderungspolitik des anderen neuerlich zu überprüfen. Entscheidungen im Rahmen des gemeinsamen Interesses würden im Zentralausschuß gefällt werden. Sollte der Ausschuß zu keiner Entscheidung kommen, wäre die Frage dem Wirtschafts- und Sozialrat der Vereinten Nationen zu unterbreiten. Dieser hätte den Grundsatz der wirtschaftlichen Aufnahmefähigkeit in Rechnung zu stellen und endgültig zu befinden. Unter den Ratschlägen befindet sich auch »Material zur Überlegung«: 1. den ganzen Negev dem arabischen Gebiet anzuschließen; 2. Westgaliläa ganz oder teil-

weise dem jüdischen Territorium einzuverleiben; 3. Jerusalem in das arabische Gebiet einzugliedern und der jüdischen Gemeinschaft örtliche Selbstverwaltung zu gewähren, wobei besondere Regelungen zum Schutz der Heiligen Stätten getroffen werden müßten; 4. Prüfung des Status von Jaffa; 5. Errichtung eines Freihafens in Haifa. Das Hafengebiet umschlösse die Ölraffinerien und die Mündung der Ölleitungen; 6. Errichtung eines freien Flughafens in Lod.

30. 6. 48
Abba Chuschi telefoniert: Um 12.30 Uhr wird der letzte Engländer Haifa verlassen. Alle britischen Sperren sind beseitigt. Um 14.30 Uhr fährt unsere Flotte in den Hafen ein. Ich beschloß, nach Haifa zu fahren, kam dort nach 18.00 Uhr an und begab mich geradewegs zur Feier im Hafen. In Haifa befinden sich 5000 Arbeiter im wehrpflichtigen Alter von 18 bis 35 Jahren, gesund, zum Kriegsdienst tauglich. Sie sind trotz Weisungen der Armee nicht einmal zu Befestigungsarbeiten bereit.

11. 7. 48
Ich kehrte heute ins Büro zurück. Die pausenlose Anstrengung von mehr als sechs Monaten ohne einen einzigen Ruhetag mußte ihre Wirkung haben. Inzwischen ging die Waffenruhe zu Ende, und wir traten, wie vorauszusehen war, in die entscheidende Phase ein. Vorläufig verzeichneten wir (kleine, aber wichtige) Siege an der Hauptfront bei Lod und Ramle, etwa 15 km südöstlich von Tel Aviv. Beide Städte sind von allen Seiten umzingelt. Im Süden verstärkt sich der ägyptische Druck, obwohl der Gegner nicht geringe Verluste erlitten hat. Doch auch bei uns gibt es Verwundete. Abends wird mir mitgeteilt, daß wir in Lod eingedrungen sind.

12. 7. 48
Morgens wird berichtet: Lod, d. h. die Bevölkerung der Stadt, hat kapituliert, aber der Feind kämpft im Polizeigebäude weiter. Auch in Ramle wollen die Bürger die Kapitulationsurkunde unterschreiben. Man weiß aber noch nicht, was das gegnerische Militär tun wird.

Um 9.30 Uhr Sitzung des Generalstabes mit Frontberichten. Die Situation in Galiläa ist gespannt, im Süden ernst. Eine Einheit der Legion ist zum Entsatz von Lod und Ramle aufgeboten worden.

Auf dem neuen Weg nach Jerusalem fahren Konvois mit Nahrungsmitteln. Das Bombardement Jerusalems aus allen Richtungen wird fortgesetzt, ist aber schwächer als vor der Waffenruhe. Noch bevor sie in der Nacht zum Samstag abgelaufen war, schossen die Araber von der Stadtmauer. Am Sonntag sprengten wir ein Café in der Nähe des Jaffators. Die Legion antwortete mit Geschützfeuer aus der Altstadt. In der Nacht zum Freitag eröffneten auch die Ägypter vom Süden her Kanonenfeuer. Zur gleichen Stunde eroberten unsere Leute einen Punkt auf dem Wege nach Ein Karem, südöstlich von Jerusalem. Die Flucht der arabischen Zivilbevölkerung begann.

Samstag vormittag begannen unsere Soldaten mit der Beschießung der Altstadt. Wir treffen unsere Ziele. Wir beschossen auch Nebi Samwil, einen Hügel nordwestlich von Jerusalem, der die Einfahrtsstraße nach Jerusalem beherrscht. Am Skopus ist Ruhe. Vom Ezel nehmen 150 Mann an den Operationen teil, doch der Ezel hat alles in allem 600 bis 750 Mitglieder in der Stadt. Die Stimmung in Jerusalem ist gut.

Eine Delegation aus der Jesreel-Ebene. Die militärische Situation erregt Besorgnis. Zusätzliches Militär und weitere Ausrüstung werden angefordert. Die Dörfer haben bereits das Maximum an wehrfähigen Männern abgegeben. Die Quantität der Waffen genügt nicht. Ich sagte, daß wir keine weiteren Soldaten aufbieten können. Über Waffen werde ich mit den zuständigen Abteilungen sprechen.

13. 7. 48
Sitzung des Generalstabs. Der Widerstand in der Polizeistation von Lod hat in der Nacht aufgehört, und morgens sind wir in Lod eingezogen. Zwei Dörfer an der neuen Straße nach Jerusalem erobert. Die Frage der ungefähr 3000 arabischen Gefangenen wird angeschnitten. Wo sollen wir sie unter Bewachung halten? Weitere 300 Mann in den Süden geschickt. Die Givati-Brigade hatte 500 Mann Verluste, darunter 50 Tote. Die Ägypter griffen gestern ohne Unterbrechung zwölf Stunden lang an. Wir haben Geschütze zu Defensivzwecken, es mangelt uns aber an Infanterie für eine Offensive. Wir haben auch keine Flak.

Für den Monat Juli benötigen wir nach der Berechnung Sabarskys 25 750 000 Dollar. Er hat durchschnittlich Lohn an 60 000 Mann zu zahlen.

14. 7. 48

Ein aus Paris zurückgekehrter Freund erzählt, der französische Ministerpräsident und englische Agenten hätten die *Altalena*-Affäre gefördert, um der israelischen Regierung ein Bein zu stellen. In Jugoslawien lichtet in vier Tagen ein Schiff mit 1800 Menschen an Bord die Anker.

Ich fuhr zum Flughafen Lod. Wir passierten mit drei Panzerwagen einige Dörfer. Was in den wenigen Tagen nach der Waffenruhe vollbracht wurde, ist beinahe unglaublich. Der Flughafen ist in unserer Hand. Ich sah zwei »Cromwell-Tanks«, die wir von den Engländern am letzten Tag ihrer Anwesenheit im Land »geerbt« haben. Mit ihrer Hilfe haben wir den Flugplatz eingenommen.

15. 7. 48

Aus der Gegend von Lod und Ramle haben sich 3000 arabische Flüchtlinge in Bewegung gesetzt. Sie sind über die Legion erbittert. In Transjordanien: Demonstrationen gegen die Regierung.

Die bittere Frage des Raubunwesens wird aufgerollt. Wir brauchen ein scharfes Militärstrafrecht. Ich sandte Weisungen an Karmel und Schaltiel für den Fall, daß Nazareth und die Altstadt von Jerusalem durch unsere Truppen eingenommen werden sollten.

Mosche Dajan: In seinem Regiment waren 400 Mann, davon 250 im Einsatz, die übrigen mit Dienstleistungen beschäftigt. In Lod drangen 150 seiner Soldaten mit acht Jeeps, sechs half-trucks und einem Panzerwagen, bestückt mit einer Zweipfünder-Kanone, ein. Seine Verluste: Vier Tote, zwölf Verletzte. Heute abend geht er mit 120 Mann, dazu Hilfspersonal, in den Süden.

16. 7. 48

Die »Fliegenden Festungen« sind angekommen. Eine belegte die Umgebung des Königsschlosses in Kairo mit Bomben. Die Flieger sind zufrieden. Zwei Maschinen flogen nach Al Arisch und Gaza und bombardierten, möglicherweise irrtümlich, Rafiach. Heute nacht steht Damaskus auf dem Programm.

Nach Nazareth werden ein Panzerregiment Laskows und Infanterie geschickt.

Um 11 Uhr wird mir berichtet, daß die »Fliegenden Festungen« heute morgen El Arisch angegriffen und am dortigen Flugplatz erheblichen Schaden angerichtet haben.

Um 12 Uhr mittag rief Sharett an und berichtete, der amerikanische Antrag sei angenommen worden. Die Waffenruhe beginnt am Montag früh.

Laut einem Telegramm von Trygve Lie, dem Generalsekretär der UNO, beginnt die Waffenruhe in Jerusalem 24 Stunden nach dem Beschluß des Sicherheitsrates (d. h. morgen um 5.45 Uhr) und im übrigen Land 72 Stunden nach dem Beschluß, wenn Bernadotte nicht einen früheren Termin festlegt.

In Galiläa begann eine große arabische Offensive. Heute nacht mißlang unser Angriff auf Latrun. Wir stießen auf mörderisches Feuer der Legion.

Abends rief Karmel an: Nazareth wurde um 20.30 Uhr genommen.

17. 7. 48

Heute nacht wurde in Zusammenarbeit mit Einheiten des Ezel und des Lechi der Versuch unternommen, die Altstadt zu erobern. Um 21.30 Uhr begann die Beschießung mit Mörsern und Kanonen. Sie dauerte länger als eine Stunde. Das Kampfziel wurde nicht erreicht, die Stadtmauer konnte nicht durchbrochen werden. Um 5.30 Uhr morgens zogen sich unsere Truppen zurück. Die Mandelbaumhäuser am nordwestlichen Außenrand der Mauer, die der Feind gestern abend besetzt hatte, wurden zurückgewonnen.

In Nazareth erbeuteten wir fünf leicht beschädigte Panzerwagen. Die Araber flohen. Nach Damaskus kam eine Dakota durch und warf drei Tonnen Bomben ab. Die Stadt war beleuchtet, doch die Lichter erloschen, als die erste Bombe fiel.

18. 7. 48

Bei der Einnahme Nazareths wurde Ordnung gewahrt. Die Heiligen Stätten litten keinen Schaden. In der Stadt leben 16 000 Menschen, davon 10 000 Christen.

Unsere Kriegsflotte erwarb zwei Landungsboote, zwei Motorboote, einen Benzintanker, sechs kleinere Landungsboote und zehn fünf Meter lange Kähne von je einer Tonne Gewicht und Seeminen von 300 kg. Von den 200 Freiwilligen aus Südafrika sind an 70 Angehörige der Luftwaffe. Im ganzen gibt es dort 3000 Männer, die sich gemeldet haben, die jedoch aus finanziellen Gründen nicht hergebracht werden können.

19. 7. 48

Da und dort gibt es noch Kämpfe, gleichwohl herrscht Waffenruhe. Sollte sie andauern (dies nehme ich an), würde das politische Ringen ernsthaft mit allen damit verbundenen Gefahren beginnen. Wenn auch in diesem Stadium der politischen Auseinandersetzung militärische Erwägungen nicht allein den Ausschlag geben können, wird unsere Kampfkraft ein wichtiger Faktor sein. Sie muß zunehmen, ohne daß die schwere finanzielle Bürde weiter auf uns lastet. In den ersten vier Wochen können wir die Zahl unserer Soldaten gewiß nicht verringern, doch wir müssen einen Weg finden, um den Umfang der Mobilisierung einzuschränken und dennoch unser militärisches Potential zu erhöhen. Dabei werden wir uns nach sechs Grundsätzen zu richten haben:

1. Die Kommandanten der Truppeneinheiten und die Spezialisten müssen geschult werden.
2. Die Ausbildung jedes einzelnen Soldaten hat sich auf mindestens einen Monat zu erstrecken.
3. Die Waffenproduktion ist unter Bedachtnahme auf die Qualität der Erzeugnisse zu erhöhen.
4. Der Ankauf von Ausrüstung hat weiterzugehen.
5. Die Frontlinien sind überall im Lande zu verbessern.
6. Ein Mobilisierungsplan muß ausgearbeitet werden, der die Einziehung der Wehrpflichtigen innerhalb weniger Stunden und ihre Entlassung in kürzester Frist ermöglicht.

Wertvolle Ausrüstung, Rohre, Kompressoren, Lokomotiven und Waggons, die einen Millionenwert repräsentieren, wurden in und um Lod gefunden. Ich fuhr hin, um mir die Schätze anzusehen. Man muß sie so bald wie möglich durch geeignete Maßnahmen vor dem Verderben retten.

21. 7. 48

Die Kämpfe sind eingestellt. Mischmar Hajarden verblieb in den Händen der Syrer, die dort etwa 700 Mann an Toten und Verwundeten zu beklagen hatten. Die Ägypter verloren in den letzten zehn Tagen 2000 Mann, darunter 700 Tote.

Unsere Armee zählt 65 000 Mann (außer den 830, die in arabische Gefangenschaft geraten waren). Im Laufe des Monats wird sich die Stärke unserer Armee auf 82 000 Mann erhöhen, das sind 40 Regimenter im Einsatz und 22 Reserveregimenter.

22. 7. 48

Ein aus Südafrika eingewanderter Luftwaffenexperte besuchte mich. Er ist innerhalb weniger Stunden in die Probleme unserer Luftwaffe eingedrungen und lobt die amerikanischen und südafrikanischen Flieger. Eine richtige Luftwaffe wird allerdings erst entstehen, wenn junge Leute im Lande selber herangebildet werden. Nach dem 30. Lebensjahr nimmt die Eignung zum Fliegen ab.

Weitere Fachleute, die heute zu mir kamen, klagten, daß es unserer Fliegertruppe an einer politischen Linie mangle. Vor allem müsse die feindliche Luftwaffe vernichtet werden, erst nachher könnten unsere Maschinen der eigenen Armee beistehen. Bisher war die Wahl der Ziele verfehlt. Die Luftwaffe ist eine technisch komplizierte Angelegenheit. Die bisherigen Improvisationen waren fehlerhaft. Dies bezieht sich sowohl auf die Ausbildung als auch auf das System des Ankaufes von Flugzeugen. Die Moral der Angehörigen der Luftwaffe und die Kenntnisse der Flieger sind ausgezeichnet; die Disziplin ist in den unteren Rängen gut, in den höheren ist sie gleich Null. Die israelischen Kampftruppen haben auf eigene Flugzeuge geschossen, weil die Maschinen keine Zeichen und keine besondere Farbe hatten. Ich faßte zusammen: Erforderlich sind Ausbildung und ein tüchtigerer Luftwaffenkommandant, Zusammenarbeit zwischen der Armee und der Luftwaffe.

25. 7. 48

Einer der Fachleute, der letzthin bei mir war, brachte mir einen bis ins einzelne gehenden Plan für den Aufbau und die Taktik unserer Luftwaffe. Ich stimmte im allgemeinen dem Vorschlag zu, behielt mir aber eine Entscheidung über die darin empfohlene Trennung zwischen der Luftwaffe und den anderen Teilen der Armee vor.

27. 7. 48

Am Todestag Herzls gab es eine Militärparade, die besser gelang, als ich erwartet hatte.

28. 7. 48

Ich fragte Jadin, wann wir zum Kampf bereit wären, wenn der Krieg wieder aufgenommen werden sollte. Er erwiderte: »Nach der endgültigen Entscheidung der Regierung über die Stärke unserer Streitmacht und nach dem Beschluß des Generalstabs über den Aufbau der Armee werden wir für die Vorbereitung einen weiteren Monat benötigen.«

29. 7. 48
Golda (Meir) kam aus Amerika zurück, wo sie 50 Millionen Dollar an Spenden aufgebracht hat.

Erste Eidesleistung

Die Verordnung über die Errichtung der Armee und ihrer Streitkräfte zu Lande, zu Wasser und in der Luft wurde am 26. Juni bekanntgegeben. Bewaffnete Verbände außerhalb der Armee wurden verboten. Einen Tag später begann die Vereidigung der Offiziere. Die israelische Armee hat ihre Ursprünge in der Hagana; ihre Konsolidierung und ihr Aufbau erfolgten im Unabhängigkeitskrieg und nachher durch das im September 1949 von der Knesset angenommene Gesetz über den Militärdienst.

Die ersten 21 höheren Offiziere leisteten ihren Eid am 27. Juni. Alle bis auf einen hebräisierten aus diesem Anlaß ihre Namen; zwei, die schon hebräische Namen hatten, änderten ihn. Die einzige Ausnahme, die gestattet wurde, war Chaim Laskov, der seine Mutter ehren wollte, die ihn unter großen Entbehrungen aufgezogen und ihm das Studium ermöglicht hatte. Der Generalstabschef Jakob Dori war aus Krankheitsgründen entschuldigt. Ich verlas die Eidesformel. Mein Adjutant Nechemia Argov rief die Offiziere namentlich auf, und jeder von ihnen sprach die Worte: »So schwöre ich.« Nachher wandte ich mich mit einer kurzen Ansprache an die Offiziere, die beauftragt wurden, am nächsten Tage die Soldaten ihrer Einheiten zu vereidigen.

Politische Schwierigkeiten und finanzielle Krise

In der Regierungssitzung unmittelbar nach der Eidesleistung der ersten Offiziere faßte ich zunächst die militärischen Errungenschaften und Rückschläge in Jerusalem zusammen, woraufhin Sharett vorschlug, man möge im Rundfunk eine intensive Informationsarbeit über die Jerusalemer Entwicklungen anlaufen lassen. Es seien Gerüchte in Umlauf gebracht worden, die die Regierung gerade in diesem Punkte aufs schwerste verunglimpften. Man erzähle sich, daß alle Erfolge im Jerusalemer Gebiet dem Ezel zuzuschreiben seien, während die Niederlagen auf das Konto der Hagana und der Armee gingen. Zum Kapitel *Altalena* führte Sharett an, daß die öffentliche Meinung im Lande und in der Judenschaft der Welt auf seiten der Regierung stünden. Die rasche und energische Reaktion hätte dem Renommee der Regierung besonders in Amerika genützt. Der Vertreter Bernadottes vermutete allerdings, daß durch die *Altalena*-Affäre die Waffenruhe verletzt wurde, da Einwanderer und Waffen ohne Kontrolle der UNO ins Land gekommen seien. Sharett berichtete weiter, daß er dem Delegierten Bernadottes eine scharfe Antwort gegeben habe, worauf aus Rhodos, wo sich Bernadotte aufhält, eine Depesche ankam, aus der man herauslesen könne, daß er von der Haltung seines Beauftragten abrücke und der Regierung wegen ihrer festen Haltung seine Anerkennung ausspreche. Sharett kam auch auf den Bruch der Waffenruhe durch die Ägypter zu sprechen, die einen unserer Konvois im Widerspruch zur Übereinkunft nicht passieren ließen. Ein Mann aus dem Stabe Bernadottes war bei dem Zwischenfall zugegen und stellte uns frei, gegen die ägyptischen Kräfte vorzugehen. Ein UNO-Flugzeug kreiste über dem Schauplatz des Zwischenfalls und wurde von den Ägyptern beschossen. Jadin, mit dem sich Sharett beraten hatte, teilte der Presse mit, unsere Einheiten werden zu einer ihnen genehmen Stunde und an einem ihnen genehmen Platz auf den ägyptischen Vertragsbruch reagieren. Unser Generalstab berechnet dafür eine Vorbereitungsdauer von vier bis fünf Tagen. Im Norden gab es ebenfalls einen Bruch der Waffenruhe, der die Araber teuer zu stehen kam: Sie bezahlten ihn mit 50 Toten und 50 Verletzten. Im allgemeinen aber herrscht der Eindruck vor, daß die Araber nicht dazu neigen, das Abkommen über die Feuereinstellung zu verletzen.

Finanzminister Kaplan erstattete Bericht über die schwierige Finanzlage des Staates. Die Wirtschaft hat sich aus Geldmangel dem Krisenpunkt genähert. Die Liquidität der Banken sank unter das Minimum, eine Kreditgewährung selbst an fundierte Unternehmen ist schwierig. Die Elektrizitätsgesellschaft und die Zementfabrik »Nescher« konnten keinen Kredit von 135 000 Pfund zum Ankauf von

Brennstoff erhalten, die Regierung mußte einspringen. Im Juni werden die Sicherheitsausgaben 3,5 Millionen Pfund, für übrige Zwecke 500 000–600 000 Pfund betragen. Im Juli werden die Aufwendungen, insbesondere wegen der Verteidigungskosten, fünf Millionen Pfund erreichen. Die Einnahmen waren im Juni eine Million Pfund. Der Finanzausschuß des Staatsrates hat einer Erhöhung einiger indirekter Steuern zugestimmt, wodurch die Einnahmen des Staates um eine Viertel Million Pfund erhöht werden können. Im Juli werden vier Millionen Pfund fehlen. Das Defizit konnten wir durch eine Volksanleihe decken, die bisher vier Millionen einbrachte. Auch die Einkünfte der Jewish Agency aus amerikanischen Geldern kamen uns zustatten. Die aus dem Ausland eingehenden Gelder dienen praktisch dem Ankauf von Waffen und erscheinen nicht im Budget.

Banknoten müssen zur provisorischen Deckung gedruckt werden, um uns aus dem finanziellen Würgegriff zu befreien. Das könnte uns etwa zehn Millionen Pfund verschaffen, die den Etat für zwei bis drei Monate ausgleichen könnten. Die Ausgabe von Banknoten ist mit vielen Schwierigkeiten verbunden. In den USA, der Schweiz und England haben wir mit Vorbereitungen dafür schon im Oktober 1947 begonnen. Es wurde uns aber gesagt, daß wir, solange wir keine Regierung haben, auch kein Geld herstellen können. Mittlerweile hatte sich die Anglo-Palestine Bank * für die Emission von Banknoten vorbereitet und könnte in ein oder zwei Wochen eine erhebliche Menge in Umlauf bringen. Die Banknoten würden israelisches Geld darstellen.

Nach der Meinung der Experten wird es nach einer Frist von fünf bis sechs Monaten ungestörter Arbeit möglich sein, die Staatsbank zu errichten, der die Ausgabe von Banknoten obliegen würde. Die Bank würde »Bank Israel« heißen und hätte keine geschäftlichen Aufgaben, sondern würde als Zentralbank dienen. Da wir aus Zeitnot nicht in der Lage sind, die Zentralbank zu gründen, schlug Kaplan vor, der Anglo-Palestine Bank das Recht zum Drucken von Banknoten zu erteilen. Es würde sich in dieser Zwischenperiode nicht etwa um eine neue Pfundwährung handeln, sondern nur um Banknoten der Anglo-Palestine Bank, die nach Errichtung der Zentralbank in israelische Pfunde umgetauscht werden würden. Von einem bestimmten Datum an werden die gegenwärtigen Banknoten aus dem Verkehr gezogen; zum Umtausch in das Geld der Anglo-Palestine Bank würde eine

Frist von drei bis vier Wochen bestimmt werden. Die Anglo-Palestine Bank sei unter zwei Bedingungen bereit, die Aufgabe auf sich zu nehmen: 1. Es wird verlautbart, daß es sich lediglich um eine vorläufige Währung handelt und 2. daß das Provisorium mindestens fünf Jahre dauern soll. Kaplan empfahl, es auf ein halbes bis ein Jahr festzulegen, d. h. bis zur Einsetzung einer definitiven Regierung. Der Finanzausschuß habe den Vorschlag bestätigt, sagte Kaplan und beantragte, die Durchführung einem Dreierausschuß zu übertragen (Kaplan, Fritz Bernstein und David Horowitz). Einen Teil der palästinensischen Pfunde werden wir nach England transferieren und in englische Pfund einwechseln. Die britische Regierung ist zu dem Umtausch verpflichtet. Die durch diese Transaktion erworbenen englischen Pfunde sollen zu Einkäufen in England verwendet werden.

Der Antrag Kaplans fand grundsätzliche Billigung, doch der endgültige Beschluß wurde bis zur Klärung der Frage aufgeschoben, ob wir uns auf diese Weise nicht England auf Gedeih und Verderb ausliefern würden, da die Anglo-Palestine Bank eigentlich eine englische Gesellschaft ist. Ferner soll vor der Beschlußfassung geprüft werden, ob wir innerhalb einer kurzen Zeit nicht selbst Banknoten drucken könnten.

In derselben Sitzung erstattete der zuständige Minister einen Bericht über den Stand der Einwanderung. Im Monat der Waffenruhe sollten nach den Voraussagen 20 000 Einwanderer ins Land kommen, 12 000 aus Zypern, 8000 vom europäischen Festland. Der Plan wurde durch eine britische Verfügung zunichte gemacht, die Ausreisen aus Zypern untersagte. Nicht einmal Männer, die nicht im wehrfähigen Alter sind, wurden entlassen. Zwar habe Sharett ein Telegramm Dr. Goldmanns erhalten, daß England die Ausreise dieser Kategorie von Einwanderern gestatte, doch vorderhand habe eine Anweisung darüber die Behörden in Zypern nicht erreicht. Unseren Informationen zufolge seien auf der Insel keine Einwanderer interniert, die nicht im wehrfähigen Alter wären. Auch die Einwanderung aus Europa sei mit Schwierigkeiten verbunden, da die Schiffe bis zum Bekanntwerden der Bedingungen der Waffenruhe zunächst nicht auslaufen wollten.

Bis jetzt sind 1300 Personen eingetroffen und bis Ende Juni werden weitere 1200 erwartet. Drei Schiffe befinden sich auf dem Weg. Einwanderer kommen auch mit Flugzeugen. Die Hälfte ist im wehrfähigen Alter, die Männer befinden sich in Militärlagern; vorläufig aber dürfen sie nichts tun, und es ist auch verboten, sie auszubilden.

P. Rosen fragte, ob auch Einwanderer aus Westeuropa und Südafrika ankommen. Die Antwort war, daß Einwanderer aus allen Ländern eintreffen. Unter den Neueinwanderern sind namhafte militärische Fachleute aus Südafrika und Kanada. Auch Nichtjuden wurden registriert, die in die Armee eintreten möchten. In der Aussprache wurde der Ankauf von Schiffen angeregt, da England seinen Einfluß auf die europäischen Reedereien ausüben und die Einwanderung empfindlich stören könnte. Ferner wurde die Empfehlung geäußert, die Ankömmlinge in Arbeitslager zu bringen, da das Verbot sich nur auf die militärische Ausbildung, nicht aber auf den Arbeitsdienst beziehe. Der Einwanderungsminister betonte, daß wir, solange der Krieg nicht beendet sei, an einer selektiven Einwanderung interessiert seien, die das militärische und wirtschaftliche Potential erhöhe. Dem Außen- und dem Einwanderungsminister wurde der Auftrag erteilt, die Möglichkeiten der Errichtung von Arbeitslagern zu prüfen.

Der Hafen von Haifa in jüdischen Händen

Nach der Abreise des Hochkommissars und der englischen Verwaltungsbeamten am 15. Mai blieb in Haifa ein Teil der britischen Armee zurück. In der Stadt und im Hafenbereich wurde eine Enklave eingerichtet, die unter britischer Militärverwaltung verblieb. Am 29. Juni war in Haifa eine lebhafte Bewegung zu bemerken, die die bevorstehende Liquidierung der Enklave verriet. Die Einrichtungen der Lager wurden systematisch zerstört, Baracken in die Luft gesprengt, Waffen und Ausrüstungsgegenstände, die nicht mehr verladen werden konnten, vernichtet. Die Arbeit im Hafen, die nicht unter militärischer Kontrolle stand, ging ohne Störungen weiter. Um 6.30 Uhr morgens wurden die Zufahrtsstraßen aus Akko und Nazareth für jeden Verkehr gesperrt, die Reisenden hatten ihre Personalausweise vorzuzeigen und die Autobusse zu verlassen. Sie mußten auf einem in der Nähe gelegenen freien Felde warten. Nach einiger Zeit ließ man sie frei, nötigte sie aber, unverrichteter Dinge zurückzufahren. Die Soldaten sagten, daß nach zwei schweren Panzern gefahndet werde, die während der Nacht gestohlen worden seien. Der englische General teilte dem Bürgermeister mit, er könne sich am Abschiedsessen, das die Stadtgemeinde veranstalten wollte, nicht beteiligen, solange die zwei Panzer verschwunden blieben.

Um 4 Uhr nachmittags übergab die britische Armee die Hafeneinrichtungen und die Hafengebäude, die bisher von ihr kontrolliert wurden, in Anwesenheit von UNO-Beobachtern der Stadtgemeinde Haifa. Lediglich Auslandskorrespondenten waren dazu geladen. Der Militärkommandant teilte mit, daß er das Land verlasse und daß seine Besatzungsvollmachten am 1. Juli endeten. Von diesem Tage an werde sich kein britischer Soldat mehr auf dem Boden des Landes befinden. Am 30. Juni 8 Uhr morgens wurde die Leitung des Hafens endgültig in jüdische Hände gelegt. Die letzten englischen Soldaten bestiegen die Schiffe, und um 9 Uhr vormittags wurde den Israelis der letzte englische Stützpunkt in der Unterstadt von Haifa, das große Chajat-Gebäude, in dem sich die Kommandantur befunden hatte, übergeben. Der ganze Komplex war mit hohem Stacheldraht umzäunt. Formal übertrugen die Engländer den Häuserblock einem von Bernadotte beauftragten amerikanischen Oberst, und dieser gab an Ort und Stelle die Verfügungsgewalt dem Vertreter des Haifaer Polizeidistrikts weiter. Unverzüglich nahmen israelische Polizisten Stellungen in Besitz, während andere Polizisten die einzelnen Räume prüften und auf dem Dach des großen Gebäudes eine riesige israelische Flagge hißten. Der letzte Union Jack wurde um 12.30 Uhr heruntergeholt, als der englische General die Stadt verließ. Vor dem General waren britische Kommandoeinheiten in voller Kriegsausrüstung an Bord gegangen, und zur gleichen Stunde kreisten englische Kampfflugzeuge, die von ihrem Mutterschiff aufgestiegen waren, über dem Hafen. Der britische General verabschiedete sich mit einem Händedruck von den britischen und amerikanischen Konsuln und bestieg sein Schiff. Die Abwesenheit des jüdischen Bürgermeisters von Haifa und jüdischer Persönlichkeiten überhaupt war auffallend. Um 14.30 Uhr fuhr die israelische Flotte in den Hafen ein.

Noch am gleichen Tage war ich in Haifa. Ich kam um 6 Uhr abends an, als die Landstreitkräfte, die Flotte, die Luftwaffe, die Polizei und die Stadtgemeinde eine Feier im Hafen veranstalteten. Isrealische Militärflugzeuge waren aufgestiegen, und Einheiten unserer Kriegsflotte fuhren im Hafenbecken auf und ab. Ich brachte der befreiten Stadt Haifa die Glückwünsche der Regierung und fügte hinzu, daß wir die uns von England vor 31 Jahren geleistete Hilfe nicht vergessen würden. Wenn das englische Volk und die englische Arbeiterbewegung ihre Regierung zwängen, den schmutzigen Krieg gegen uns abzubrechen, wären wir bereit, das beschämende Kapitel des Weißbuches zu vergessen.

Um die Aufnahme Israels in die Vereinten Nationen

Während ich in Haifa war, trat das Kabinett unter dem Vorsitz Kaplans zusammen, um einige wichtige Angelegenheiten zu beraten. Ein Beauftragter der Regierung war aus den Vereinigten Staaten zurückgekehrt, wo er am Sitz der UNO Verhandlungen geführt hatte. Der gleichen Sitzung lagen weitreichende Vorschläge Bernadottes vor.

Unser Bevollmächtigter hatte sich mit der Aufnahme Israels in die Vereinten Nationen befaßt. Einige Freunde im amerikanischen Außenministerium drängten uns, den Antrag auf Aufnahme in die UNO noch vor dem Herbst, d. h. vor der Vollversammlung, einzubringen. Nach der Auffassung unseres Beauftragten bestand keine Chance, daß unserem Ersuchen stattgegeben werden könnte, solange wir nur eine provisorische Regierung hätten. Mittlerweile war auch ein Konflikt zwischen dem Westen und dem Osten über die Aufnahme Italiens in die UNO entstanden. Die Sowjetunion stellte die Bedingung, daß sie nur dann für den Eintritt Italiens stimmen würde, wenn man den kommunistischen Ländern Europas das gleiche Recht zuspräche. In diesem Zusammenhang wurde das Problem angeschnitten, ob überhaupt politische Bedingungen für die Aufnahme dieses oder jenes Staates gestellt werden dürfen. Die Frage wurde dem Internationalen Gerichtshof in Den Haag unterbreitet, der mit neun gegen sechs Stimmen entschied, daß außer den in der Charta aufgezählten keine zusätzlichen politischen Bedingungen an die Aufnahme von Mitgliedsstaaten geknüpft werden dürfen. Unser Bevollmächtigter befürchtete ein britisches Veto, und selbst wenn sich England enthielte, sei es zweifelhaft, ob wir gegenwärtig die sieben zur Mehrheit notwendigen Stimmen aufbringen könnten, solange eine gewählte israelische Regierung nicht die in der Charta aufgezählten Verpflichtungen auf sich nehmen würde.

Der Eintritt Indiens sei zwar unter einer provisorischen Regierung gestattet worden, doch Indien sei schon früher ein Staat im britischen Commonwealth wie Kanada und Australien gewesen. Auf zwei weitere Schwierigkeiten wurde hingewiesen: auf die Grenzen Israels und auf das Jerusalem-Problem, da Jerusalem nach dem Beschluß der Vereinten Nationen vom 29. November 1947 nicht in das Gebiet Israels einbezogen sei. Der aus New York zurückgekehrte Beauftragte war der Meinung, daß wir gut daran täten, auf der Internationalisierung Jerusalems zu bestehen, da mit der Gefahr gerechnet werden müsse, daß die Herrschaft über die Stadt den Arabern übergeben werden würde. Beschlüsse wurden in der Kabinettssitzung nicht gefaßt, da Sharett inzwischen die Vorschläge Bernadottes überreicht worden waren.

Reaktionen auf die Vorschläge Bernadottes

Der Außenminister erhielt vom Grafen Bernadotte vier Dokumente: 1. Ein Privatschreiben; 2. Eine Einführung zum Vorschlag; 3. Den Vorschlag selber, der den Titel ›Suggestions‹ führt; 4. Anlagen zu dem Vorschlag. Im Brief sagte Bernadotte, daß man seine Vorschläge vorläufig nur als Material für Überlegungen auffassen möge. Er bitte, so lange keine Entscheidungen zu treffen, bis nach Prüfung seiner ›Suggestions‹ durch die Regierung ein Gespräch mit uns stattgefunden habe. Von Veröffentlichungen sei bis auf weiteres Abstand zu nehmen. Einen parallelen Brief und sämtliche Unterlagen habe er dem Ministerpräsidenten Ägyptens als Vorsitzendem des Ausschusses der Arabischen Liga zugestellt, der mit Bernadotte über die Palästinafrage zu unterhandeln habe. Im zweiten Dokument erläuterte der schwedische Vermittler seine Auffassungen über das Wesen der ihm durch die Vereinten Nationen übertragenen Mission. Er verwies auf seinen Erfolg beim Zustandekommen der Waffenruhe, die ein günstiges Klima für Verhandlungen geschaffen habe. Bernadotte führte ferner aus, daß er bei seinen Vorschlägen die Bestrebungen und Befürchtungen beider Parteien in Rechnung zu stellen hatte. Er habe bei seiner Vermittlertätigkeit gelernt, daß er von keiner der beiden Parteien verlangen könne, auf grundsätzliche Auffassungen in ihrer Position zu verzichten. Dennoch glaube er, daß es zwei Punkte als gemeinsamen Nenner gebe:

1. Die Erreichung des Friedens zwischen Juden und Arabern;
2. Die Schaffung einer Partnerschaft in wirtschaftlichen Fragen.

Die Vorschläge sind in neun kurzen Paragraphen enthalten. Im ersten wird angeregt, das ursprüngliche Mandatsgebiet zu einer Union mit einem jüdischen und einem arabischen Mitgliedsstaat umzuwandeln. Gegenstand des zweiten Paragraphen sind die Grenzen der beiden Unionspartner (s. S. 157 f.). Die Linien sollten durch Verhandlungen der Parteien unter dem Beistand Bernadottes und nach seinen Vorschlägen gezogen werden. Der dritte Paragraph bestimmt als Zweck der Union die Förderung der gemeinsamen wirtschaftlichen Interessen (z. B. Zollfragen und Entwicklungsprojekte) sowie die Abstimmung der Außenpolitik und der gemeinsamen Verteidigungsmittel. Paragraph 4 setzt voraus, daß an der Spitze der Union ein Zentralausschuß oder andere Gremien, über die man sich zu einigen hätte, stehen werden. Der fünfte Paragraph legt fest, daß jedes der beiden Unionsmitglieder nach Absprache mit dem Partner in seinen Außenbeziehungen volle Freiheit genießen solle. Das Thema des sechsten Paragraphen war die Einwanderung. Die Einzelheiten habe ich in meiner Tagebucheintragung vom 29. Juni 1948 bereits erwähnt. Paragraph 7 legt den Grundsatz der Religions- und Gewissensfreiheit fest. Der Schutz der Heiligen Stätten und der freie Zugang zu ihnen wird in Paragraph 8 definiert. Paragraph 9 sichert Personen, die ihre Wohnsitze infolge der Unruhen aufgeben mußten, die Rückkehr und die Wiedererstellung ihres Eigentums zu.

Der Außenminister sagte dem Beauftragten des Grafen Bernadotte, der die Dokumente überbrachte, daß sich in dem Programm zwei Paragraphen befänden, die an sich schon das ganze Programm entkräften würden: der Vorschlag über die Einwanderung und der Jerusalemplan (s. S. 158). Auch wenn die Juden trotz aller bitterer Erfahrungen einem binationalen Regime in Jerusalem zustimmten, so werden sie auf keinen Fall die Auslieferung der Stadt an die Araber hinnehmen. Sie würden dagegen ankämpfen, und es sei zu bedauern, daß Bernadotte den Fehler begangen habe, diesen Vorschlag überhaupt zu Papier zu bringen. Die Vertreter der Provisorischen Regierung, die mit Bernadotte auf Rhodos zusammengekommen waren, hatten, wie Sharett dem Kabinett mitteilte, privat erfahren, daß der Antrag Bernadottes eine Art Kompromiß zweier Auffassungen darstelle, die es innerhalb der Abordnung der Vereinten Nationen gegeben hatte. Bunche sei dabei eher für uns eingetreten. Unsere Freunde in der Delegation der UNO hätten begriffen, daß wir die Vorschläge Bernadottes keinesfalls annehmen dürften, daß wir indes nicht die ersten sein sollten, die sie ablehnten. Diese Rolle wäre den Arabern zu überlassen.

Ich hatte, da ich nach Haifa fuhr, meine Meinung zu den Vorschlägen schriftlich niedergelegt, und Sharett verlas meinen Brief: Uns wären vier bis sechs weitere Wochen der Waffenruhe willkommen (obschon ernste Zweifel an dieser Möglichkeit bestehen und wir täglich mit der Wiederaufnahme der Kämpfe rechnen müssen). Um ihrer Verlängerung willen sind wir an einem vorzeitigen Abbruch der Mission Bernadottes nicht interessiert, dessen Vorschläge im Grunde genommen, bewußt oder unbewußt, mit den Ideen Bevins übereinstimmen. Die Empfehlung unserer Freunde, die für ein Hinauszögern unserer Antwort plädierten, sei anzunehmen, damit die Erwiderung der Araber vor der unseren eintrifft. Zwar besteht keine Notwendigkeit, auf jeden einzelnen Punkt in den Vorschlägen einzugehen, doch haben wir die Pflicht, Bernadotte in unzweideutiger Weise unseren Entschluß mitzuteilen, daß wir keinen Vorschlag in Erwägung ziehen werden, der eine Einschränkung der vollen Souveränität des Staates Israel bedeutet. Das gleiche hat für eine Intervention außenstehender Faktoren in Einwanderungsfragen und für die Auslieferung Jerusalems, in welcher Form auch immer, an die Araber zu gelten. Wir sind im gegenwärtigen Stadium und solange keine absolute Klarheit über die Souveränität und die Einwanderung herrscht, nicht verpflichtet, auf andere territoriale Fragen einzugehen. Wir können daher im Augenblick auch zu den übrigen Vorschlägen Bernadottes keine Stellung nehmen. Aus unserem absolut negativen Bescheid zu den Problemen der Souveränität, der Einwanderung und Jerusalems muß deutlich werden, daß die ausdrückliche Ablehnung dieser drei Empfehlungen Bernadottes keineswegs als Billigung seiner weiteren Angebote aufgefaßt werden darf. Wir sollten ferner unsere Bereitschaft zu einer Begegnung mit den Arabern ausdrücken. Schließlich äußerte ich meine Zweifel, ob es angebracht sei, einer Einladung Bernadottes nach Rhodos nachzukommen. Diese Frage sollte jedoch nicht zu einer grundsätzlichen Angelegenheit hochgespielt werden.

Sharett berichtete von einem Gespräch mit Bar-Ilan, der, wie bekannt, für die Internationalisierung Jerusalems eintrat. Möglicherweise sei diese Lösung zur Verteidigung Jerusalems wünschenswert, es müsse aber völlig klar sein, so sagte Sharett zu Bar-Ilan, daß wir um Jerusalem kämpfen würden, wenn die Araber die Stadt für sich in Anspruch nehmen wollten. Wenn wir selber von einem internationalen Jerusalem sprächen, so heiße dies nicht, daß Jerusalem arabisch werden würde. Nur wenn wir zum Kampf um Jerusalem entschlossen seien, könnten wir der Stadt vielleicht den Krieg ersparen und die ganze Welt vor der Zerstörung Jerusalems bewahren. Dann würde Jerusalem möglicherweise einen internationalen Status erhalten.

Zur Prozedur erklärte Sharett, daß wir nicht nach Rhodos kämen, wenn wir dort mit Bernadotte allein reden müßten und wenn der Schwede zu den Arabern reiste. Sollten die Araber bereit sein, nach Rhodos zu kommen, würden auch wir es tun. In den Vorschlägen Bernadottes sei kein Wort über die Waffenruhe enthalten, an deren Fortsetzung die Araber, die Engländer und Amerikaner Interesse zeigten. Die Russen würden sich nach Meinung Sharetts nach unseren Wünschen richten. Die Araber wollten die Waffenruhe, weil sie bei Fortsetzung des Krieges vor Niederlagen Angst hätten, ohne daß ihnen die Engländer hinreichende Hilfe leisten würden. Die Engländer wiederum fürchteten die öffentliche Meinung in Amerika. Sie wüßten nicht genau, was sie zu tun hätten: Ginge die Waffenruhe zu Ende, müßten sie entweder Verrat an den Arabern üben oder sie ohne Rücksicht auf Amerika tatkräftig unterstützen. Auch die Amerikaner wollten die Erneuerung des Krieges nicht. Sie wünschten Verlängerung der Waffenruhe bis nach dem November, d. h. bis nach den Wahlen.

Zisling beantragte, die Öffentlichkeit durch ein Kommuniqué davon in Kenntnis zu setzen, daß wegen der Abwesenheit des Ministerpräsidenten und anderer Kabinettsmitglieder die Aussprache auf Sonntag verschoben wurde und daß die Entscheidungen der Regierung dem Provisorischen Staatsrat noch vor der Zusammenkunft mit Bernadotte unterbreitet werden würden. Bernadotte selber sollte mitgeteilt werden, das Gespräch mit ihm werde erst nach der Sitzung des Staatsrates möglich sein. In der Sache selbst schlug Zisling vor, sich in der Frage der Beteiligung an Verhandlungen in Rhodos Sharetts Standpunkt zu eigen zu machen und eine amtliche Verlautbarung herauszugeben, daß wir unsere Kriegsvorbereitungen für den

Fall der Beendigung der Waffenruhe verstärken. Ein Beschluß in diesem Sinne wurde gefaßt.

In der Sitzung des Provisorischen Staatsrates vom 1. Juli teilte ich mit, die Regierung habe über die Note Bernadottes noch nicht beraten, und daher werde im Provisorischen Staatsrat eine Aussprache erst nach Klärung des Themas durch die Regierung stattfinden.

Am 2. Juli trat die Regierung wiederum zusammen. Sharett gab bekannt, er habe dem Bevollmächtigten Bernadottes erklärt, daß wir nur dann zu Gesprächen mit Bernadotte nach Rhodos kommen würden, wenn die Araber das gleiche täten. Zeitungsmeldungen zufolge hätten die Araber die Empfehlungen Bernadottes abgelehnt und seien nicht gewillt, bei Bernadotte auf Rhodos zu erscheinen. Zum Thema der Waffenruhe war Sharett der Auffassung, wir seien an ihrer Fortdauer interessiert. Sein Besuch in Jerusalem habe ihn in dieser Meinung bestärkt. Das Militär und Jerusalem im allgemeinen seien dafür.

Ich schlug vor, daß wir die Fäden zu Bernadotte nicht abreißen lassen und das Gespräch mit ihm trotz der betonten Ablehnung einiger seiner Empfehlungen fortsetzen sollten. Es sei anzunehmen, daß der Sicherheitsrat beiden Parteien die Verlängerung der Waffenruhe auferlegen werde, selbst wenn Bernadotte das Scheitern seiner Mission bekanntgeben müßte. England sei nicht zuletzt wegen seiner labilen wirtschaftlichen Situation und der Abhängigkeit von amerikanischer Hilfe an der Waffenruhe interessiert. Der britische Botschafter in Washington habe seinem Außenminister eröffnet, daß die amerikanische Sympathie für Israel keine Angelegenheit des Wahlkampfes sei, sondern der amerikanischen öffentlichen Meinung entspreche. Der amerikanische Botschafter in London hingegen habe geäußert, die Position Bevins werde zunehmend schwächer; das gelte im allgemeinen und in bezug auf seine Haltung Israel gegenüber. Eine Erneuerung der Kämpfe würde die USA zu einer verstärkten Hilfe für Israel verpflichten, was eine Stellungnahme gegen die Araber bedeuten würde. Dem möchte das State Department ausweichen, aber im Gegensatz zur Meinung des State Department beharre Truman auf seinem Willen, James McDonald als Botschafter der Vereinigten Staaten nach Israel zu entsenden. Der Präsident werde sogar noch mehr tun und Israel de jure anerkennen. Eine Anleihe für Israel in der Höhe von 100 Millionen Dollar stehe bevor. Die Amerikaner wüßten, daß wir Waffen aus der kommunistisch gewordenen Tschechoslowakei erhalten.

Sharett verlas eine Depesche unseres Washingtoner Vertreters, in der es hieß, Ägypten und der Libanon hätten von England Weisungen erbeten. Die Engländer übermittelten die Noten dem State Department und schlugen eine Zusammenarbeit mit Washington vor. Das State Department weigere sich jedoch, Ratschläge zu erteilen, und wäre lediglich bereit, im Rahmen des nachstehenden Programms mit England zusammenzuarbeiten.

1. Ein »kompakter« Staat Israel müsse errichtet und anerkannt werden (in dem Telegramm wird angedeutet, daß es sich bei dieser Terminologie möglicherweise um eine kritische Meinungsäußerung zur Frage der Grenzen handeln könne);
2. Amerika und England werden einem Bevölkerungsaustausch zustimmen;
3. die Errichtung einer Zollunion zwischen Israel und Transjordanien ist zu beschleunigen;
4. Israel soll als Bollwerk gegen das Eindringen regionsfremder Elemente in den Nahen Osten gefördert werden. In dem Telegramm wird weiter gesagt, die Engländer hätten, sollte die Waffenruhe scheitern, zugestimmt, im Rahmen des Kapitels 7 der Charta der Vereinten Nationen vorzugehen, d. h. Sanktionen zu ergreifen. Amerika sehe die Anerkennung Israels durch andere Staaten noch vor der Vollversammlung im September als eine Angelegenheit von dringlicher Bedeutung an. Die amerikanische Haltung werde durch weitere Anerkennungen bekräftigt.

Sharett schlug vor, Bernadotte mitzuteilen, daß eine Einschränkung der Souveränität oder der Einwanderung und ein arabisches Jerusalem nicht in Frage kommen würden. Die Vorschläge Bernadottes über Freihäfen in Haifa und Lod wären zurückzuweisen, und jede Form der Beziehung zwischen uns und den Arabern habe Gegenstand von direkten Verhandlungen zu sein.

Auch das Thema der Einwanderung während der Fortdauer der Waffenruhe müsse mit Bernadotte erörtert werden, wobei drei Fragen an ihn zu richten wären: 1. Wie legen die verschiedenen Regierungen seine Weisungen zur Frage der Einwanderung aus? So verbiete z. B. die Schweiz Juden im Alter von 15 bis 55 Jahren die Ausreise nach Israel. Auch von anderen Regierungen würden die Einwanderungsbeschränkungen Bernadottes extensiv interpretiert. Zwar überwinden wir die Schwierigkeiten, doch Verzögerungen sind eingetreten. 2. Der Zustand in Zypern ist unerträglich. Bernadotte gestatte die Einwanderung einer bestimmten Anzahl von Männern im wehrfähigen Alter, doch die Engländer beharrten auf ihrer Weigerung. 3. Die Situation der wehrpflichtigen Einwanderer werde bei Fortgang der Waffenruhe überhaupt beklagenswert sein. Die Menschen lebten jahrelang in den Konzentrationslagern der Nazis, nachher in den D.P.-Lagern und nun, auf dem Wege nach Israel, müssen sie sich wieder und auf unbefristete Zeit, d. h. bis zum Ende der Waffenruhe, in geschlossenen Lagern aufhalten. Es wird zu Fluchtversuchen kommen, und dann wird man uns den Bruch der Waffenruhe in die Schuhe schieben.

Bernstein war der Meinung, daß wir uns um eine Verlängerung der Waffenruhe bemühen sollten. Der Krieg werde uns keine Siege mehr bringen, während Niederlagen uns erhebliche Verluste zufügen könnten. Die Vorschläge Bernadottes seien in Wirklichkeit englische Vorschläge. England wolle sich im Mittleren Osten auf Abdallah und nicht auf andere arabische Staaten stützen. Die finanzielle Last für den Fortbestand Transjordaniens werde uns aufgebürdet werden. Dies sei der Sinn der Empfehlungen Bernadottes. Wir sollten unsere Stellungnahme positiv ausdrücken und bekanntgeben, daß wir uns einer Verbindung mit Abdallah nicht versagen und zu einer Zollunion bereit sein würden. Transjordanien könne sich auch unserer Währung anschließen.

Ich fügte daraufhin noch ein paar Bemerkungen zu meinem Brief (s. S. 173) hinzu: Die Waffenruhe komme uns zustatten, doch wir müßten für einen Krieg gerüstet sein, der jeden Augenblick ausbrechen könne und in dem wir das Feld behaupten würden – es sei denn, die Araber erhielten offene Hilfe einer Großmacht. Sollte dieser Fall nicht eintreten, wären wir in vier bis sechs Wochen in der Lage, uns gegen alle arabischen Staaten durchzusetzen und sie in die Knie zu zwingen. Schwierigkeiten gebe es bei dem Erwerb bestimmter Waffengattungen wegen der Kontrolle der Engländer zur See. Das Meer werde eine große, wenn auch nicht entscheidende Rolle in der kriegerischen Auseinandersetzung spielen, besonders wenn sie sich in die Länge ziehen sollte. Die Araber würden nicht davor zurückschrekken, Einwandererschiffe zu versenken, und jeder Einwanderer würde dieses Risiko auf sich zu nehmen haben. Niemand rüge die Araber wegen der Bombardierung Jerusalems – nicht einmal Hitler habe es gewagt, Jerusalem während des Weltkriegs anzugreifen – und wegen der Zerstörung von Synagogen im alten und im neuen Jerusalem. Unsere Stärke zur See sei daher sowohl vom Standpunkt der Einwanderung als auch vom Standpunkt des Krieges von Wichtigkeit. Die Achillesferse Transjordaniens seien die Transportwege, Ägypten aber würde auf dem Seewege versorgt. Ägypten könne uns auch an der Küste angreifen und Haifa und Tel Aviv beschießen. In vier bis sechs Wochen könnten wir unsere eigenen Schiffe mit Kanonen bestücken.

Ich trat der Meinung Bernsteins entgegen, daß sich durch Verhandlungen mit Abdallah etwas erreichen ließe: »Auch die Vereinten Nationen können uns das nicht geben, was sie am 29. November 1947 beschlossen haben. Sie haben sich als ohnmächtig und unwillig erwiesen, ihren eigenen Beschluß in die Tat umzusetzen. Während des Krieges wurde manches klar, was hätte vorausgesehen werden können. Jerusalem ist paralysiert. Theoretisch könnte es unter einer internationalen Administration existieren. Wir haben uns jedoch von dem zweifelhaften Wert eines Regimes dieser Art überzeugen müssen. Es hat die Beschießung der Stadt weder verhindern können noch verhindern wollen. Hätten die Araber auch das neue Jerusalem in ihre Macht bekommen, wie es ihnen im alten Teil der Stadt gelang, wären die Vereinten Nationen ebenfalls untätig geblieben. Man hat uns den Krieg erklärt, und wir stehen noch mitten im Kampf. Es gibt Dinge, die nicht allein nach der augenblicklichen Situation entschieden werden können. Solche Situationen sind mitunter der Ausgangspunkt historischer Entwicklungen, wenn auch nicht für alle Ewigkeit, so doch für viele Jahre. Was wir tun oder nicht tun, ob wir es gut oder schlecht tun, ist nicht nur für den Moment von Bedeutung, sondern für eine oder mehrere Generationen.

Einem Bündnis mit den Arabern oder einer Zollunion dürfen wir uns unter der Bedingung nicht widersetzen, daß unsere dominierende Position unangetastet und die Einwanderung in unserer Entscheidungsgewalt bleibt. Wir können uns auch einer Föderation anschließen, dürfen diesen Schritt aber nur als absolut souveräner Staat unternehmen. Unsere Beziehungen zu den Arabern bergen große Chancen für uns und für die ganze Welt in sich. Im Augenblick habe ich keine Hoffnung, daß sich die Idee verwirklichen läßt. Daher müssen wir, wenn wir unsere Ziele nicht auf friedlichem Wege erreichen können, für eine Entscheidung durch die Waffen bereit sein. Ich spreche nicht von einem Maximum, denn es ist nicht klar, was dieses Maximum ist. Wenn unsere Generation imstande ist, wichtige Ziele zu realisieren, wird man es ihr einmal hoch anrechnen. Wenn uns aber das Minimum, nämlich die Sammlung der Zerstreuten, durch ruhige und normale Arbeit in den nächsten 15 Jahren nicht gelingt, während der Frieden in der Welt andauert, werden unsere Errungenschaften keinen Bestand haben [Zwischenruf Sharetts: ›Nicht alle meinen, daß es einen zehn- bis fünfzehnjährigen Frieden in der Welt geben wird. Churchill widerspricht dieser Voraussage!‹]. Uns bietet sich jetzt die historische Gelegenheit, den Staat aufzubauen, und unsere Generation hat es in der Hand, die Chance maximal zu verwirklichen. Die Entscheidung wird durch Waffengewalt herbeigeführt werden.«

Grünbaum widersprach scharf den Auffassungen Bernsteins und Sharetts. In unseren Beziehungen zu Bernadotte sollten wir zur politischen Offensive übergehen. Wir hätten seine Komplimente, daß wir brave Kinder seien, nicht nötig und müßten vielmehr zeigen, daß wir auch böse Kinder sein könnten. Im Kriege hätten wir eine Stärke bewiesen, die uns die Engländer und Amerikaner nicht zugetraut hätten, und wir müßten jetzt in einem anderen Ton sprechen. Grünbaum pflichtete mir bei, daß der Konflikt nicht auf diplomatischem und friedlichem Wege, sondern durch Gewalt entschieden werden wird: »Auch die Frage Jerusalem wird eine militärische Lösung finden. Bernadotte kann den Beschluß der Vollversammlung vom 29. November nicht aufheben, und er darf nur in seinem Rahmen wirken. Dies garantiert uns die Hilfe der Sowjetunion und des Ostblocks und wird Amerika in eine schwierige Lage bringen. Auch Südamerika wird uns unterstützen. Geben wir aber die Grundlage des 29. November auf, so werden wir den Beistand der Sowjetunion verlieren.« Zur Jerusalem-Frage war Grünbaum der Meinung, daß die Heiligkeit der Stadt für das Christentum ein leerer Begriff geworden sei. Es gäbe keinen christlichen Staat, den Vatikan eingeschlossen, der für ein internationales Jerusalem kämpfen wolle. Man würde Jerusalem bereitwillig den Arabern geben, nur damit die Engländer nicht dort blieben. Wir sollten uns keiner Täuschung hingeben: Ohne territoriale Brücke nach Jerusalem würde die Stadt verkümmern, ihr politischer Status dann belanglos sein.

P. Rosen sagte, daß über die Fragen der Zukunft Jerusalems, der Einwanderung und der Verteidigung unserer Souveränität keine unterschiedlichen Auffassungen bestünden. Er müsse jedoch der Meinung Ben Gurions widersprechen, daß die Probleme nur durch Gewalt gelöst werden könnten: »England und Amerika werden es nicht zulassen, daß wir einen entscheidenden Sieg erringen. Ich zweifle, ob es uns gelingen kann, den Krieg auch nach einigen Wochen durch das Schwert für uns zu entscheiden. Die militärische Situation gibt Anlaß zu Besorgnis, denn unsere physischen Kräfte sind über das bei Armeen allgemein übliche Maß angespannt, und Skepsis ist angebracht, ob dieser Zustand selbst dann gebessert werden kann, wenn die Waffenruhe noch vier bis sechs Wochen andauert. Die militärischen Errungenschaften unserer Armee sind zwar bewundernswert, sie hatten jedoch eine Desorganisierung und ein Absinken der Disziplin zur Folge. Wir stehen regulären Armeen gegenüber, die während der Waffenruhe an Stärke zunahmen. Die Fortsetzung des Krieges ist mit einem großen Risiko verbunden. Unser Interesse zielt nicht nur auf die Waffenruhe, sondern auf das Ende des Krieges hin. Verhandlungen sind notwendig, und der Akzent muß von nun an auf die Politik gelegt werden. Die militärischen Errungenschaften sind gleichwohl sicherzustellen. Die UN-Resolution vom 29. November hat selbstverständlich die Grundlage unserer politischen Handlungen zu bleiben. Alle Fragen außer Einwanderung, Souveränität und Jerusalem bleiben offen. Galiläa und der Negev zählen nicht zu den offenen Fragen.« Rosen ist für Galiläa: Der Negev sei nicht wichtig, auch wenn dort Erdöl gefunden werden sollte. Petroleum sei Reichtum für ein großes und Unglück für ein kleines und schwaches Volk. Ein kleines Volk, das Öl besitze, werde zum Spielball der Großmächte. Wie Bernstein sei er für eine Zollunion mit Abdallah. Wir hätten die Garantie der drei Großmächte Rußland, Amerika und England anzustreben und dürften uns nicht auf unsere Mitgliedschaft in den Vereinten Nationen verlassen.

A. Zisling bestritt, daß in der gegenwärtigen Phase Chancen für eine Übereinkunft mit den Arabern, mit England oder mit Amerika bestünden. Wir haben auf eine Entscheidung durch Krieg vorbereitet zu sein, hier stimme er mit mir überein. Die Aufgabe Westgaliläas würde Haifa gefährden, doch auch der Negev dürfe nicht abgeschrieben werden, weil dort größere Ansiedlungsmöglichkeiten vorhanden seien als in Galiläa. Zisling sprach sich gegen einen Zusammenschluß mit Abdallah aus, der als englischer Agent im Nahen Osten angesehen werden müsse: »Wir werden ein arabisches Regime in Jerusalem oder in einem Teil der Stadt nicht zulassen, selbst wenn man das jüdische Jerusalem mit dem Staat Israel durch einen Korridor verbindet. Jerusalem ist von arabischen Siedlungen umgeben, und ein Korridor erzeugt nur Illusionen.«

Shitrit berichtet von Zusammenkünften mit arabischen Persönlichkeiten. Zweifelsohne bestehe eine Gärung unter den Arabern. Sie würden sich mit einem Judenstaat abfinden, wünschten aber nicht, daß sein jüdischer Charakter besonders hervorgehoben werde. Sie seien für eine zahlenmäßige Gleichstellung von Juden und Arabern und für Gleichberechtigung. Sie würden auch einer Einwanderung zustimmen, wenn ihr nicht der Stempel einer jüdischen Einwanderung gegeben werde. Wenn man uns freien Zugang zu Jerusalem garantierte, sollte auch eine Internationalisierung der Stadt hingenommen werden.

Rabbi J. M. Levin glaubt an Wunder: Man dürfe sich freilich nicht auf Wunder verlassen. Gott werde uns helfen, wenn wir begreifen lernen, was wir selber tun können. Die Verhandlungen mit Bernadotte sollten nicht abgebrochen werden.

M. Bentov war mit mir einer Meinung, daß die militärische Stärke ein wichtiger Faktor sei, er könne aber nicht der einzige Faktor bei den Überlegungen sein. Auch die Politik sei eine Waffe, und wenn sie die gegnerische Widerstandskraft schwäche, habe sie den Wert von Millionen Gewehrkugeln. Wir hätten Bernadotte zu erklären: Die Resolution vom 29. November sei möglicherweise mit gewissen Änderungen ebenso zu bejahen wie ein Bündnis mit Transjordanien, doch jeder der beiden Staaten habe in den Vereinten Nationen zu bleiben. Beide Länder könnten ihre Außenpolitik unter der Bedingung miteinander abstimmen, daß Abdallah auf Verträge mit den Großmächten verzichte. Wir hätten darauf zu beharren, daß anderen Staaten die Errichtung militärischer Stützpunkte nicht gestattet werde. Es sei notwendig, den Einfluß der Engländer im Nahen Osten zu brechen. Im gemeinsamen obersten Gremium mit Abdallah hätten je drei Juden und Araber ohne fremde Beteiligung zu sitzen. Ein Teil Westgaliläas sei für uns wichtig, und was den Negev betreffe, wäre Bentov einverstanden, daß der südliche Zipfel außerhalb Israels bleibe.

M. Schapira vermutete, daß die Araber den Krieg unter britischem

Einfluß wieder aufnehmen würden. Stünden wir vor der Wahl: entweder Friede unter bestimmten Verzichten oder ein Krieg, dessen Ergebnisse nicht vorauszusehen sind – wäre der Frieden vorzuziehen. Von den drei unabdingbaren Voraussetzungen (Souveränität, Einwanderung, Jerusalem) seien die ersten beiden klar; über Jerusalem müsse man sich schlüssig werden. Würden wir in Jerusalem die Verwirklichung der Resolution vom 29. November durchsetzen, so wäre dies ein großer Erfolg. In letzter Zeit spreche man davon, daß Jerusalem jüdisch werden und die Regierung dorthin übersiedeln müsse. Auch er stimme dem zu, doch das Ganze sei irreal. Schapira empfahl, nicht auf alle Punkte in der Note Bernadottes mit Nein zu antworten. Die Frage Galiläas und des Negev sollten Gegenstand von Verhandlungen sein.

Kaplan sagte, daß wir alle zwar den Frieden herbeisehnten, doch die Anträge Bernadottes ließen die Hoffnungen schrumpfen. Er mache uns Vorschläge, als ob wir den Krieg verloren hätten. Eine Waffenruhe sei, auch aus wirtschaftlichen Erwägungen, anzunehmen, wenn sie nicht unbegrenzt bleibe. Während der Waffenruhe koste uns die Armee vier Millionen Pfund im Monat, diese schwere Last könne nicht endlos getragen werden. Die schwache Basis unserer Wirtschaft würde dadurch weiter erschüttert. In der laufenden Woche seien den Soldatenfamilien 210 000 Pfund, das heißt nur ein kleiner Teil ihrer Ansprüche, ausgezahlt worden. Außer den Aufwendungen im Inland hätten wir auch große Zahlungen im Ausland zu leisten. Vor einer Zollunion müsse gewarnt werden. Die Zusammenarbeit mit vielen Staaten sei willkommen, doch die Zollunion würde uns unter die Aufsicht jener Großmacht stellen, die hinter Abdallah stehe.

Im Hafen von Haifa könnten Transjordanien, dem Irak und dem Iran auch ohne Bernadottes Einmischung Freizonen eingeräumt werden.

In seinen Schlußbemerkungen sagte Sharett zur Jerusalem-Frage, daß es zweifelsohne erwünscht wäre, wenn die Stadt jüdisch bliebe, doch das Problem sei strittig. Die Christenheit habe in Jerusalem Bankrott gemacht, was aber nicht bedeute, daß sie Jerusalem fallenlasse. Es müsse klipp und klar gesagt werden, daß wir gegen ein arabisches Jerusalem kämpfen werden. Wer ein internationalisiertes Jerusalem anstrebe, sollte verstehen, daß wir auch dieses Ziel nur über einen Krieg gegen ein arabisches Jerusalem erreichen könnten. Verhandlungen über den Skopusberg würden geführt, und man spreche davon, daß auf den Gebäuden der Hadassa und der Universität die Fahne der Vereinten Nationen gehißt werden solle. Unsere Armee-Einheiten würden durch eine Polizeitruppe von 120 Mann abgelöst werden. Sharett beantragte: 1. Jeder Vorschlag, unsere Souveränität und die Einwanderung einzuschränken und Jerusalem den Arabern auszuliefern, müsse eindeutig zurückgewiesen werden. 2. Auf dem Beschluß vom 29. November sei zu beharren, wobei Abänderungen aus zwei Gründen notwendig scheinen: a) Die Araber haben trotz des Beschlusses der Vereinten Nationen den Angriff auf uns eröffnet und b) wir haben in diesem uns aufgezwungenen Krieg gesiegt. 3. Die Zusammenarbeit oder ein Bündnis mit Transjordanien sei durch Verhandlungen mit dem Partner anzustreben.

Es wurde beschlossen, die Abstimmung auf die nächste Sitzung am kommenden Sonntag, dem 7. Juli 1948, zu verschieben.

Meinungsverschiedenheiten mit dem Vermittler

Aus Gesundheitsgründen konnte ich mich an dieser Sitzung nicht beteiligen. Kaplan führte den Vorsitz.

Sharett berichtete über zwei Gespräche mit Bernadotte, dem er schriftlich den Einspruch der Regierung gegen die Empfehlungen zu den drei Fragen (Jerusalem, Einwanderung, Souveränität) übermittelt hatte. Bernadotte stellte eine Antwortnote in Aussicht. Gesprächsgegenstand waren die Waffenruhe und die Demilitarisierung Jerusalems. Noch am gleichen Tage kam es zu einer zweiten Zusammenkunft, bei der Bernadotte mitteilte, er fliege nach Kairo, um dort den Bescheid der Ägypter zu erhalten. Am Nachmittag wolle er zurückkehren. Sollten beide Parteien oder eine von ihnen der Fortsetzung der Waffenruhe widersprechen, werde er beantragen, sie jedenfalls um drei Tage zu verlängern, damit die 250 UNO-Beobachter ihre Positionen räumen könnten. (In Wahrheit, erläuterte Sharett dem Kabinett, brauche Bernadotte die drei Tage zur Einberufung des Sicherheitsrates, der über die negativen Antworten der Parteien zu beraten haben würde.) Sharett sagte dem Vermittler ferner, es sei unstatthaft, Einwanderer, die in den Konzentrationslagern der Nazis eingesperrt waren, weiter in Lagern festzuhalten. Bernadotte erwiderte, diese

Überlegung wäre für ihn bei dem Vorschlag maßgebend gewesen, die Einwanderung der Flüchtlinge nach Palästina zu verhindern. Sharett entgegnete, Bernadotte und er gingen in ihren humanitären Auffassungen konform, kämen jedoch zu unterschiedlichen Schlüssen. Anstatt die wehrpflichtigen Einwanderer in Lagern zu halten, müßte man ihnen Personalausweise geben, die bezeugten, daß sie vom Militärdienst befreit seien. Die Beobachter Bernadottes könnten sie in ihren Wohnungen oder an ihren Arbeitsplätzen aufsuchen. Bernadotte stimmte zu, alle Einwanderer aus dem Lager zu befreien und keinen mehr in ein Lager einzuweisen. Wir sollten jedoch die Einwanderer zu Kontrollzwecken, soweit dies möglich wäre, in gemeinsamen Quartieren unterbringen. Sharett pflichtete mit der Einschränkung bei, daß in Ausnahmefällen Einwanderern erlaubt sein möge, bei Verwandten Wohnung zu beziehen.

In dem Gespräch mit Bernadotte beschwerte sich Sharett, daß man die Wasserzufuhr nach Jerusalem nicht erneuert habe. Bernadotte sagte, er habe gehört, daß wir eine neue Wasserleitung nach Jerusalem legen wollen. David Horowitz, der an der Regierungssitzung teilnahm, warf ein, daß diese Leitung erst in zwanzig Tagen gebrauchsfähig sein werde. Bernadotte teilte mit, der transjordanische Ministerpräsident habe ihm bedeutet, daß die neue Wasserleitung eine Verletzung der Waffenruhe darstelle. Es gebe, fuhr Bernadotte fort, weitere Verletzungen des Abkommens. So habe der Ezel Soldaten und Waffen während der Waffenruhe nach Jerusalem gebracht, obwohl die Regierung dies verhindern wollte. Zur Frage des freien Zugangs zur Klagemauer sagte der Vermittler, die Legion sei zu einer Genehmigung bereit, lehne es jedoch ab, die Verantwortung für Heckenschützen zu übernehmen. Daraus ergebe sich, stellte Sharett fest, daß die Legion keine Macht über die Heckenschützen habe. Man möge uns also erlauben, Juden in Panzerwagen zur Klagemauer zu bringen. Bernadotte wies dies mit der Begründung zurück, daß es zu Schießereien kommen würde, die Menschenopfer fordern könnten.

Sharett versuchte, in dem Gespräch mit Bernadotte die Fragen der Demilitarisierung Jerusalems und des Freihafens in Haifa zu klären. Bernadotte erläuterte, daß es in Jerusalem weder jüdische noch arabische Truppen geben solle, sondern eine aus 1500 Amerikanern, Belgiern und Franzosen zusammengestellte Garnison. An der Administration der demilitarisierten Stadt, in die keine Waffen gebracht werden dürften, würde sich nichts ändern. Die Versorgung Jerusalems läge in den Händen der Vereinten Nationen. Sollten sich die Parteien für die Demilitarisierung Jerusalems, aber gegen die Fortsetzung der Waffenruhe aussprechen, könne er, Bernadotte, die internationale Besatzung innerhalb von drei Tagen nicht sicherstellen. Daher würde er vorschlagen, daß für Jerusalem die Waffenruhe auf jeden Fall fortdauern sollte. In Haifa werde an eine Einschränkung der israelischen Souveränität nicht gedacht. Freilich wäre die Anwesenheit von Militär im Hafen nicht zulässig. In seinem jüdischen Teil würde jüdische, im arabischen Teil arabische Polizei stationiert sein. Bei der Frage Sharetts, ob die Einfuhr von Waffen über Haifa erlaubt sein würde, geriet Bernadotte in Verlegenheit. Einer seiner Mitarbeiter bemerkte, der Import von Waffen sei über einen demilitarisierten Hafen unstatthaft. Die Ölraffinerie in Haifa würde unter der Aufsicht einer UN-Polizei stehen. Man nehme an, der Irak werde dann die Rohrleitung weiter in Betrieb halten. Das Öl stünde Juden, Arabern und selbstverständlich der ganzen Welt zur Verfügung. Dies sei der Zweck der Demilitarisierung des Hafens, und ohne die Einbeziehung der Raffinerie hätte man den Vorschlag gar nicht gemacht. Das gleiche habe von der Eisenbahnstrecke Haifa – Jerusalem zu gelten, auch sie müsse der Kontrolle der Vereinten Nationen unterstehen, was den Souveränitätsrechten Israels und der Araber keinen Abbruch tun würde. Die Trasse führe auch jetzt über israelisches und arabisches Gebiet.

Nachmittags überbrachte Bernadotte seine schriftliche Antwort auf die Note Sharetts, in der er einen Mangel an »Fairneß« rügte. Bernadotte habe nicht die Absicht gehabt, die Souveränität Israels anzutasten und uns seinen Vorschlag aufzuoktroyieren. Er habe nur empfohlen, daß wir aus freien Stücken Verhandlungen eröffnen mögen, und uns anheimgestellt, Gegenvorschläge zu machen – was nicht geschehen sei. Der einzige Vorschlag, den er vorlegen könne, sagte Sharett, sei, die arabische Welt solle mit Israel Frieden schließen.

In der Regierungssitzung äußerte Sharett die Auffassung, der Demilitarisierung Jerusalems sei grundsätzlich beizupflichten und die Verlängerung der Waffenruhe in Verbindung mit der Demilitarisierung anzunehmen. Ernste Bedenken bestünden gegen eine Demilitarisierung des Haifaer Hafens, der Raffinerie und der Eisenbahn, denn hier handle es sich um Schlüsselpositionen.

Nach einer kurzen Aussprache wurde beschlossen, der Verlängerung der Waffenruhe zuzustimmen, die Demilitarisierung Haifas, der Ölraffinerie und der Eisenbahnstrecke Haifa–Jerusalem jedoch abzulehnen. Wenn eine Übereinkunft über die Demilitarisierung Jerusalems zustande käme, werde den Vereinten Nationen die Erlaubnis erteilt werden, über Haifa und von dort mit der Eisenbahn Versorgungsmaterial für die UNO-Besatzung nach Jerusalem zu bringen. Die Regierung sei bereit, die Demilitarisierung Jerusalems nach Beratung mit den militärischen Stellen anzunehmen. Nach Beendigung der für die Demilitarisierung vorgesehenen Frist werde der Status quo ante wieder hergestellt.

Die Regierung kam am gleichen Tage noch einmal zusammen. Auch bei dieser Sitzung war ich nicht zugegen.

Sharett berichtete über eine neuerliche Zusammenkunft mit Bernadotte, der mit einer größeren Begleitung als jemals vorher auftrat und mitteilte, noch keinen Bescheid der Araber erhalten zu haben, da das ägyptische Parlament den ganzen Tag über mit der Sudan-Frage befaßt gewesen sei. Kairo habe versprochen, noch heute abend zu antworten. Bernadotte sagte zu, die ägyptische Note am nächsten Morgen an uns weiterzuleiten. Sharett beschwerte sich bei Bernadotte abermals über die Unterbrechung der Wasserleitung nach Jerusalem, was einen klaren Bruch der Waffenruhe bedeute. Nach Bernadottes Behauptung seien die Araber der Meinung, Jerusalem habe ein größeres als das erlaubte Quantum Wasser bekommen. Sharett stellte eine Erledigung der Jerusalemer Demilitarisierungsfrage in ein bis zwei Tagen in Aussicht und fragte Bernadotte inoffiziell, ob ihm etwas über die Haltung der Araber bekannt sei. Bernadotte war bereit, seinen persönlichen Eindruck wiederzugeben: Die Araber reagierten ablehnend auf den Vorschlag einer Fortdauer der Waffenruhe, bejahten hingegen deren dreitägige Verlängerung und die Demilitarisierung Jerusalems.

Am nächsten Tage fand eine weitere Sitzung des Kabinetts statt. Wieder mußte ich fernbleiben. Sharett teilte mit, daß er sich morgens mit Bernadotte und Bunche in Verbindung gesetzt habe. Die Araber seien gegen eine Fortsetzung der Waffenruhe und lehnen auch ihre Verlängerung um drei Tage ab. Sie stimmen nur der Demilitarisierung der Altstadt zu. Ihre Antwort zur Haifa-Frage lasse keinen Raum für eine Übereinkunft. Bernadotte habe seinen Leuten bereits den Auftrag erteilt, das Land zu verlassen. Sharett gab dem Kabinett bekannt, daß er mit mir und mit Jadin Beratungen gepflogen habe. Es wurde entschieden, noch heute abend mit militärischen Aktionen zu beginnen. Ich telegrafierte dies Abba Eban, damit er die Mitglieder des Sicherheitsrates in Kenntnis setzen könne. Er möge erläutern, daß wir für, die Araber gegen die Fortsetzung der Waffenruhe seien. Die arabischen Armeen hätten die feindseligen Handlungen bereits eröffnet; wir seien daher zu sofortigen Gegenmaßnahmen gezwungen.

Die Regelung der Demilitarisierung des Skopusberges ist abgeschlossen. Dort werden sich 85 mit Gewehren, Revolvern und Maschinengewehren ausgerüstete israelische Polizisten befinden. Auch das benachbarte Augusta-Viktoria-Hospital wird demilitarisiert, wo 40 arabische Polizisten ihren Dienst verrichten werden. Die Parteien haben sich verpflichtet, nicht aufeinander zu schießen.

Die Regierung weist Bernadottes Vorschläge zurück
Der Sicherheitsrat schlägt Verlängerung der Waffenruhe vor

Je näher das Ende der Waffenruhe rückte, desto stärker wurde der Druck, den Bernadotte auf uns ausübte. Am Abend des 5. Juli fand eine Sitzung des Staatsrates statt, in der Sharett die Haltung der Regierung zu den Vorschlägen des schwedischen Vermittlers über Jerusalem, die Wirtschaftsunion, die Einwanderung und das Hoheitsgebiet des Judenstaates darlegte. Der Außenminister hob besonders hervor, daß Bernadotte in seinen Empfehlungen mit keinem Wort den historischen Beschluß der Vollversammlung der Vereinten Nationen vom 29. November 1947 erwähnt und zwei grundsätzliche Tatsachen mit Schweigen übergangen hatte: 1. den faktischen Bestand des souveränen Judenstaates auf dem durch die Resolution der Vollversammlung bezeichneten Gebiet und 2. die territorialen Änderungen, die eingetreten waren, weil wir durch erfolgreiche Defensivmaßnahmen der arabischen Aggression Herr werden konnten. Der Beschluß vom 29. November 1947 sei durch das jüdische Volk als ein mit schweren Opfern und großen Verzichten erkaufter Kompromiß angenommen worden. Eine Verkleinerung des Gebietes sei keinesfalls denkbar. Hingegen müsse nun eine Verbesserung der Grenzziehung angesichts der Gefahr gefordert werden, die, wie sich herausgestellt habe, als Ergebnis der arabischen Angriffe dem Bestand und der territorialen In-

tegrität Israels drohe. Wir streben zwar gute nachbarliche Verhält-
nisse, den Frieden und enge Zusammenarbeit mit den Arabern an; die
internationalen Regelungen, zu denen man gelangen müsse, können
aber dem Staat Israel nicht aufgezwungen werden. Sie seien auf dem
Verhandlungswege festzulegen.

Sharett beschäftigte sich in seinem Referat auch mit der Frage der
Wirtschaftsunion. »Wir stimmten und stimmen nach wie vor dem
Plan einer bestimmten wirtschaftlichen Verbindung zu, wie sie im Beschluß vom 29. November vorgezeichnet ist. Allerdings müssen sämtliche Voraussetzungen, auf denen das Programm der Union in der Resolution beruhte, erfüllt werden. Im Vorschlag Bernadottes ist davon
keine Rede, er empfiehlt uns vielmehr einen anderen Partner. Die vorgeschlagene Änderung können wir nicht annehmen.

Jeder Versuch, die Einwanderung zu beschränken, muß als Versuch
einer Schmälerung unserer Selbständigkeit und Souveränität gewertet
werden. Eine der Prärogativen des Judenstaates, auf die er nicht verzichten kann, ist, den Umfang der Einwanderung und ihre Zusammensetzung zu bestimmen. Die Völker der Welt haben den Anspruch
des jüdischen Volkes auf einen eigenen Staat anerkannt, und keine
Regierung des Staates Israel wird irgendeiner Verminderung ihrer
Rechte in Einwanderungsangelegenheiten oder auch nur einer Zusammenarbeit in dieser Frage mit irgendeinem Land oder mit irgendeinem internationalen Gremium ihre Zustimmung geben.

Was Jerusalem angeht, sind wir durch den unheildrohenden Vorschlag Bernadottes, die Stadt einem arabischen Regime auszuliefern,
zutiefst betroffen. Die Empfehlung leistet keinen Beitrag zu einer
friedlichen Lösung. Sie verschließt sich völlig den historischen Erfahrungen und den durch die Realität geschaffenen Tatsachen. Bernadotte versteht nicht die zentrale Rolle, die Jerusalem auch in der
Gegenwart für das jüdische Volk spielt. Bei Ausbruch der Feindseligkeiten stellten die Juden zwei Drittel der Bevölkerung der Stadt dar,
und ihr Anteil wuchs mit der Evakuierung der Araber. Das ganze neue
Jerusalem befindet sich in unseren Händen. Bernadotte nimmt zudem
keine Kenntnis davon, daß die Vereinten Nationen nach genauer Prüfung der Sachlage und mit dem absolut einmütigen Votum der christlichen Völker die Internationalisierung der Stadt beschlossen. Die
Provisorische Regierung hat Bernadotte wissen lassen, daß das jüdische Volk, der Staat Israel und die Juden Jerusalems sich auf keinen

Fall mit dem Versuch abfinden werden, Jerusalem den Arabern zu übergeben. Es ist in diesem Zusammenhang belanglos, wie die den Juden vorgeschlagene örtliche Selbstverwaltung und wie der ihnen angebotene freie Zugang zu den Heiligen Stätten formal gesichert werden können. Die Juden werden sich mit allen Kräften dagegen wehren, daß man ihnen in Jerusalem eine arabische Oberhoheit zumutet.«

Sharett fügte hinzu, daß sich die Regierung mit der Beantwortung der hauptsächlichen Fragen begnüge. Die schriftliche Antwort werde Bernadotte vor einem Gespräch überreicht werden, wenn dieser ein solches Gespräch wünsche. Der Außenminister unterrichtete den Provisorischen Staatsrat, daß die Araber auf die Empfehlungen des Vermittlers einen ablehnenden Bescheid gegeben und Gegenvorschläge, die wir nicht kennen, eingereicht hätten. Es ließe sich vermuten, daß die Forderung nach einem arabischen Palästina wiederholt würde. In den Anträgen Bernadottes seien deutliche Spuren der Auffassungen des englischen Foreign Office zu entdecken. Aus Washington lägen bisher unbestätigte Nachrichten vor, daß das State Department die Anträge Bernadottes nicht unterstütze.

Die Haltung der Provisorischen Regierung wurde nach einer Debatte mit 27 gegen 4 Stimmen gebilligt.

Bernadotte erhielt die israelische Antwort am 6. Juli – die arabische Entgegnung war ihm schon vorher zugestellt worden – und regte in einer Depesche an den Sicherheitsrat an, Schritte zur Verlängerung der Waffenruhe zu ergreifen. Das Telegramm wurde dem Vorsitzenden des Sicherheitsrates, dem Ukrainer Manuilsky, überreicht. Der syrische Vertreter widersprach der Fortdauer der Waffenruhe. Die Delegierten der USA, Frankreichs, Belgiens und Englands forderten, über das Ansuchen Bernadottes zu beraten. Gromyko, der Vertreter der Sowjetunion, erhob keinen Einwand gegen eine Aussprache über die Verlängerung der Waffenruhe, sagte jedoch, daß man über das neue Programm, das Bernadotte Israel und den Arabern vorgeschlagen habe und das in Gegensatz zur Resolution der Vollversammlung stehe, nicht einfach hinweggehen könne. Jemand habe die Waffenruhe für seine eigenen Zwecke und im Widerspruch zum Beschluß des Sicherheitsrates ausgenutzt. Der Vorsitzende Manuilsky erklärte, man könne zwar der Auffassung nicht widersprechen, daß eine Verlängerung der Waffenruhe erwünscht sei; unter ihrem Deckmantel seien aber entgegen dem Beschluß des Sicherheitsrates heimliche Übereinkünfte getroffen worden. Bernadotte habe Vorschläge gemacht, zu denen er nicht legitimiert war. Man könne über die Waffenruhe nicht debattieren, ohne die Tatsache in Rechnung zu stellen, daß der Vermittler seine Vollmachten überschritten habe. Die Aussprache wurde am nächsten Tag fortgesetzt.

Der Beschluß des Sicherheitsrates vom 7. Juli, der dann mit acht Stimmen und bei drei Stimmenthaltungen (Sowjetunion, Ukraine und Syrien) angenommen wurde, nahm Bezug auf die Depesche Bernadottes und wandte sich an alle beteiligten Parteien mit dem dringenden Appell, die Waffenruhe für einen Zeitraum zu verlängern, der in Verhandlungen mit dem Vermittler festzulegen wäre.

In der Sitzung ereignete sich ein Vorfall von grundsätzlicher Bedeutung. Der Vorsitzende Manuilsky forderte Abba Eban als »Vertreter des Staates Israel« auf, am Verhandlungstisch Platz zu nehmen. Bis dahin hatte Eban als »Vertreter der Jewish Agency« an den Beratungen teilgenommen. Der syrische Beauftragte rügte, daß der Vorsitzende sich dadurch gegen die Regeln der Prozedur vergangen habe. Der britische Vertreter teilte mit, daß die Handlungsweise des Vorsitzenden, der sich der Bezeichnung »Staat Israel« bedient hatte, seine Regierung in der Frage der Anerkennung oder Nichtanerkennung des Staates, den die Juden ausgerufen hätten, keineswegs verpflichten könne. Der Vertreter des Obersten Arabischen Komitees verließ die Sitzung zum Zeichen des Protestes. Manuilsky erwiderte auf die Vorwürfe, die Juden Palästinas hätten nie zu Syrien oder einem anderen arabischen Staat gehört, daß der Beschluß der Vollversammlung vom 29. November 1947 über die Errichtung des Staates Israel gelte und daß der nach Beendigung des Mandates gegründete Staat Israel von einer Reihe von Staaten, darunter von der Sowjetunion und von den Vereinigten Staaten, anerkannt wurde.

Auf Grund eines Antrages Gromykos wurde darüber abgestimmt, wer von den Mitgliedern des Sicherheitsrates der Bezeichnung »Staat Israel« widerspreche. Fünf Staaten, Belgien, England, Syrien, China und Kanada, waren gegen die Benutzung des Namens »Staat Israel«. Da die Charta ein Minimum von sieben Stimmen zur Aufnahme eines Antrages verlangte, erklärte der Vorsitzende, daß der Begriff »Staat Israel« im amtlichen Gebrauch des Sicherheitsrates zu verwenden sei. Kanada und Belgien lehnten die Form, in der der Antrag angenommen wurde, ab und gingen zur Beratung des Themas, d. h. der Verlängerung der Waffenruhe, über. Wie schon erwähnt, wurde im Sinne der Empfehlung Bernadottes entschieden.

In der Debatte über die Fortdauer der Waffenruhe sagte Gromyko, Bernadotte habe den Beschluß der Vollversammlung ohne jede Berechtigung außer acht gelassen. Der Vermittler habe nichts für die Herstellung des Friedens getan, sondern Öl ins Feuer gegossen. Er habe die Vereinigung Transjordaniens mit dem Staat Israel empfohlen, was der Resolution der Vollversammlung über die Errichtung zweier selbständiger Staaten in Palästina zuwiderlaufe. Die Initiatoren des von Bernadotte vorgeschlagenen Programms dürften nicht hoffen, den Teilungsbeschluß aufheben zu können. Einer der Staaten, dessen Gründung beschlossen wurde, übe bereits seine souveränen Rechte aus. Darüber hinaus versuche das Programm Bernadottes, die Feindschaft zwischen Juden und Arabern zu schüren und den aggressiven Elementen im arabischen Lager den Rücken zu stärken. In Transjordanien herrsche ein Marionettenkönig, der sein Gehalt vom britischen Schatzamt beziehe. Dieser König habe kein Recht auf einen Zollbreit Boden in Palästina. Die Weltmeinung habe ihr Urteil über die arabische Aggression und die britische Politik in Palästina bereits gesprochen. Die Engländer hätten sich mit Hilfe der Arabischen Legion, die unter ihrem Kommando stehe, auf ein militärisches Abenteuer eingelassen. Sie würden dabei von einigen westlichen Staaten, u. a. von den USA, gefördert, und versuchten, gegen den Staat Israel und gegen die echten Interessen der Araber Vorteile zu erzielen. Wer sich zum Beschluß der Vollversammlung bekenne, werde nicht bestreiten, daß die geheimen Kräfte, die hinter Bernadotte ständen, aufgedeckt werden müßten. Man dürfe sich nicht über die Ansicht wundern, hinter den Vorschlägen Bernadottes stehe das britische Außenamt, das sich bemühe, Streitigkeiten zwischen Juden und Arabern anzufachen und den Beschluß der Vollversammlung auf Kosten des Staates Israel und des künftigen arabischen Staates in Palästina zu liquidieren. Die Fortsetzung der Waffenruhe unter den gegebenen Bedingungen gefährde die Stellung derer, die die UNO stärken und ihre Entscheidungen annehmen, und helfe denjenigen, die Beschlüsse ungeschehen machen möchten. Die Delegation der Sowjetunion, die den Gedanken der Waffenruhe unterstütze, werde sich der Stimme enthalten, weil sie mit Bernadottes Bedingungen nicht einverstanden sei.

Der Vertreter Syriens erwiderte Gromyko, die Behauptung der kommunistischen Länder, der Teilungsbeschluß sei nach wie vor in Kraft, treffe nicht zu. Bernadotte sei berechtigt, Vorschläge nach seinem Gutdünken zu unterbreiten, und den Parteien sei es anheimgestellt, diese Vorschläge anzunehmen oder abzulehnen. Nach Abgabe des Votums erklärte der syrische Delegierte, er habe sich der Stimme enthalten, da die Entscheidung über die Frage den Parteien überlassen werden sollte. Er sei überzeugt, daß die arabischen Staaten die Waffenruhe ablehnen würden, wenn sie keine Garantien für die Verhinderung von Verletzungen des Abkommens, wie z. B. im Falle der *Altalena*, erhielten.

Wie schon erwähnt, wurde die Verlängerung der Waffenruhe mehrheitlich angenommen.

Joachim Schlör
Was geht uns alles andere an?

»Waffenruhe« ist bis heute nicht eingetreten. Fünfzig Jahre nach der Gründung des Staates Israel wirkt die Geschichte, die David Ben Gurion erzählt, fast unheimlich gegenwärtig. Die Fronten sind geblieben, zwischen Syrien, dem Libanon, Jordanien, Ägypten und der großen arabischen Halbinsel im Südosten liegt immer noch, im Blickpunkt der Weltöffentlichkeit und doch manchmal in sich gekehrt, auf der Suche nach dem eigenen Ort, dieses kleine Land. Kaum eine der Fragen, die Ben Gurions Text stellt, ist beantwortet.

Israel. Umstritten, bedroht, verteidigt, verdammt, gepriesen. Wer – zumal in Deutschland – unergriffen, unbeteiligt bleibt, wenn von diesem Land die Rede ist, hat eins noch nicht erkannt: Israel hat mit uns zu tun, und wenn wir Menschen sind und die Fähigkeit zu träumen noch nicht verloren haben, haben wir mit diesem schwierigen Land zu tun.

Traumgeboren wie viele, gehört Israel zu den wenigen Utopien, die Wirklichkeit fanden. Was alle beschäftigt, mit Grund, ist die Realität des heutigen Tages, die Unvollkommenheit des Erreichten. Der Staat Israel existiert, aber er ist nicht im Frieden mit seinen Nachbarn und nicht im Frieden mit sich selbst. Davon, wie es dahin kam, berichtet *Israel – Der Staatsgründer erinnert sich*, oder vielmehr: Es berichtet einen Teil. Das gilt zunächst ganz praktisch: Diese Neuauflage des 1969 in hebräischer und 1973 in deutscher Sprache erschienenen Berichts, der zeitgenössisches Tagebuch und spätere Kommentierung miteinander verbindet, umfaßt vom Original nicht ganz die Hälfte. Wer das Ganze nicht kennt, fragt sich, was fehlt.

Diese Frage gilt zum einen den Auslassungen und soll im Folgenden, in groben Zügen, beantwortet werden. Sie kann aber auch an den Autor selbst gerichtet werden: Was fehlt? Wenn hier der Versuch unternommen wird, an Punkten einzuhaken, die heutigen Lesern mit ihrem heutigen Wissen frag-würdig erscheinen, unvollständig, einseitig vielleicht, dann sei gleich anfangs betont, daß Denkmalssturz nicht geplant ist und nachträgliche Besserwisserei nicht angebracht. Allerdings ist seit 1973 viel Zeit vergangen, und Ben Gurions Text, der durch nichts stärker besticht als durch seine Authentizität und die direkte Stimme, die aus ihm spricht, ist inzwischen zum Dokument geworden.

Ein Dokument, das Autorität beansprucht und unter den zahlreichen Veröffentlichungen, die zum 50. Jahrestag der Errichtung des Staates Israel erscheinen, eine Sonderstellung einnimmt. Hier spricht der Mann, der am 14. Mai 1948 im Museum zu Tel Aviv, unter einer blau-weißen Flagge und unter dem Porträt Theodor Herzls, den Text der Unabhängigkeitserklärung (von einem atemlosen Emissär mit letzten Korrekturen gerade noch rechtzeitig in das Haus am Rothschild-Boulevard gebracht) vorgetragen hat; der Mann, dessen weißer Haarkranz unter den würdigen Herren aufleuchtet und zum charakteristischen Erkennungszeichen einer ganzen Generation wurde, in Israel und außerhalb: Das sind die Gründer des Staates, die Herzls absurd anmutenden Tagebucheintrag von 1897 – »In Basel habe ich den Judenstaat gegründet« – in einem halben Jahrhundert wahrgemacht haben, und David Ben Gurion ist unter ihnen der Erste.

In Israel und außerhalb. Besonders in Deutschland (oder doch in seiner westlichen Hälfte) ist der Name und das Bild Ben Gurions untrennbar mit der Rückkehr des Landes in die Völkerfamilie verbunden, die nach der Aufnahme von Verhandlungen über die »Wiedergutmachung« – als materielle Entschädigung der Überlebenden des Holocaust, aber auch als Unterstützung Israels – beträchtlich erleichtert war (und sich selbst wieder in einem Bild symbolisiert findet, dem der Begegnung des Mannes im weißen Haarkranz mit dem hageren alten Kanzler, in einem Kibbuz in der Wüste).

Das ist eine Geschichte, die von Bildern überlagert wird. Es ist gar nicht die Absicht dieses Nachworts, die Bilder und Überlagerungen abzutragen, um womöglich zur Geschichte, »wie sie wirklich gewesen«, zurückzufinden. Die Bilder sind bereits Bestandteil der Geschichte, daran läßt sich nichts mehr ändern. Das hätte dem pragmatischen Visionär Ben Gurion, der Mythen und Metaphern der jüdischen Geschichte so gut kannte und benutzte wie kein anderer, vermutlich gefallen. Vielleicht hätte er es auch überflüssig gefunden, daran herumzudeuten, und die Anwesenden barsch aufgefordert, lieber an die Arbeit zu gehen. Aber es ist wohl so, daß der unmittelbaren Kontaktaufnahme zu Israel, der direkten, warum nicht: »unverkrampften« Begegnung mit dem Land und den Menschen, Hindernisse entgegenstehen. Bilder, Vorurteile, Tagesnachrichten, ein seltsames Gemisch von Angst und Aggression, das sich längst nicht nur in Deutschland findet, hier aber vor dem Hintergrund der belastenden Vergangenheit stärker als anderswo. Welchen Sinn sollte es haben, ausgerechnet in Deutschland Israels 50. Staatsgründungstag so ausführlich und beinah festlich zu begehen, wenn nicht den: Neugier zu wecken, Interesse zu fördern, Begegnung zu ermutigen – auch bei der Generation von Nachgeborenen, die keine persönliche Einbindung in diese Geschichte mehr empfinden?

Wäre es da aber nicht viel besser, bunte Prospekte vom Strandleben in Tel Aviv, vom Tauchlehrgang in Eilat oder vom kulturellen Reichtum Jerusalems zu verteilen? Ja und nein. Ja, weil Reisende, davon angelockt, begreifen könnten, daß Israel ein Land ist wie jedes andere. Nein, weil sie dann glauben könnten, Israel sei ein Land wie jedes andere. Wer über solch offensichtlichen Widerspruch verärgert ist und Aufklärung verlangt, wie es denn nun um die Normalität dieses Landes bestellt sei, ist schon gut vorbereitet für die Lektüre dieses Buchs. Auch dem Sport- und Kulturreisenden begegnet in Israel die Vergangenheit auf eine Weise, die Stellungnahme erfordert (und deshalb Wissen), da bietet Ben Gurions Text präzise und fundierte Auskunft. Die kürzlich vom Feuilleton entdeckte Gruppe der »Philosemiten« – die, heißt es, alles ganz wunderbar finden, was Juden und speziell Israelis tun (ich habe noch keinen getroffen) – findet, wenn es sie denn gibt, hier genügend Stacheln und Stolpersteine für eine nachdenkliche Beschäftigung mit sich selbst. Von den Damen und Herren Antisemiten wollen wir uns hiermit verabschieden, sie finden in dem vorliegenden Text nichts, gar nichts, was ihrer Sache nützen könnte. Versprochen.

Und wir anderen? Die mit dem Wissen von den Folgen des Nationalsozialismus leben und fragen, wie sich daraus ein Verhältnis zu Israel entwickeln läßt; die vor der heutigen Situation im Nahen Osten – nach dem Mord an Yitzhak Rabin, nach der Wahl Benjamin Netanjahus zum israelischen Ministerpräsidenten, nach dem Stillstand in den so hoffnungsvoll begonnenen Friedensverhandlungen, nach den Terroranschlägen in den Märkten und Straßen Jerusalems – mit Nachfrage, Unverständnis und Kritik stehen und nach Antwort suchen; die sich für die Geschichte dieses von Religion und Politik aufgewühlten Landstrichs interessieren, die vielleicht sogar schon einen Geschmack vom Land bekommen haben und sich in grauen deutschen Wintern hinübersehen in die Wärme? Auch für uns ist »Ben Gurion« kaum noch mehr als der Flughafen, und vielleicht noch ein Straßenname da, ein kleines Museum dort.

Das ist doch erstaunlich. Shabtai Teveth beginnt seine Biographie, das Standardwerk, mit einer Aufzählung der Tätigkeiten Ben Gurions, die ihn insgesamt 66 Jahre, länger wohl als jeden anderen Staatsmann dieses Jahrhunderts, in der aktiven Politik hielt.[1] So viele Funktionen (fast immer führende), so viele Länder von Polen über das osmanische Palästina und die Türkei und die USA und Großbritannien bis Israel, so viele Tagebücher: fünfzig dicke Bände werden sie einmal füllen, wenn sie alle veröffentlicht sind; dreißig Bücher dazu, etwa 250 Veröffentlichungen insgesamt. Das Archiv in seinem letzten Wohnort Sde Boker enthält 750000 einzelne Titel (Teveths Biographie, die bis 1948 reicht, umfaßt denn auch 967 Seiten). All dies trug dazu bei, Ben Gurions Leben – so Teveths grundlegende These – als einen Weg zum »establishment of authority«, nämlich seiner Autorität als erster Vertreter der zionistischen, der israelischen, ja: der jüdischen Sache im 20. Jahrhundert zu fundieren. Das ist heute überraschend weit weg. Zeit, wieder einmal nachzuschlagen, dafür sind Bücher da.

David Ben Gurion aus Płońsk

Płońsk 1886. 361 Häuser, die meisten aus Holz. Eine gepflasterte Straße, die Straße der Synagogen. 7900 Einwohner, davon 4500 Juden, Schneider, Handwerker, Inhaber kleiner Brauereien oder Sägewerke. In die Familie von Avigdor und Scheindel Green (oder Grien oder deutsch wohl am besten Grün) wird am 16. Oktober, als sechstes Kind, ein Junge geboren, David-Joseph. Er besucht im Alter von drei Jahren den »modernen« Cheder (die jüdische Grundschule) seines Vaters, des Advokaten, der 1890 die örtliche Gesellschaft der *Chibbat Zion*, der »Zionsfreunde«, gründet und unter den Juden in der Stadt 60 Kilometer nördlich von Warschau – das damals russische Provinzstadt war – als Weiser gilt, und als Rebell. Unkonventionell, sagen die Berichte: Ohne Kaftan und im Habit der Aufklärer, der »Berliner«, aber doch anders als sie, durch seine tiefe Liebe zum Land Israel.[2] Das Kind David sollte Hebräisch lernen *und* Russisch (Jiddisch nur für

den Alltag), sollte Bibel lernen *und* die Geographie einer weit entfernten Gegend, der zugehörig sich zu empfinden als eigentliches
Lernziel dem Jungen aufgegeben wurde. Płońsk war durch *Reb Avig-*
dor zionistisches Zentrum im russisch besetzten Teil Polens, bevor es
das Wort »Zionismus« gab. 1896 erschien Theodor Herzls Pamphlet
»Der Judenstaat«, und die Figur des Journalisten aus Wien wurde
denen zum Vorbild, die in ihrer Stadt Geld für die Zionsfreunde
sammelten, das über Odessa in das Land der Väter geschickt wurde.
David war zwölf Jahre alt, als seine sehr geliebte Mutter starb; zur
gleichen Zeit veranstaltete der Journalist aus Wien in Basel einen
Kongreß, von dem Nachricht bald kam.

In dieser Spannung ist der Zionismus entstanden, sie hat ihn immer
begleitet: *Hier* ist die politische Bewegung, entstanden eher im Westen des Kontinents, die mit den Mitteln der Diplomatie und der öffentlichen Propaganda ein nationales Projekt – anderen Bewegungen
der Zeit durchaus vergleichbar – auf den Weg bringen will: die Anerkennung des Judentums als einer nationalen Einheit, die den Anspruch auf einen eigenen Staat erhebt. Die angestrebte Assimilierung
der Juden an die jeweiligen Gesellschaften, in denen sie lebten, galt
den Vertretern des politischen Zionismus als gescheitert (die Mehrheit der Juden Westeuropas wollte ihnen darin nicht folgen), der An-
tisemitismus hatte selbst das fortschrittliche Frankreich ergriffen und
im Osten Europas furchtbare Pogrome entfesselt. Die politischen
Führer der Bewegung – im eigenen Leben oft schon der Religion und
Tradition entfremdet – plädierten nicht immer mit vollem Herzen,
aber letztendlich doch für das alte biblische Land »Palästina« (damals
Teil des Osmanischen Reiches) als Ort für die erhoffte Ansiedlung
einer »öffentlich-rechtlich gesicherten Heimstätte« für die Juden,
und in ihrer Vorstellung sah dieses Land kaum anders aus als die Wiener Ringstraße. Von einer arabischen Bevölkerung des Landes wurde
kaum gesprochen, und wenn, dann, wie bei Herzl, im väterlichen Ton
des (künftigen) Kolonialisten, der auch den »Eingeborenen« Fortschritt bringt.

Dort, auf der anderen Seite, ist das osteuropäische Judentum, keinesfalls einheitlich in seiner religiösen oder politischen Orientierung,
wohnhaft – aber nicht beheimatet – in den Städten und Dörfern des
zaristischen »Ansiedlungsrayons«, aus dessen innerster Mitte eine

Bewegung entsteht, die das überlieferte Streben nach Rückkehr aus der Sphäre religiöser Rituale heraushebt und sie zu einer persönlichen Angelegenheit der einzelnen – zur Herzenssache – und der vielen macht. Dort nimmt keiner den aus römischer Verwaltungszeit erhaltenen Namen »Palästina« in den Mund, dort redet man von Erez Israel, vom Land Israel. Dort verbindet man die Hoffnung auf die Erlösung der Juden mit der Hoffnung auf die Befreiung des Proletariats, gibt dem zionistischen Gedanken den sozialistischen an die Seite, verlangt vom künftigen Leben der Gemeinschaft und der einzelnen eine grundlegende Veränderung. Die ersten sind schon gegangen, seit 1881 (Leon Pinsker, Autor der Streitschrift *Autoemanzipation* von 1882, hat sie von seinem Balkon in Odessa aus auf den Weg geschickt), und haben landwirtschaftliche Siedlungen eingerichtet, *Kwuzoth*, die ums Überleben kämpfen. Von einer arabischen Bevölkerung des Landes wurde auch hier kaum gesprochen, und wenn, dann in der Hoffnung auf gemeinsame Interessen der Arbeiterklasse gegen Landbesitzer und Kapitalisten.

Man trifft sich in Basel und später andernorts auf den Kongressen, redet miteinander, versteht sich aber nur schwer. Streit entsteht. Die »Kulturzionisten« um den Philosophen und Schriftsteller Ahad Ha'am verlangen zuerst eine Rückkehr zum Judentum und seinen grundlegenden humanistischen Werten, bevor von einer Auswanderung die Rede sein kann, kritisieren Herzl und seinen merkwürdigen Roman *Altneuland* (1902), der für fast jede beliebige Nationalbewegung geschrieben sein könnte. Noch fehlt die vermittelnde Figur, die beides in sich vereinigen könnte: tiefe Verwurzelung im Judentum und die Fähigkeit, sich auf dem internationalen Parkett sicher zu bewegen.

Drei Jahre nach dem Basler Kongreß, 1900, gründete der junge David Grün mit Gleichgesinnten den Verein *Ezra*, zur Förderung hebräischer Sprache und Kultur, der man sich verpflichtete. Das klingt banal. Es war mutig und nicht selbstverständlich, deshalb sehr politisch, und es war zugleich jugendbewegt und naiv und deshalb »unpolitisch«: in Rußland, inmitten feindlicher Umwelt, sich als anders zu beweisen. Ein guter Redner schon mit fünfzehn. Mitglied der *Poale Zion* kurz darauf, nachdem in Kischinew und anderswo 1903 – erneut, nach 1882 – Pogrome die jüdischen Viertel durchfuhren.

Poale Zion. Die »Bewegung«, um die Jahrhundertwende in Rußland formiert, versuchte, eine Form des politischen Zionismus mit den Klasseninteressen des jüdischen Proletariats und der Verwirklichung des Sozialismus zu verbinden. Von Rußland aus breitet sich die Bewegung nach Europa und in die USA aus. Sie ist von allem Anfang an durch Spaltungen bestimmt. Was steht im Vordergrund? Die Rückkehr nach Palästina, die die Lebensfragen der jüdischen Arbeiter lösen würde? Oder die Hoffnung auf die sozialistische Revolution, die zuerst in Rußland stattfinden soll und die Arbeiter in ihrer Gesamtheit befreit? Die »Territorialisten« haben meist die Mehrheit davongetragen. 1906 wird die Poale Zion in Palästina gegründet, sie bringt die Fragen mit in das neue Land.

David Grün ist Student in Warschau, aber nur für kurze Zeit. Zionistischer Wanderredner danach im ganzen verbotenen Land Polen, gesuchter Debattierer gegen den sozialistischen »Bund« (der für ein Verbleiben in Europa plädiert und die jiddische Sprache fördert) – aber er ist bald auch Empfänger von Briefen seines Jugendfreundes Shlomo Zemach, der den Traum wahrgemacht hatte und nach Palästina gegangen war. Und zurückgekommen, für kurze Zeit, um David Grün mitzunehmen (zur Überraschung des Vaters, der die plötzliche Realisierung des Traums – wie viele Zionisten – ablehnte).

Etwas wahrzumachen, was bis dahin nur Traum war, das gelingt nicht vielen. Die, denen es gelang, ziehen daraus Stärke für ein ganzes Leben. In Jaffa anzukommen, nach langen Wegen durch ganz Europa, hieß für den, der von seinem Vater so viel mitbekommen hatte, das Gelernte – hier ist doch der Ort, an dem Jonas sein Schiff verlor und vom »Walfisch« verschluckt wurde; hier ist doch der Ort, an dem nach der Zerstörung des zweiten Tempels Tausende von Juden von den Griechen ertränkt wurden – zum Bestandteil des eigenen Lebens zu machen, womöglich sogar das vorherige Leben als wertlos zu streichen: Nun bin ich hier und Teil davon. [Ist es frivol, an dieser Stelle junge Israelis zu zitieren, die unter der Belastung leiden, die ihnen auferlegt wird, die sie selbst empfinden an diesen Orten, die von Geschichte überladen sind?] Nun war er angekommen (zusammen mit der Jugendliebe Rachel Nelkin, die unter den Lebensbedingungen im Land leiden wird und dort einen anderen Płońsker heiratet, Yeheskel Beit-Halachmi) und von Jaffa – enttäuscht. Eine Stadt wie andere, in einem Land, das vom sehnsüchtigen Bild, in Płońsk erdacht, stark abweicht.

Jaffa 1906 war vor allem: eine arabische Stadt.[3] Sie hatte – anders als Jerusalem, Hebron, Safed oder Tiberias – für Juden keine religiöse Bedeutung, lag sogar zeitweilig unter einem rabbinischen Bann, mit dem der Zuzug nach Jerusalem gesichert werden sollte. Ihr äußeres Erscheinungsbild war das einer orientalischen Hafen- und Handelsstadt. Allerdings, als Ben Gurion ankam, bestand, mit 3000 jüdischen gegenüber 15000 arabischen Einwohnern, schon eine beträchtliche jüdische Gemeinschaft, deren wohlhabendere Vertreter gerade damit beschäftigt waren, ein neues Stadtviertel außerhalb Jaffas anzulegen. Mit der Unterstützung von Arthur Ruppin, dem Leiter des Palästina-Amtes in der Stadt, nahmen sie einen Kredit auf, um mit dem Bau von »Achusath Bajit« zu beginnen. Nach seiner Gründung gab man dem neuen Viertel den Namen Tel Aviv.[4] David Grün und sein Freund machten schlechte Erfahrungen in Jaffa und in der umliegenden Gegend, wo jüdische Landbesitzer, finanziell gefördert vom Baron Rothschild und anderen Gönnern des zionistischen Projekts, lieber arabische Arbeiter beschäftigen und die jüdischen Neueinwanderer aus Rußland mit ihren sozialistischen Ideen mißtrauisch betrachten. Keiner hat diese Zeit so anschaulich geschildert wie Shmuel Josef Agnon in seinem Roman *Gestern, Vorgestern*. Der junge Jizchak Kummer, der seine Stadt und sein Europa so gerne verlassen hat, um beim Aufbau des neuen, des eigenen Landes zu helfen, trifft im Kaffeehaus von Jaffa auf andere Arbeiter.

Einer fragte Jizchak: ›Was gibt es Neues auf der Welt?‹ Jizchak, der meinte, es gäbe außerhalb Israels keine Welt, antwortete: ›Ich bin neu im Lande und habe noch nichts gehört. Vielleicht kann ich umgekehrt von Ihnen erfahren, was es an Neuigkeiten im Lande gibt.‹ Der andere ging darauf ein und sagte: ›Neues willst du hören? So höre zu. Was ist das hier? Ein Kaffeehaus, nicht wahr? Und was ist der, der mit dir spricht? Ein Arbeiter im Lande, nicht wahr? Und was ist heute für ein Tag? Ein Tag wie alle anderen, nicht wahr? Was hat denn dann ein Arbeiter am Wochentag im Kaffeehaus zu tun? Er ist aber bei allen Effendis in den Siedlungen im Lande Israel herumgelaufen und hat nichts zu tun bekommen. Und warum hat er nichts zu tun bekommen? Weil die Arbeit bei denen von Arabern getan wird.‹[5]

Ähnlich waren die Erfahrungen von David Grün. Er fand am Ende Arbeit, zunächst in den Zitronenplantagen von Petach-Tikwa, erlebte Hunger und Malaria – die er beide als »neue und interessante Erfahrungen« verbuchte (und in den Briefen nach Hause stark beschönigte) –, und er erlebte vor allem das Land. Das andere Klima, die alles überwältigende Hitze, die Leere des Landes, die nach seiner Vorstellung Besiedlung verlangte. Touristen kommen, schreibt er in einem Brief an seinen Vater, aber unter ihnen sind wenige Juden. »Unsere Leute denken, es sei genug, wenn man dreimal täglich im Gebet an das Land denkt. In Rom gibt es Katholiken, aber in Zion gibt es keine Zionisten.« Von Jaffa aus – wo er sich schon politisch engagiert, bei der Gründungskonferenz der Sozialdemokratischen Hebräischen Arbeiter-Partei (Poale Zion), in deren Führungsgremien er gewählt wurde – findet er in einem Projekt von Manja Vilbushevitz den einen Ort, an dem er sich so zufrieden fühlt wie nie zuvor und vielleicht nie mehr danach. Soedschera, sechzig Kilometer nördlich von Petach-Tikwa – dem »Tor der Hoffnung« –, umgeben von Bergen, Richtung See Genezareth. Keine Händler hier, keine Spekulanten, keine Hilfskräfte von außen: nur das Land und die Hand, die eigene, die es bearbeitet. So sollte das ganze Land sein. Das Projekt hat eine politische Dimension, es soll sowohl der Ausbildung jüdischer Landwirte wie dem ersten Training einer jüdischen Selbstverteidigung im Land dienen. Aber auf den jungen Mann, der David Grün doch noch ist, wirkt, in erbarmungslos karger Schönheit, das Land.

In den Beschreibungen, jeder Biograph färbt sie ein bißchen anders, ersteht vor unseren Augen nicht nur die Gestalt des David Ben Gurion – das ist die Zeit, in der aus »Green« oder »Grün« Ben Gurion (Sohn eines Löwen) wird[6] –, sondern die Essenz der ganzen Geschichte. Aus einem Blickwinkel. Von einer arabischen Bevölkerung des Landes wird auch hier kaum gesprochen. Eine der wenigen Ausnahmen bildet der bereits genannte Arthur Ruppin, der viele landwirtschaftliche und städtische Siedlungen auf den Weg gebracht hat, aber immer für eine Verständigung mit den arabischen Nachbarn plädierte. Für die Pioniere waren die Araber – naiv genug – natürliche Verbündete im antikapitalistischen Kampf oder doch nur Teil der landschaftlichen Dekoration, in der sie als Menschen oder gar als politisch relevante Gruppe nicht wahrgenommen wurden.

»Die Kolonisation Israels erfolgte ohne Mutterland«, schreibt lakonisch Amos Elon. Seine Schilderung der Vertreter der zweiten Einwanderungswelle (hebräisch *alijah*, »Aufstieg«) ab 1904 ist bis heute unübertroffen. »Die Pioniere glaubten, daß Nationen wie Bäume ›organisch‹ im Boden verwurzelt sein müßten«, die *chaluzim* unterschieden sich von den amerikanischen Pionieren vor allem durch »den Dienst an einer abstrakten Idee, einer politischen Bewegung und einer Gemeinschaft«.[7] Das Wort *chaluz* schließt Bedeutungen wie Jubel, Unternehmung und Rettung in sich ein. Die körperliche Arbeit war für diese Einwanderer der Schlüssel zur Selbsterkenntnis. Arbeit, im Hebräischen *avoda* (das auch »Anbetung« heißt), war an sich ein Gegenstand der Verehrung, ihr Prophet war Aaron David Gordon. Die Verehrung des Bodens und der Arbeit und die dadurch angestrebte »Rückkehr« der Juden zu sich selbst sollte das fehlende Mutterland ersetzen, das in anderen kolonialen Situationen für Orientierung sorgte. Die asketischen, arbeitsamen, fast geschlechtslos erscheinenden Siedler der Zweiten Alijah, die ihren Wirkungsort häufig wechselten und durch das ganze Land zogen (Ben Gurion soll 1909 seinen Wohnort siebenmal gewechselt haben), waren die Botschafter dieser Haltung – gegenüber der etablierten jüdischen Gemeinschaft im Land, dem Jischuw; gegenüber dem europäisch-assimilierten Judentum; aber auch gegenüber den Führern der zionistischen Bewegung.

Ben Gurion blieb nicht lange bei der Landarbeit, aber die Erfahrung von Sedschera prägte ihn für sein ganzes Leben. Er begann, zusammen mit Jizchak Ben Zvi, eine geheime Verteidigungsorganisation aufzubauen. Er war politisch aktiv, wenn er auch von seiner Position am linken Flügel der marxistischen Poale-Zion-Partei bald abwich. Und er nahm, wiederum zusammen mit Ben Zvi, ein Jurastudium an der Universität Istanbul auf – drei Tätigkeitsfelder, denen er weiterhin treu bleiben sollte. Er war schon in dieser Zeit, zwischen der Einwanderung und dem Weltkrieg, »einer der wenigen dickköpfigen Realisten unter den Träumern seiner Umgebung«.[8]

Vor Aufnahme des Studiums besuchte Ben Gurion die Stadt Saloniki, die »jüdische Hafenstadt«, wo ihm klar wurde, daß Juden zu jeder Art von Arbeit in der Lage waren. Immer wieder kam er später auf diese Erfahrung zurück, etwa als es in den dreißiger Jahren darum ging, eigene jüdische Schiffahrtslinien einzurichten und in der Stadt Tel-Aviv einen eigenen Hafen zu bauen. Am 1. Juni 1913 wurde er an

der Juristischen Fakultät der Universität Istanbul als »David Grün effendi« registriert, hier blieb er bis kurz vor Beginn des großen Krieges
im August 1914. In diesem Krieg setzte er zunächst vollkommen auf
die Türkei und forderte die Juden Palästinas auf, Bürger des Osmanischen Reiches zu werden, um nicht wegen der russischen Nationalität
als feindliche Ausländer zu gelten. Aber die türkischen Behörden erwiesen sich gegenüber dem Jischuw als wenig tolerant, am 17. Dezember 1914 kam es in Jaffa zu einer ersten Deportation von fünfhundert
Juden nach Alexandria. Andere gingen freiwillig, in den ersten
Kriegsjahren reduzierte sich die Zahl der Juden Palästinas von 85 000
auf etwa 65 000. Am 9. Februar 1916 wurden die beiden Sekretäre des
»Osmanisierungs-Komitees«, Ben Gurion und Ben Zvi, verhaftet.

Der Vorwurf: Die Poale Zion sei eine feindliche Organisation mit
dem Ziel der »Abspaltung Palästinas vom Osmanischen Reich«. Die
beiden »Benim« wurden im türkischen Militärhauptquartier in Jerusalem festgehalten. Dort ereignete sich ein Wortwechsel, den alle Bio-
graphen schildern und der auch hier nicht fehlen darf. Yahia Effendi,
ein Araber, mit dem Ben Gurion in Istanbul studiert hatte, fragte ihn
nach dem Grund seiner Gefangenschaft. »Ich sagte ihm, daß ich als
Zionist verhaftet worden sei und daß die Türken mich ausweisen wollen.« Da habe ihn der Freund vom Scheitel bis zur Sohle betrachtet
und geantwortet: »Als dein Freund tut mir das aufrichtig leid, aber als
Araber freue ich mich.«[9] Hunderte von Malen habe er später diese
Geschichte erzählt, sie gilt als Schlüsselerlebnis für die plötzliche Erkenntnis der Tatsache, daß dem Projekt: der Gründung eines eigenen
Staates, mehr entgegenstand als die Auswanderungsmüdigkeit der
europäischen Juden oder die Machtpolitik der kriegführenden Staaten.

Ausgewiesen nach Alexandria, trafen die beiden Männer auf Vladimir Jabotinsky, damals Korrespondent für eine liberale russische
Zeitung. Jabotinsky wollte mit den jüdisch-palästinensischen Flüchtlingen ein Freiwilligenbataillon gründen, das an der Seite der Engländer kämpfen sollte. Ben Gurion, noch immer überzeugt von der
Stärke (und vom Sieg) des Osmanischen Reichs, fürchtete für die Sicherheit der Juden Palästinas und lehnte den Plan strikt ab. Statt dessen wollte er sich in den Vereinigten Staaten für die Auswanderung
nach Palästina und für eine Unterstützung der Poale Zion engagieren.
Am 16. Mai 1915 kam er mit dem Schiff *Patros* in New York an.

Auch in den USA hatte sich die Poale Zion formiert, mit einer eigenen Zeitung, dem *Jiddischer Kemfer*, und mit eigenen Interessen, die nicht unbedingt mit den Interessen der Abgesandten aus Palästina übereinstimmten. Immerhin wurde ein Palästina-Komitee eingerichtet, mit dem Ziel, eine »Armee von Pionieren« in das Land zu senden: *He-Chaluz*. Die Weltorganisation der Pioniere, die ihre – zumeist jugendlichen – Mitglieder für die Landarbeit und die Verteidigung in Palästina vorbereitete, hatte ihren Schwerpunkt in Rußland und wurde in den kommenden Jahren zum wichtigsten Instrument der sozialistischen und »praktischen« Strömung innerhalb der zionistischen Bewegung. In den USA war die »Rekrutierung« insgesamt sehr schwach. Erst mit der Veröffentlichung eines Gedenkbuches für die Arbeiter und Wachleute, die in Palästina ihr Leben verloren hatten, stellte sich der Erfolg ein. Das Buch *Jiskor* wird, nach Martin Bubers Geleitwort, mit einem Beitrag von Ben Gurion eröffnet, »Von Petach-Tikwa bis Sedschera«, 1918 erschien es auch in einer deutschen Ausgabe. »Wir waren alle frisch, munter und unberührt, voll der ersten noch ungebrochenen Begeisterung, sorglos und fröhlich. Wir fühlten uns erneuert, wiedergeboren«, schreibt er, und: »Aus ist es mit den Büchern, dem Bänkedrücken und der unfruchtbaren Hirnarbeit – wir arbeiten nun wirklich! Und wir arbeiten nicht nur – wir erobern! Wir erobern Boden, Leben, ein Palästinaleben – und was geht uns alles andere an!«[10]

Was geht uns alles andere an. Die politischen Ereignisse dominierten den Menschen Ben Gurion, und sie bestimmten auch über sein privates Leben. In New York lernte er eine junge Krankenschwester, Pauline Munweis, kennen, am 5. Dezember 1917 heirateten die beiden. Aber in dieses Jahr 1917 fielen Ereignisse, die für die Zukunft der zionistischen Bewegung und des Landes Israel von größter Bedeutung waren: die Februarrevolution in Rußland; die Entscheidung der Britischen Regierung, jüdische Bataillone in Palästina aufzustellen; die bolschewistische Oktoberrevolution; schließlich im November die Balfour-Deklaration: Der englische Außenminister, Lord Balfour, richtete an Baron Rothschild als Vertreter der Juden ein Schreiben, in dem es hieß, daß die Regierung Seiner Majestät die Errichtung einer nationalen Heimstätte für die Juden in Palästina »with favour« betrachte, solange die Rechte der dort ansässigen Bevölkerung und auch die Rechte der Juden in anderen Ländern davon nicht beeinträchtigt würden.

Die Hoffnung, das sei der Durchbruch, zumindest aber das Signal für eine unmittelbare Rückkehr in das Land, bestimmte Ben Gurions Entschluß: Als Paula bereits ihr erstes Kind erwartete, verließ er die USA, um sich der »Jüdischen Legion« anzuschließen. Die Briefe an Paula gewähren, schreibt wiederum Amos Elon, »Einblick in den Charakter eines Mannes, der seiner Politik so sehr verpflichtet und von seinem Traum so absolut besessen war, daß alles Menschliche außerhalb der ›Idee‹ zur bloßen Trivialität wurde«.[11]

Der Politiker Ben Gurion sieht Paulas Opfer und erkennt es an; aber er geht mit großer Selbstverständlichkeit davon aus, daß sie die »Bürde« tragen wird, nicht nur jetzt, am Beginn ihrer Ehe, sondern weiterhin: »In Schmerzen und Tränen wirst Du Dich auf die hohe Bergspitze erheben, von der man die neue Welt erblicken kann, eine Welt der Freude und des Lichts …«

Die Licht-Metapher. Sie ist am stärksten präsent in diesem Bild vom »Licht unter den Nationen«, das Israel darstellen soll, und es würde sich wohl lohnen, Ben Gurions Texte einmal auf dieses Wort abzusuchen. Der ausführliche Briefwechsel mit Paula sei, so Shabtai Teveth, »a study in unrelated monologues«. Er spricht von der »leuchtenden Zukunft«, sie von alltäglichen Problemen; er fordert sie auf, Hebräisch zu lernen und sich mit der Geschichte der Juden zu befassen; sie bittet ihn, sich warm anzuziehen und täglich die Zähne zu putzen.

Die Ereignisse zerrissen auch die Poale Zion; ein Teil ihrer Mitglieder wollte zurück nach Rußland, um die Revolution zu unterstützen. Ben Gurion dagegen verlangte, daß jetzt alle Anstrengungen auf *Erez Israel* gerichtet sein müßten. Wenn er von allen den unbedingten persönlichen Einsatz für das Land forderte, wie konnte er selbst zurückstehen? Im Mai 1918 schwor er seinen Eid auf die britische Krone und erhielt seinen ersten Sold als Angehöriger der Armee Großbritanniens. Nach einigen Monaten in England erreichte er Ende August Port Said, wurde krank und blieb bis Oktober im Krankenhaus. In dieser Zeit hatte er Gelegenheit, einen Text von Berl Kaznelson zu lesen, der ihn stark beeinflußte. Auch Kaznelson war der Ansicht, daß die Zeit der Erlösung und der Erfüllung aller Träume begonnen hatte.[12] Die Balfour-Erklärung würde das Tor nach Palästina für die Juden der Welt öffnen, und die Massen würden kommen. Innerhalb der zionistischen Bewegung müßte deshalb Palästina die zentrale, führende Rolle einnehmen. Parteiinteressen müßten von nun an zurückstehen, eine einheitliche Organisation sollte entstehen, damit die einmalige Chance genützt werden konnte. Noch während des Krankenhausaufenthalts erreichte Ben Gurion die Nachricht, daß britische Truppen unter General Allenby Palästina erobert hatten. In New York war unterdessen seine Tochter Geula geboren worden.

»Wandlungen und Umwälzungen im 20. Jahrhundert« ist das erste Kapitel der Originalausgabe von *Israel. Geschichte eines Staates* überschrieben, das in dieser Edition fehlt. Ben Gurion unternimmt hier den zeitlich und thematisch weit ausgreifenden Versuch, die Vorgeschichte Israels als Geschichte der »Sehnsucht nach Erlösung« und der Hoffnung auf »eine nationale Wiedergeburt des jüdischen Volkes in der alten Heimat« zu schreiben. Dabei schreibt er die Geschichte nicht um, spricht vielmehr voller Respekt von den Leistungen des Judentums in der Diaspora, von der Blütezeit des Mittelalters in Spanien bis zur Entstehung einer Wissenschaft des Judentums im Deutschland des 19. Jahrhunderts. Aber er bindet bewußt unterschiedliche gedankliche Stränge, historische Überlieferungen und religiöse Traditionen zusammen und orientiert sie auf den Ort Erez Israel. Er erzählt die Geschichte der ersten Einwanderer im Land, die lange vor der Entstehung der zionistischen Bewegung ins Land kamen und die »alte Gemeinschaft« bildeten: Fromme Juden aus dem Jemen, Chassidim aus Polen, Handelsleute aus Marokko und Algerien. Er berichtet vom Elend und vom Glanz der frühesten Siedlungen, um dann die entscheidenden Sätze zu formulieren: »Die Sehnsucht nach Palästina und die Einwanderung waren das Erbe aller Geschlechter. Das Große, die Wende, die sich zu unserer Zeit vollzog, lag indes in der Verwirklichung des Strebens nach Erlösung: In der Rückkehr zum Boden und zur Arbeit.«[13] Jetzt, heißt das, und mit uns, beginnt die Geschichte neu. Was geht uns alles andere an?

Denken wie die Alten, handeln wie die Jungen

In der Zeit, über die in der vorliegenden Ausgabe berichtet wird, war David Ben Gurion unumstritten die zentrale Figur der jüdischen Gemeinschaft in Palästina. Er war zugleich, wie Anita Shapira in ihrer für ein Verständnis der heutigen Situation Israels unverzichtbaren Studie »Land and Power«[14] zeigt, eine Figur des Übergangs. Für die »Väter« der zionistischen Bewegung, die frühen Pioniere, war das Land Teil eines Mythos – eine Idealvorstellung, ein entfernter Traum, eine »Pseudorealität«, wie sie in literarischen Texten von Berditschewski oder Tschernichowski beschrieben worden war. Ihr Gefühl der Zugehörigkeit zum Land war sozusagen theoretisch; sie mochten sich als Herren des Landes fühlen und es »mit ihrer Hände Arbeit« auch sinnlich für sich in Besitz nehmen – sie waren doch, in einem tieferen Sinne, Fremde im Land, fremd in der Landschaft, im Klima, in den Sprachen. Sie glaubten an die moralische Berechtigung ihrer Mission, klammerten sich aber doch an rechtliche Zusagen wie die Balfour-Erklärung und Versprechungen des britischen Mandatsregimes (und anfangs an das Osmanische Reich). Ihre Hoffnung auf ein neues jüdisches Leben, unter Juden, frei von der Abhängigkeit von anderen, führte sie zur Entfremdung von der arabischen Bevölkerung des Landes, für die sie kein Verständnis entwickeln konnten. Das zentrale Konzept der »jüdischen Arbeit« – unabdingbar für die innere Entwicklung – schloß eine Annäherung an die arabische Bevölkerung fast zwangsläufig aus.

Die Söhne und Töchter, im Land geboren oder doch aufgewachsen, empfanden Erez Israel als konkrete Heimat. Sie entwickelten eine enge Verbindung mit der Landschaft, mit der Arbeit, mit Entbehrung, Not und Hunger. Das Land war untrennbarer Bestandteil ihres eigenen Lebens. Ihre Zuversicht schloß das Bewußtsein einer bevorstehenden Konfrontation mit der arabischen Bevölkerung ein. Mit dem Bild des Wächters, des Helden, der die Opferhaltung der Diaspora überwindet, entsteht in den dreißiger und vierziger Jahren – erst recht vor dem Hintergrund der Erfahrung der Shoah – die Sozialfigur des *Sabra*, des Israeli, der einen ganz konkreten Kampf um eine ganz konkrete Sache führt: sein Land.

Ben Gurion, so argumentiert Anita Shapira, fühlt wie die Alten, handelt aber wie die Jungen. Das macht seine zentrale Bedeutung aus.

In den zwanziger Jahren formiert sich die israelische Gesellschaft – ohne Staat. Die Stadt Tel-Aviv wächst weit über die ursprünglichen Träume ihrer Gründer hinaus, wird nicht »Gartenstadt«, sondern (1921 selbständige) Großstadt, zieht Einwanderer bürgerlicher oder kleinbürgerlicher Herkunft, vor allem aus Polen, an sich. In Jerusalem wird 1921 die Hebräische Universität gegründet, andere Institutionen werden vergrößert und ausgebaut. Neue landwirtschaftliche Siedlungen entstehen im ganzen Land, dessen Grenzen niemand kennt. Ist es nötig, noch einmal darauf hinzuweisen, daß es keinen Staat »Palästina« gab, den die Siedler jemandem genommen hätten? Es gab das Verwaltungsgebiet »Palästina«, Teil des ehemaligen und im Krieg vergangenen Osmanischen Reiches, das nunmehr, nach einem Beschluß des Völkerbunds, von Großbritannien verwaltet wurde. »Palästinenser«, Staatsbürger – zweiten Ranges – der britischen Krone waren Juden wie Araber. Zwei nationale Bewegungen konkurrierten vor dieser Krone um die Herrschaft über das Land, wenn es denn einmal unabhängig werden sollte. Die »Waffe« der Juden in diesem Kampf war die Einwanderung, die Stärkung der Zahl. Wir nehmen mit Ben Gurions Text Anteil an diesem Ringen, aus seiner Perspektive. Die andere Sicht präsentiert Edward W. Said: »Insgesamt resultieren die Erfolge des Zionismus aus einer einseitigen Beurteilung der Palästina-Frage, die fast ausnahmslos den Sieger favorisiert und den Besiegten kaum zur Kenntnis nimmt.«[15]

Ist das so? Gibt es in dieser Auseinandersetzung mit Israel den »Sieger« und mit der arabischen Bevölkerung Palästinas die »Besiegten«? Läßt sich der Verlauf der Geschichte als »Übernahme Palästinas durch die Zionisten« darstellen? Said verwendet viel Mühe darauf, die prinzipiell anti-arabische Haltung Englands nachzuweisen, die dem Zionismus Tür und Tor geöffnet habe. Zugleich lesen wir bei Ben Gurion von der prinzipiell anti-jüdischen Haltung Englands, die eine jüdische Einwanderung – selbst im schlimmsten Moment der Verfolgung in Europa – verhindert und dem arabischen Nationalismus gegenüber Passivität und Duldsamkeit an den Tag gelegt habe. Zwei Geschichten, zwei Interpretationen. Unvereinbar bis heute. Die »Erfolge« des Zionismus – wenn es denn wirklich Erfolge waren; vor dem Hintergrund des millionenfachen Mordes in Europa klingt der Begriff schal, egal, von wem er verwendet wird – sind das Thema Ben Gurions, sie stehen hier zwangsläufig im Vordergrund. Es bleibt sinnvoll, Saids Einstellung stellvertretend für die Kritik des Zionismus als Beiklang mitzuhören, wenn wir jetzt wieder Ben Gurion folgen.

Der hatte tatsächlich die Entstehung einer arabisch-palästinensischen Nationalbewegung, ab etwa 1910 erscheinen in Jaffa ihre ersten

Zeitschriften, nicht genügend berücksichtigt. Im Lauf der zwanziger Jahre änderte sich die Einstellung, schrittweise, denn mit jedem – ja, erfolgreichen Projekt der Besiedlung, mit jeder Festigung von jüdischen Institutionen rückte die Konfrontation näher. 1919 gelang die Vereinigung der Poale Zion mit einigen kleineren Arbeiterorganisationen zur neuen *Achduth Ha-Avodah*, »Einheit der Arbeit«, 1930 kam der Hap'oel Ha'Zair dazu, und die Partei nannte sich »Arbeitspartei in Israel«, mit dem Kürzel *Mapai*, Ben Gurion war ihr unumstrittener Vorsitzender. Von 1921 an arbeitete er zudem als Generalsekretär der Gewerkschaft *Histadruth*, die eher eine Gewerkschaft nach späterem osteuropäischem Muster war, indem sie von der Krankenversicherung bis zum Wohnungsbau alle Lebensbereiche der jüdischen Arbeiter im Land als ihren Verantwortungsbereich ansah. Er vertrat die Juden Palästinas auf den Zionistenkongressen und kämpfte gegen »linke«, klassenkämpferische Abweichung ebenso wie gegen »rechte« nationalistische Bestrebungen der Revisionisten unter Vladimir Ze'ev Jabotinsky, die von einem Groß-Israel zu beiden Seiten des Jordan träumten. Von 1935 an, bis zur Gründung des Staates, war er Vorsitzender der Jewish Agency im Land.

All dies gab ihm die Autorität, sein Buch so zu schreiben, wie er es getan hat: als Leitfigur, die den Weg bezeichnet und Abirrungen nicht duldet. Ein weiteres kommt noch hinzu, und das besorgt die zwischen den Zeilen, jenseits der faktischen Politik, stets spürbare sinnliche und spirituelle Dimension seines Berichts. Wie die Einleitung deutlich macht, verstand Ben Gurion die aktuellen Auseinandersetzungen in den Jahren zwischen der Balfour-Erklärung und der Staatsgründung, die durch gewaltsame Zusammenstöße 1921, 1929 und dann vor allem 1936 ebenso charakterisiert waren wie durch Phasen der Verständigung und punktweisen Zusammenarbeit, als Fortsetzung und Neuaufnahme des »Existenzkampfs des jüdischen Volkes«, als »Bewährungsprobe«. Auch diese, seine Generation war wiederum, wie schon viele Generationen zuvor, aufgefordert, das »kleine Volk« durch die Fährnisse der Zeit zu steuern und sich gegen übermächtige Feinde zu behaupten. Das Volk Israel, schreibt er, »setzt die Tradition der Ahnen in Sprache, Kultur und Glauben fort, als ob kein Bruch und kein Stillstand im Ablauf seiner Geschichte eingetreten wären«. Die Umstände haben sich geändert, aber an dieser Aufgabe hat sich nichts geändert. Die Rede von der »geistigen und ideologischen Einzigartigkeit«, ja sogar von der »geistigen Über-legenheit« des jüdischen Volkes in der historischen Auseinander-setzung, die uns heutige Leser – wie der Ton dieser Einleitung überhaupt – fast erschreckt, ist nicht plump als antiarabische Kampf-ansage oder als Arroganz zu lesen. Vielmehr steckt darin ein Appell an die eigenen Leute, die einmalige historische Gelegenheit unbe-dingt zu ergreifen, um nicht vor der Geschichte, und vor den Märty-rern der Geschichte, zu versagen.

Das ist übergeordnet, jede – auch die kleinste – Tagesaktualität muß sich daran messen lassen. Andere, wie Arthur Ruppin, teilten diesen fast metaphysischen Ansatz nicht. »Ohne Verständigung mit den Arabern werden wir auf gewaltige, nahezu unüberwindliche Schwierigkeiten stoßen«, schrieb der schon im Januar 1921 in sein Tagebuch, und er erklärte vor dem Zionistischen Kongreß 1929 in Zürich, man müsse sich von der Vorstellung verabschieden, »daß in einem Staat nur eine Nation herrschen kann. Wir wollen in uns den Chauvinismus überwinden, den wir bei anderen verachten.«[16] Das ist so sympathisch und angenehm zu lesen wie alle Bekundungen fried-lichen Willens. Ruppins *Brit Shalom*, eine Vereinigung, die den bina-tionalen Staat Palästina als Ort gleichberechtigten Zusammenlebens von Juden und Arabern propagierte, fand viel Unterstützung bei jü-dischen Intellektuellen wie Martin Buber oder Jehuda Leib Magnes. Sie fand keinen einzigen prominenten arabischen Befürworter, und nach dem Beginn der arabischen Rebellion 1936 schreibt Ruppin: »Wir sind dazu verdammt, in dauerndem Kriegszustand mit den Ara-bern zu leben. Es gibt keine Möglichkeit, blutige Opfer zu vermei-den. (…) Wenn wir unsere Arbeit in Palästina gegen den Wunsch der Araber fortsetzen wollen, werden wir solche Opfer in Rechnung stel-len müssen.« Ein weiter Weg, kommentiert Amos Elon, von der einen Haltung 1921 zur anderen 1936.

Es wird immer wieder spekuliert, ob und auf welche Weise die Gründung des Staates Israel ursächlich mit dem Holocaust zusam-menhängt. Angesichts der Toten selbst, aber auch angesichts der Tat-sache, daß viele von ihnen wohl hätten gerettet werden können, wenn es diesen Staat schon zehn oder zwanzig Jahre früher gegeben hätte – und zudem angesichts der Tatsache, daß die Führer der arabischen Nationalbewegung (schon abgesehen von denen, die in Hitlers Berlin pilgerten) den Völkermord leugneten oder seine Bedeutung abschwächten –, wirken solche Überlegungen zynisch. Es ist aber sicher richtig, daß in den Jahren um 1930 noch Gedankenspiele in alle Richtungen möglich waren. Auch David Ben Gurion stand zeitweise der Idee eines binationalen Staates durchaus nahe, er hatte schon 1918 im »amerikanischen Exil« einen Artikel publiziert, in dem er feststellte, die Rechte der »etwas mehr als einer Million Menschen« beiderseits des Jordan dürften »keinesfalls angetastet« werden. Aber es zeichnet ihn wohl vor anderen aus, daß er die Möglichkeit der Konfrontation mitbedacht und alles dafür getan hatte, die Juden Palästinas dafür zu rüsten.

1936 ist ein entscheidendes Jahr. Ben Gurion führt zahlreiche Verhandlungen mit arabischen Führern, bietet statt der Errichtung eines eigenen Staates das Programm einer jüdischen Autonomie innerhalb einer größeren Föderation unabhängiger arabischer Staaten an, verspricht Zusammenarbeit auf wirtschaftlichem Gebiet. Was er dafür vor allem fordert und wovon er nicht zurückweicht, in diesen Gesprächen so wenig wie im Dialog mit der britischen Mandatsmacht, ist die unbeschränkte jüdische Einwanderung. »Wir werden hierherkommen, ob es nun eine jüdisch-arabische Verständigung gibt oder nicht.« In Deutschland herrschen die Nationalsozialisten, die Nürnberger Gesetze sind erlassen, an der Absicht Hitlers, Europa mit Krieg zu überziehen, besteht kein Zweifel mehr – und auch nicht daran, daß die Juden die ersten Opfer dieses Krieges sein würden. Die »Sünden der Zionisten«, sagt Amos Elon, »wurden von verwirrten Menschen in einer apokalyptischen Atmosphäre und am Vorabend der größten Katastrophe begangen, die je eine Volksgruppe in der modernen Geschichte getroffen hat.« Die Angst vor dem, was kommen konnte, »erfüllte die zionistischen Siedler mit jenem rücksichtslosen Trieb zum Überleben, wie Ertrinkende, die sich einen Platz auf einem Rettungsfloß erzwingen, das groß genug ist, sie und die zu tragen, die sich bereits darauf befinden«.[17]

Es gibt kein stärkeres Bild für die Situation in Palästina in den Jahren vor Beginn des Zweiten Weltkriegs. Der arabische Aufstand von 1936, der mit einer Arbeitsniederlegung im Hafen von Jaffa begann und so ganz symbolisch gegen die Aufnahme der Ertrinkenden gerichtet war, machte allen Überlegungen, wie Verständigung zu erreichen sein könnte, vorerst ein Ende. Für die britische Mandatsverwaltung boten die Ereignisse von 1936 den Anlaß, eine Kommission einzusetzen, die einen Teilungsplan für das Land erarbeiten und für eine gerechte Berücksichtigung arabischer wie jüdischer Ansprüche sorgen sollte. Wenn man so will, ist diese Aufgabe bis heute nicht gelöst.

Sprachlosigkeit vor der Shoah

Die Frage, was fehlt, kommt dem heutigen Leser früh in den Sinn. Wenn wir den Gedanken von Amos Elon übernehmen, daß alles, was zwischen 1936 und 1948 geschah (und hier von Ben Gurion dargestellt wird), im Schatten zunächst der bloßen Vorahnung, dann der nach und nach von Nachrichten aus Polen bestätigten Gewißheit der Katastrophe überlagert war, dann ist es mehr als auffällig, daß in der Einleitung von Ben Gurions Bericht vom Nationalsozialismus und von der Shoah keine Rede ist. Bei seinem großangelegten Rückblick auf die Geschichte jüdischer Selbstbehauptung kommt Ben Gurion einzig auf die Zerstörung der jüdischen Kultur unter der Sowjetherrschaft zu sprechen: »Dem Volk, das die älteste Kultur unter allen Völkern Rußlands besaß, wurde sein geschichtliches Erbe geraubt, das jüdische Buch hatte zu verschwinden. Millionen Juden […] wurden im nationalen Sinne abgewürgt und zu Friedhofsstille verurteilt.«

Von da aus findet Ben Gurion unmittelbar zur Entstehung einer »herrlichen Pionierjugend« in Palästina, die diesem zerstörten russischen Judentum so viel zu verdanken hat, und schließlich zur Errichtung des Staates, mit der die Zerstörung geistig aufgehoben wird. Es kann nicht ausschließlich an einer spezifisch deutschen Vergangenheitslastigkeit liegen, wenn wir in einem 1969 in Israel erschienenen Text die Erwähnung der nationalsozialistischen Verfolgung vermissen. Vielmehr entstehen beim Lesen Fragen, die sich an Israel richten.

Im Mittelpunkt des Textes steht die Schilderung der zunehmend von militärischen Erwägungen bestimmten Auseinandersetzung mit der arabischen Bevölkerung im (von seinen Grenzen her noch immer undefinierten) Land und mit den arabischen Nachbarstaaten. Eine wichtige Rolle spielen auch die Konflikte innerhalb des Jischuw, vor allem mit den paramilitärisch organisierten Gruppen aus dem »revisionistischen« Umfeld, Ezel (Irgun Zwa'i Le'umi) und »Stern«. Der Text steuert unbeirrt auf die bewaffnete Auseinandersetzung und auf den Krieg von 1948 zu, selbst das Jahrhundertereignis der Unabhängigkeitserklärung wird im Vorbeigehen berührt, als wäre nicht sie das Ziel aller Träume gewesen, sondern der unmittelbar danach ausbrechende Krieg. Dabei hat die Formel, die er selbst zitiert, einen unglaublichen, sehr israelischen Charme: »Der Staat Israel ist errichtet. Die Sitzung ist geschlossen.«

Der Kampf, den Ben Gurion so anschaulich und ergreifend schildert, hat darüber hinaus, spürbar, eine zusätzliche Dimension. Sie wird aber nicht ausgesprochen. Die Auseinandersetzung wird mit einer Verzweiflung geführt und geschildert, die nicht allein dem (freilich dramatischen) Überlebenskampf im Land selbst gelten kann, das wird aus Sprache und Wortwahl deutlich. Die Nachrichten aus Europa sind präsent. Der Kampf wird um die Verhinderung einer »Vernichtung« geführt, die – in den Jahren bis 1945 – gerade stattfindet, und er wird weitergeführt, 1947 und 1948, als sie schon stattgefunden hat. Das Versagen – gibt es ein anderes Wort? Die Unmöglichkeit, einzugreifen – der jüdischen Gemeinschaft in Palästina, der »siebten Million«, vor dem Ereignis der Shoah wird übertragen, auch von Ben Gurion, auf die Zeit danach.

Wie verflucht schwer ist es, als Deutscher darüber zu schreiben. Aber es ist wohl so: Der Krieg von 1947 / 48 ist ein nachgeholter Krieg gegen die Nazis, ist der Widerstand, den es kaum gab, ist die Rache, die an Deutschland und dem ganzen kollaborierenden Europa nicht geübt wird, nicht geübt werden kann, weil man für den aktuellen Kampf – der aus Sicht des Feindes, der Palästinenser, mit diesen europäischen Nachgefechten gar nichts zu tun hat – schon wieder die Unterstützung Europas und der Sowjetunion braucht. Waffen aus Prag. Gromykos Ja zur Staatsgründung. Später dann die diplomatische Anerkennung.

Nur nebenher ist bei Ben Gurion die Rede vom »fatal geschwächten jüdischen Volkskörper« (S. 41). Die Niederlage der zionistischen Bewegung – der es nicht gelungen ist, die Massen der europäischen Juden zur Einwanderung nach Palästina zu bewegen, die hoffnungslos gegen die Hoffnung der deutschen Juden anredete, es würde sich bei Hitlers Herrschaft nur um eine kurze Zwischenzeit handeln und alles würde wieder gut, die es besser wußte, aber nicht besser machen konnte – besteht bereits, unumkehrbar. Der Sieg im militärischen Kampf gegen die Araber ist ein Sieg gegen diese Niederlage.

In den letzten Jahren war viel von einer neuen Generation israelischer Historiker die Rede, deren Vertreter die »Mythen« des Zionismus »entlarvten« oder wenigstens relativierten. Neben Benny Morris, dessen kritische Darstellung der Entstehung des palästinensischen Flüchtlingsproblems parallel mit Ben Gurions Erzählung gelesen werden müßte, gehört zu den wichtigsten Vertretern dieser neuen Generation Tom Segev. Sein Buch *Die siebte Million. Der Holocaust und Israels Politik der Erinnerung* erschien 1991 in Israel und 1995 in Deutschland (rechtzeitig zu einem der Höhepunkte deutscher Erinnerungspolitik).[18] Segev befaßt sich mit zwei Themen, die er – nicht immer überzeugend – miteinander verbindet. Das eine ist der »Umgang« der jüdischen Gemeinschaft in Palästina mit dem Nationalsozialismus. Während diese Gemeinschaft sich selbst aufbaut, ereignet sich in Deutschland die Machtübernahme durch die Nationalsozialisten. Das Ende der Hoffnungen – der Illusionen? – auf eine deutsch-jüdische »Symbiose« bestätigt die Einstellung der Zionisten, ihre Absage an ein Leben in den europäischen Gesellschaften. Und nach 1933 kommt eine große Gruppe von Einwanderern aus Deutschland nach Palästina – verfolgt, vertrieben, aber auf eine überraschende Weise selbstbewußt. Zu beiden Ereignissen, die ursächlich zusammenhängen, mußte sich der Jischuw verhalten, und er hat sich, Segev zeigt das an vielen Beispielen, nicht gut verhalten. Fast zu pragmatisch gegenüber dem Nazi-Staat, der die jüdische Auswanderung forcierte, unsensibel gegenüber den einzelnen Einwanderern, die vorschnell einer Gruppe zugeordnet und als Individuen nicht erkannt wurden; verständnislos gegenüber ihrem Beharren auf dem Mitgebrachten, das – in Kultur, Sprache, Alltagsverhalten – »deutscher« war, als die schon Anwesenden im berechtigten Haß auf das Deutsche annehmen konnten, weniger demütig-dankbar, als sie hofften. Jetzt würden sich die überheblichen deutschen Juden doch eingliedern, die Richtigkeit aller Kritik an ihrem alten Leben anerkennen. Das taten sie aber nicht.

Segevs zweites Thema ist die Auseinandersetzung mit der Shoah im Staat Israel. Hier analysiert er das Verhalten des Jischuw gegenüber den Überlebenden, die nach 1948 in den Staat einwanderten, und kritisiert mit gutem Recht die Ignoranz der im Lande Wohnenden gegenüber dem Schicksal der Einwanderer. Er verfolgt dann im weiteren Prozesse und Momente israelischer Nachkriegsgeschichte, die zum Holocaust in Beziehung stehen – mit dem Höhepunkt des Prozesses gegen den Organisator der NS-Vernichtungspolitik, Adolf Eichmann –, und weist nach, wie im Verlauf der Geschichte Israels Fragen nach dem gesellschaftlichen Umgang mit der Erinnerung an die Shoah und nach der Bedeutung dieser Erinnerung für das Selbstverständnis des Staates immer drängender und wichtiger werden.

Ein notwendiger zeitlicher Ausgriff: Die »awareness of the Holocaust« in Israel hat mit den Jahren stark zugenommen, besonders seit dem ersten politischen Machtwechsel von 1977, als Menachem Begin mit seiner Likud-Partei die Regierung übernahm. Der Sozialismus als führende Ideologie hatte schon vorher an Anziehungskraft und Dominanz verloren, an seine Stelle trat eine verstärkte territoriale Ideologie, die dem Land selbst, dem Besitz, der Eroberung und der Verteidigung des Landes vor allem nach dem Juni-Krieg von 1967 und der Eroberung der Westbank, des Gaza-Streifens und der Altstadt von Jerusalem religiös-mythische Züge verlieh. In der Verbindung mit dem in wachsendem zeitlichen Abstand immer stärker werdenden Bewußtsein von der Shoah entstand eine Haltung, in der das Schicksal des jüdischen Staates mehr und mehr in Kategorien behandelt wurde, die aus der Auseinandersetzung mit dem Holocaust stammten. Israel stellte sich – was die Mehrheit seiner führenden Politiker und bald auch die der Wähler betraf – bewußt auf sich selbst, verweigerte beinah den Kontakt auch zu wohlmeinenden Partnern, schob die drängende Frage nach dem Status der besetzten Gebiete und dem Schicksal der arabischen Bevölkerung vor sich her und zur Seite. Das Problem der jüdisch-arabischen Verständigung wurde ebenso verdrängt wie Fragen nach der inneren Verfassung des Landes in seiner zunehmenden Zerrissenheit zwischen Religion und Weltlichkeit, zwischen europäischer und orientalischer Bevölkerung. Statt dessen wanderte alle Energie in eine zwanghaft betriebene Siedlungspolitik, als wäre im Boden, im Prozeß des sich Eingrabens in das Land die Antwort auf alle Fragen zu finden.

Die seit Sommer 1996 amtierende Regierung von Benjamin Netanjahu hat diese Politik – nach der kurzen glücklichen Zeit unter Yizchak Rabin, in der andere Prioritäten galten und das Land sich innerhalb kürzester Frist der Welt und den Nachbarn (und sich selbst!) so öffnete wie kaum je zuvor, als Israel zurückfand in die Aufbruchstimmung der Jahre vor der Staatsgründung und doch schon selbstbewußter Staat war, der den Frieden jetzt »riskieren« konnte – zur Perfektion getrieben, mit allen Konsequenzen.

Sind wir weit entfernt von Ben Gurion? Vielleicht doch nicht. Anläßlich der Festnahme des NS-Verbrechers Adolf Eichmann und seiner Entführung durch den israelischen Geheimdienst aus dem argentinischen Versteck 1960 wurde Ben Gurion, nach wie vor Ministerpräsident, von der *New York Times* befragt; unter anderem danach, ob es nicht besser wäre, Eichmann vor ein internationales Gericht zu stellen. Tom Segev kommentiert: »Die Zukunft des Staates war nicht gesichert. Die meisten Juden auf der Welt hatten sich nicht in Israel niedergelassen – das Land war nicht zum Mittelpunkt jüdischen Lebens geworden. Der Rückzug aus dem Sinai vier Jahre zuvor, der auf Druck der USA und der Sowjetunion geschehen war, erschien vielen immer noch wie eine schändliche Kapitulation: Sie zeugte davon, wie eingeschränkt Israels Souveränität und Sicherheit waren. Die junge Generation sollte nach Ansicht der Mehrheit lernen, daß sich Juden nicht wie Lämmer zur Schlachtbank führen ließen, sondern eine Nation bildeten, die sich wie im Unabhängigkeitskrieg mutig verteidigen konnte, erläuterte Ben Gurion der New York Times.«[19] Auch der aktuelle Konflikt mit Ägypten wurde von Ben Gurion auf die Ebene eines Kampfes zwischen Juden und Antisemiten gestellt.

Wir reden von Bildern, von Einstellungen, Zuordnungen, sprachlichen Überformungen. Freilich hatte Ben Gurion tatsächlichen Anlaß, nach Zusammenhängen zwischen der antizionistischen und israelfeindlichen Propaganda der arabischen Staaten (und der Sowjetunion und ihrer Verbündeten) mit überlieferten antisemitischen Stereotypen zu fragen. Aber die direkte Gleichsetzung deutet doch darauf hin, daß diese aktuelle Auseinandersetzung unter dem Vorzeichen der Vergangenheit stand und von ihr beeinflußt wurde. Die Idee, daß kein anderer das verstehen könne, daß Israel in diesem Kampf auf sich selbst gestellt sei – von niemandem unterstützt und deshalb niemandem verantwortlich –, wird hier konkret formuliert. Was geht uns alles andere an?

Was noch fehlt, ist die Weiterführung der Erzählung nach der ersten Waffenruhe, nach dem israelischen Sieg in der militärischen Auseinandersetzung. Der Originaltext führt weiter über die Arbeit der ersten Knesset, des israelischen Parlaments, über Ben Gurions ersten Rücktritt 1953 und seine erste Rückkehr ins Amt zwei Jahre später, über die Suez-Krise von 1956, über die Verhandlungen mit Deutschland von 1960 an, über den Sechs-Tage-Krieg vom Juni 1967 bis zum Eintrag: »Der Staat Israel feiert seinen 20. Geburtstag.« Am Ende steht noch ein »Ausblick in die Zukunft«. Damit kein gänzlich falsches Bild entsteht, sei angefügt, daß Themen wie »Die Knesset entscheidet gegen den Willen der Mapai für das Verhältniswahlrecht«, »Für und gegen das Schulfernsehen« oder »Naturschutzgebiete und historische Stätten« nach und nach an die Seite der militärischen Berichterstattung treten. Da wird ein Prozeß der Normalisierung geschildert (und ist ja immer noch nachzulesen, dafür sind Bibliotheken da!), in dem sich Israel als Staat unter Staaten etabliert und die Fundamente einer prekären, aber nicht mehr grundsätzlich in Frage gestellten Existenz im Koordinatensystem des Nahen Ostens erarbeitet.

Aus der Vielfalt der Themen muß dieses eine noch herausgesucht werden. Schon während des Krieges begannen erste Überlegungen für eine künftige Wiedergutmachung, das Wort soll jetzt einfach stehenbleiben, so schrecklich es sich liest. Siegfried Moses aus Berlin, im Staate Israel der erste *State Comptroller*, veröffentlichte im Mitteilungsblatt der deutschen Einwanderer-Organisation, dem »MB«, bereits Mitte 1943 einen Text, der gerade so überschrieben war: »Die Wiedergutmachungsforderungen der Juden«. Darin heißt es:

»Unser Wunsch ist, daß [...] zum mindesten der Hauptträger dieses Anspruchs die Jewish Agency for Palestine werden soll, die im Namen des jüdischen Volkes auf Grund des unermeßlichen Unrechts, das das nationalsozialistische Deutschland der jüdischen Gemeinschaft angetan hat, eine Entschädigung zugunsten des jüdischen Palästina erwirken soll.«

So sollte sich die Möglichkeit ergeben, »wenigstens einen Bruchteil des den Juden angetanen Unrechts in produktiver Form *wahrhaft wiedergutzumachen*: durch Ansiedlung von Juden in Erez Israel«.[20]

Von da an war Stille. 1949 wurde Konrad Adenauer zum ersten Kanzler der Bundesrepublik Deutschland gewählt, im Jahr darauf legte der erste Generalsekretär des neugeschaffenen Zentralrats der Juden in Deutschland, Hendrik van Dam, ein Gutachten mit der Überschrift »Das Problem der Reparationen und Wiedergutmachung für Israel« vor. Darin heißt es:

»Der Reparationsanspruch des jüdischen Volkes trägt einen Ausnahmecharakter gegenüber den Reparationsansprüchen anderer Völker. Im Zeitpunkt der Schädigung gab es noch keinen jüdischen Staat. Die Legitimation der israelischen Regierung, einen derartigen Anspruch zu stellen, bedarf einer besonderen Begründung, die hier nur angedeutet werden soll. Die Aktion von Nazi-Deutschland als De-facto-Rechtsvorgängerin der heutigen deutschen Staaten war nicht gegen Polen, Rumänen, Deutsche usw. jüdischer Religion gerichtet, sondern gegen das jüdische Volk in seiner Gesamtheit. Dieses Volk erlitt auch den Schaden einer katastrophalen Dezimierung seines Bestandes außerhalb der völkerrechtlich zulässigen Kriegführung, die ihresgleichen selbst in anderen Vorgängen des Zweiten Weltkrieges nicht fand. Die einzige im Sinne des Völkerrechts organisierte jüdische Gemeinschaft ist der Staat Israel. Der Staat als solcher wurde zwar erst nach dem Kriege geschaffen, bestand aber potentiell bereits aufgrund des zionistischen Anspruches vor der Gründung.«[21]

Das muß reichen. Deutlich wird hier nicht nur, wie schwierig es ist, selbstverständliche Tatsachen in eine Sprache zu übersetzen, die vor Gerichten und Parlamenten Bestand hat; deutlich wird auch, wie eng die innere Legitimation des Staates Israel vor sich selbst, vor den Vereinten Nationen, vor der jüdischen Gemeinschaft der Welt mit der Nachwirkung des Holocaust, mit der »Aufarbeitung« seiner Folgen – und deshalb: mit Deutschland – zusammenhängt. 1950 fand in Istanbul eine Tagung der Interparlamentarischen Union statt, bei der erstmals nach dem Krieg deutsche Teilnehmer zugelassen waren. Jizchak Ben Zvi, wir kennen ihn als Wegbegleiter Ben Gurions aus verschiedenen Situationen, wandte sich gegen die Anwesenheit von Deutschen auf der Tagung. Carlo Schmid, der Sozialdemokrat, antwortete, »daß die Botschafter verschiedener hier vertretener Staaten noch an den Reichsparteitagen in Nürnberg teilnahmen, als eine Reihe der

Deutschen, die hier anwesend [sind], schon die Gefängnisse des Dritten Reiches kennengelernt hätten«. Ist das nicht schrecklich? Und nimmt das nicht schon vieles von dem vorweg, was Israelis und Deutsche aneinander vorbeigeredet haben und noch aneinander vorbeireden bis heute?

Eine Note der israelischen Regierung vom 12. März 1951 faßt noch einmal alles Grauen zusammen: »Im Verlaufe einiger Jahre wurden ganze Gemeinden, die mehr als 1000 Jahre alt waren, systematisch vernichtet. Über 6 Millionen Juden wurden durch Folter, Hunger, Erschöpfung und Massenhinrichtungen ermordet, viele unter ihnen wurden verbrannt oder bei lebendigem Leibe vergraben. Das Massaker machte vor niemandem halt.«[22] Der Text ist lang, man müßte ihn ganz abdrucken.

Bundestagsdebatten, Reden, Zeitungsberichte. Das erste Abkommen von Luxemburg im September 1952, seine Ratifizierung im Bundestag. Deutsche Debatten, israelische Debatten. Das Land Israel wurde, wie Tom Segev schreibt, »von Stürmen der Zwietracht geschüttelt«. Überlebende des Holocaust wandten sich mit dem ganzen Gewicht ihrer Lebenserfahrung gegen Verhandlungen mit Deutschland. Zum Gegenspieler Ben Gurions entwickelte sich in diesen Jahren Menachem Begin, dessen »opernhafte antideutsche Tiraden« (Segev) und aggressive Attacken gegen das Parlament seiner Sache wohl eher schadeten. Denn Ben Gurion setzte sich durch. Er erklärte Verhandlungen mit Deutschland für notwendig, weil die dadurch erreichbaren finanziellen Hilfen für den Aufbau des Staates unerläßlich waren; und er erklärte sie für möglich, weil die Bundesrepublik nicht mit Nazi-Deutschland gleichgesetzt werden könnte, weil Israel in diesem »anderen«, geläuterten – oder doch auf dem Wege der Läuterung befindlichen – Deutschland einen wichtigen Bündnispartner gewinnen könne.[23] Die Verhandlungen gingen weiter, führten zum (heimlichen) Beginn einer deutsch-israelischen Zusammenarbeit im militärischen Bereich und zu der unwahrscheinlichen Freundschaft zwischen Shimon Peres und Franz Josef Strauß. Und dann kam der 14. März 1960: Konrad Adenauer und David Ben Gurion treffen sich im Hotel Waldorf Astoria in New York.

Die Geschichte der deutsch-israelischen Beziehungen, die mit diesem Treffen beginnen und im August 1965 auf diplomatischen Grund gestellt werden, kann andernorts nachgelesen werden. Aber es ist doch dieser Zusammenhang, in dem alle deutsche Beschäftigung mit Israel bis heute steht. Ich möchte diese Behauptung durch ein persönliches Beispiel belegen. Bei einem Essen im Sommer 1997 kam das Gespräch an meinem Küchentisch, wie häufig, auf Israel. Da waren, freigegeben zur Debatte, mein Buch, *Tel-Aviv. Vom Traum zur Stadt*, erschienen im Herbst 1996, und der Film *Jeckes. Die entfernten Verwandten*, den mein Freund Carsten Hueck zusammen mit Jens Meurer im Frühjahr 1997 gemacht hat. Zu Besuch war ein israelischer Journalist, der uns beiden attestierte, daß wir interessante Beiträge zur *deutschen* Geschichte geliefert hätten. »Israel ist anders.«

Ich weiß nicht, ob er, Eran Tiefenbrunn, ganz recht hat. Ich habe nur wieder lernen müssen, daß sich alles, was hier, in Deutschland, über Israel geschrieben wird, von Israel aus anders ausnimmt. Wir denken manchmal, unsere Darstellung – die nur aus einer deutschen Perspektive geschrieben sein kann, die im Jüdischen das Deutsch-Jüdische in den Vordergrund stellt – sei repräsentativ. Das ist sie nicht. Der Historiker Moshe Zimmermann benutzte auf der Abschlußdiskussion zu einem Symposium im Bonner Haus der Geschichte »aus Anlaß des 30. Jahrestages der Aufnahme diplomatischer Beziehungen zwischen dem Staat Israel und der Bundesrepublik Deutschland« im Mai 1995 eine ganz ähnliche Formulierung. Nachdem deutsche und israelische Politiker, vor allem ehemalige Botschafter beider Staaten, ihre Beiträge abgeliefert hatten, sagte Zimmermann: »Ich bin nicht zum erstenmal als Außenseiter auf einer deutschen Nabelschau. Man muß sich Gedanken machen, warum es in Israel keine parallele Veranstaltung gibt und nicht geben wird: In Israel werden nämlich andere Fragen erörtert.«[24]

Es gibt in Deutschland ein relativ – wirklich: relativ – großes Interesse an Israel. Die Zahl der Reisenden ist beträchtlich, hebräische Literatur wird viel übersetzt, die Medien berichten ausführlich, Politiker besuchen das Land regelmäßig. Die Frage, woher dieses Interesse kommt, wie es sich begründet und wie es einzuschätzen ist, ist von zentraler Bedeutung für das Selbstverständnis unserer Gesellschaft. Mit Israel hat sie wenig zu tun. Bei manchen Stellungnahmen muß man den Verdacht haben, es sei gar nicht Israel, dem das Interesse gilt, sondern Deutschland, das Wunschbild von *Germania acheret*, dem »anderen« Deutschland. Ein Schlüsselsatz in diesem Verständnis heißt: »Mit der Ermordung und Vertreibung unserer ehemaligen jüdischen Mitbürger haben wir Deutsche uns selbst nicht nur moralisch, sondern auch geistig und kulturell enormen Schaden zugefügt.«[25] Man möchte diesen Satz nehmen und ihn dem Außenminister ums Haupt flechten oder um die Gurgel binden, oder was man sonst mit solchen Erbärmlichkeiten macht. Und wenn es stimmt, und wenn es zehnmal stimmt oder millionenfach – solange unser Verhältnis zu Israel von so einem Satz bestimmt ist, werden wir uns das wirkliche Israel vom Leibe halten und in einem Wunschbild aus Deutschland verbergen.

Jahrhundertmensch

So richtig beginnt David Ben Gurions Text doch mit dem Krieg, alles andere scheint Vorbereitung und Nachtrag. Da wird es, kein Zweifel, spannend, zumal der Autor durch die Einfügung seiner Tagebucheinträge die dichte, gedrängte Atmosphäre von schnellen – und lebenswichtigen – Entscheidungen der Zeit gut vermitteln kann. Auch dieser Bericht ist als Geschichte zu lesen, als Erzählung. Ben Gurion, »who put theory into effect«, ist die bestimmende Figur, die treibende Kraft: »Denn mein moralischer Einfluß ist für die zentrale Frage erforderlich.« Kriegsgeschichten sind oft ermüdend. Aber dieser Text fasziniert bis heute. Er treibt von Anfang an, wird getrieben, auf den Krieg hin, von dem wir nachträglich wissen. Gut und Böse wird klar verteilt – dann sprechen die Waffen, denen Ben Gurions besondere Sorgfalt gilt. Das waffentragende Israel entspricht den Träumen Herzls so wenig wie unserem Idealbild – und schert sich wenig darum. Ben Gurion redet vom Krieg wie vom Alltag. Er redet auch ungehindert von »den Arabern« als Feinden. Er befindet sich im Krieg, das prägt seine Diktion, seine Wortwahl, seine Auslassungen.

Aber es gibt andere Themen, die sich durch die Erzählung vom Krieg ziehen und daraus hervorscheinen. Anita Shapira hat in ihrer Biographie von Berl Kaznelson eine Aufstellung gemacht: »Thora und Erzählung, Theorie und Forderung, Abrechnung und wieder Abrechnung«. Was gleichzeitig mit den Kriegshandlungen geschieht, ist auch ein geistiges Abenteuer, das unter der Flut aktueller Nachrichten zu verschwinden droht. So viele Themen: eine ganze Welt. Das Tagtägliche. Kultur und Wissenschaft. Die Fragen Agnons. Die

Universität. Die jüdische Tradition und die Suche nach neuer Anknüpfung. Tel-Aviv, »the baby of Zionism«. Kabbala und Chassidismus. Das Verhältnis der Arbeiterbewegung zum Jischuw. Das sind Fragen, Gegensätze, Herausforderungen, die bis in die Gegenwart herüberreichen. Daraus einen Staat zu bauen, ist ein geistiges Abenteuer erster Ordnung.

Für eine ganze Generation war die Figur von David Ben Gurion der einzige Garant dafür, daß es gelingen könnte, den Staat zu errichten und militärisch zu verteidigen *und* dabei keinen der Ansprüche zu vergessen oder zu vernachlässigen, die unter der Oberfläche »Staatsgründung« auf ihre Verwirklichung warteten.[26] Kein Thema, das er nicht behandelt hätte, keine Frage, zu der er nicht eine dezidierte Meinung äußern würde. Ob es gerade daran liegt, daß seine Gestalt heute, angesichts der zerrissenen Gegenwart, so weit entfernt scheint? Weil es uns so unwahrscheinlich vorkommt, daß es einfache Antworten geben könnte? Während der Arbeit an diesem Nachwort habe ich auch eine Rezension zu Jaacow Shabtais wunderbarem Roman *Vollendete Vergangenheit* und eine Darstellung der kulturpolitischen und künstlerischen Auseinandersetzung mit den Städten Tel-Aviv und Jerusalem in den neunziger Jahren geschrieben. Die Gedanken, die sich Shabtais Anti-Held Meir Lifschitz über die Belastungen durch seine israelische Identität macht, die neuen Romane von Etgar Keret oder Orly Castel-Blum, Kinder einer israelischen Postmoderne, oder die Zeugnisse israelischer Gegenwartskunst – was haben sie noch mit dem geraden Leben des David Ben Gurion zu tun?

Einfache Antwort: Sie haben ihm ihre Existenz überhaupt zu verdanken. Ben Gurion war der Dirigent eines Orchesters, dessen Mitglieder aus aller Welt kamen und Wünsche wie Absagen aller Art mit sich brachten. Kaum eine geistige Strömung dieses Jahrhunderts, die nicht einen israelisch-palästinensischen Vertreter kannte, kaum ein Motiv der politischen Geschichte, das sich nicht einen Winkel in Tel-Aviv oder Jerusalem erobert hätte. Daß sie fast alle überleben konnten und heute aus Israel das faszinierendste Mosaik der Welt machen, hängt so eng mit der visionären Idee Ben Gurions einer nationalen Wiedergeburt zusammen, wie sie selbst nicht glauben möchten. Als wären alle Ideologien, alle Theorien – und alle Praktiken – der versammelten Welterfahrung noch einmal zusammengetreten, um dafür – und sei es im völligen Widerspruch – etwas von sich abzugeben:

»die im Menschen verborgenen Möglichkeiten und Kräfte« sind Ben Gurions eigentliches Thema. Wenn er die »Einzigartigkeit« Israels beschwört, im Nachwort noch einmal, und von den »Wesensmerkmalen« spricht, die Israel »zu einem auserwählten Volk machen«, dann fordert er: »You must distinguish yourself in quality.« Man könnte ihn heute paraphrasieren und sagen, nicht »*durch* Besiedlung und Entwicklung des Landes« (S. 17), sondern zum Teil *trotz* der Siedlungspolitik und womöglich eines Tages auch *ohne* sie kann Israel sich selbst bewahren und nicht nur Sicherheit anstreben – die nötig bleiben wird –, sondern auch wieder und verstärkt nach einer Anknüpfung an das humanistische Erbe des Judentums suchen, im Blick auf die sozialen Spannungen im eigenen Land, im Blick auf die Palästinenser und die arabischen Nachbarländer. Diese Aufgabe bleibt bestehen, nicht in Israel allein, und Ben Gurions Lebenswerk bietet genügend Stoff für eine Auseinandersetzung um den richtigen Weg.

David Ben Gurion aus Płońsk zog sich aus der israelischen Tagespolitik immer wieder zurück nach Sde Boker, einem Kibbuz in der Wüste, wo er sich dem Studium und seinen Büchern widmete. 1970 verabschiedete er sich endgültig von der Politik, er starb am 1. Dezember 1973 in Tel-Aviv. Ein Forschungszentrum in Sde Boker arbeitet seinen Nachlaß auf, ein Museum in Tel-Aviv, am Ben Gurion-Boulevard, bewahrt die Erinnerung an den Jahrhundertmenschen.

Und in Płońsk, so berichtete Ian Buruma im Magazin der *New York Times*, trägt das alte Geburtshaus seit 1996 eine Gedenktafel, ein Museum soll eingerichtet werden; ein historischer Wettbewerb schreibt Preise für Arbeiten zur polnisch-jüdischen Geschichte aus, die alte verlorene Stadt hat sich mit dem israelischen Ort Ramat Hanegev verschwistert. Ben Gurion geht auch Europa noch immer etwas an.

Anmerkungen zum Nachwort

1 Shabtai Teveth: Ben Gurion. The Burning Ground, 1886–1948. Boston 1987, S. xi.

2 Hierzu am anschaulichsten, wenn auch etwas betulich Robert St. John: Ben Gurion. London etc. 1959.

3 Ruth Kark: Jaffa. A City in Evolution 1799–1917. Jerusalem 1990.

4 Dazu ausführlich Joachim Schlör: Tel-Aviv. Vom Traum zur Stadt. Gerlingen 1996.

5 Shmuel Josef Agnon: Gestern, Vorgestern. Roman [1946]. Frankfurt am Main 1969, S. 44.

6 Genau im Jahr 1910, als er für die Poale Zion die Redaktion der Zeitschrift Ha-Achdut (»Einheit«) übernimmt. Die Mitglieder der Partei hatten sich dazu verpflichtet, ihre Namen zu hebraisieren.

7 Amos Elon: Die Israelis. Gründer und Söhne. Wien etc. 1972, S. 133.

8 Ebd., S. 142.

9 Elon, S. 181, zit. n. Teveth, S. 96.

10 Von Petach-Tikwa bis Ssedschera, von D. Ben Gurion. In: Jiskor. Ein Buch des Gedenkens an gefallene Wächter und Arbeiter im Lande Israel. Mit einem Geleitwort von Martin Buber. Berlin 1918 (Die hebräischen Beiträge wurden für die deutsche Ausgabe von Gershom Scholem übersetzt, der seinen Namen aber nicht genannt sehen wollte und sich von der Veröffentlichung lange Zeit distanzierte.), S. 5 f. (Am Ende des Textes ist vermerkt: »New York, Erew Pessach 5676«.)

11 Elon, S. 158 f.

12 Vgl. dazu Anita Shapira: Berl Kaznelson. Ein sozialistischer Zionist. Aus dem Hebräischen von Leo und Marianne Koppel. Frankfurt am Main 1988.

13 David Ben Gurion: Israel. Die Geschichte eines Staates. Hrsg. u. aus dem Hebräischen übersetzt von Moshe Tavor. Frankfurt am Main 1973, S. 43.

14 Anita Shapira: Land and Power. The Zionist Resort to Force, 1881–1948. New York, Oxford 1992.

15 Edward W. Said: Zionismus und palästinensische Selbstbestimmung. Stuttgart 1981, S. 84 f.

16 Zit. nach Elon, Gründer und Söhne, S. 206. Vgl. dazu Arthur Ruppin: Tagebücher, Briefe, Erinnerungen. Hrsg. v. Shlomo Krolik. Mit einem Nachwort von Alex Bein. Königstein/Ts. 1985, bes. S. 413 u. 416–442.

17 Elon, Gründer und Söhne, S. 211 f.

18 Benny Morris: The birth of the Palestinian Refugee problem. 1947–1949. Cambridge etc. 1987. (Morris hat auch auf die starke Bearbeitung von Ben Gurions Tagebüchern durch Shabtai Teveth aufmerksam gemacht.) Tom Segev, Die siebte Million. Der Holocaust und Israels Politik der Erinnerung. Reinbek 1995.

19 Segev, Die siebte Million, S. 433.

20 Dr. Siegfried Moses: Die Wiedergutmachungsforderungen der Juden in Deutschland. MB Nr. 27 / 1943. Zit. nach: Der deutsch-israelische Dialog. Dokumentation eines erregenden Kapitels deutscher Außenpolitik. Hrsg. von Rolf Vogel. München etc. 1987, Teil 1: Politik, Band 1, S. 4–15; hier S. 7 (Hervorhebung von mir, J. S.).

21 Hendrik van Dam: Das Problem der Reparationen und Wiedergutmachung für Israel. Zit. nach Vogel, Der deutsch-israelische Dialog, S. 19–25; hier S. 21.

22 Die Note der israelischen Regierung zum 12. März 1951; ebd., S. 33–39.

23 Vgl. dazu auch Yeshayahu A. Jelinek: Political Acumen, Altruism, Foreign Pressure or Moral Debt – Konrad Adenauer and the ›Shilumim‹. In: Tel-Aviver Jahrbuch für deutsche Geschichte XIX / 1990, S. 77–102.

24 Moshe Zimmermann: Diskussionsbeitrag, in: ZEIT-Fragen. Israel und die Bundesrepublik Deutschland. Dreißig Jahre diplomatische Beziehungen. Bonn (Haus der Geschichte) und Berlin 1996, S, 107.

25 Bundesaußenminister Kinkel in Bonn 1995, ZEIT-Fragen, S. 15.

26 Dazu vor allem Israel Kolatt: Ben Gurion: Image and Greatness. In: Dispersion and Unity. Journal on Zionism and the Jewish World. 21 / 22, 1973 / 74, S. 7–34; nachgedruckt in David Ben Gurion: Politics and Leadership in Israel. Edited by Ronald W. Zweig. London, Jerusalem 1991, S. 15–37.

Glossar[*]

Agudat Israel: »Vereinigung Israels«. Die 1912 gegründete Partei des orthodoxen Judentums bekämpfte sowohl in Palästina wie in der Diaspora den Zionismus, nimmt aber seit Gründung des Staates Israel am demokratischen Aufbau des Landes teil. Die *Poale Agudat Israel* (»Arbeiter der Agudat Israel«) sind in ihren religiösen Auffassungen von der Agudat Israel nicht unterschieden, stehen aber sozial den Kibbuzbewegungen nahe.

Al Hamischmar: »Auf der Wacht«, die 1943 gegründete Tageszeitung des Haschomer Haza'ir, die später zum Sprachrohr der Mapam wurde.

Alijah Chadascha: »Neue Einwanderung« oder »neuer Aufstieg«, eine von der mitteleuropäischen, vorwiegend deutschen Einwanderung 1942 gegründete Partei. Die Alijah Chadascha stand in Opposition zur antibritischen Linie der Zionistischen Exekutive und lehnte auch die Terrorakte der verschiedenen jüdischen Untergrundorganisationen ab. Die Partei löste sich auf, als ihre Mehrheit den Teilungsbeschluß der UNO billigte. Aus der Alijah Chadascha ging die Progressive Partei hervor, die sich später unabhängig-liberal nannte.

Anglo-Palestine Bank, gegründet in London 1902 als Anglo-Palestine Company, später Bank Le'umi. Sitz in Tel-Aviv.

Autoemanzipation: Anspielung auf den 1882 von Leon Pinsker aus Odessa in deutscher Sprache veröffentlichten, so betitelten »Mahnruf« an die Juden, einen der wichtigsten zionistischen Texte vor dem Entstehen des politischen Zionismus unter Herzl.

Bar-Kochba: Zionistische Organisation jüdischer Studenten in Prag, benannt nach dem Führer des jüdischen Aufstandes gegen die Römer im 2. Jahrhundert u. Z.

---

[*] Für diese Ausgabe erstellt unter Verwendung der Fußnoten aus der 1973er Ausgabe.

Birobidschan: 1928 eingerichtete, für jüdische Zuwanderung gedachte autonome Region in Ostsibirien. Bis heute »Jüdische Autonome Region«, die aber nie mehr als 25000 jüdische Bewohner hatte.

Chaluz, pl. *Chaluzim*: Pionier. Ursprünglich Einwanderer, die sich zur landwirtschaftlichen Siedlung entschlossen. Im Lauf der Zeit gab man diesen Namen auch denen, die in anderen Bereichen bahnbrechend tätig sind. (Die He-Chaluz-Bewegung, in den USA von Ben Gurion und Ben Zvi ins Leben gerufen, verstand sich als Elite der Einwanderung.)

Dunam: Flächenmaß, entspricht 1000 Quadratmetern.

Ereignisse an der Klagemauer 1929: In der arabischen antizionistischen Propaganda wurde in den späten zwanziger Jahren der religiöse Faktor bedeutsam. Die Angst vor einer Gefährdung der heiligen Stätten des Islam führte zu gewaltsamen Auseinandersetzungen an der Klagemauer, die sich im August 1929 auf das ganze Land ausbreiteten und 133 Todesopfer forderten.

Ezel: Akrostichon für *Irgun Zwai Le'umi*, »Nationale Militärische Organisation«, hervorgegangen aus der revisionistischen Bewegung und nicht den gewählten zionistischen Instanzen unterworfen.

Ezion-Block: Mit diesem Namen wurde eine Gruppe von jüdischen Siedlungen in den Bergen von Hebron bezeichnet, die in den letzten Jahren des Mandats gegründet und im Krieg 1947/48 zerstört wurden. Die erste dieser Siedlungen war der im Jahre 1943 errichtete religiöse Kibbuz Kfar Ezion, der 1967 neu erstand.

Fraktion B: So wurde im Parteijargon die Gruppe der Dissidenten genannt, die sich 1944 von der Mapai abspalteten und die Achduth Awodah gründeten.

Hagana: »Verteidigung«, die von den jüdischen nationalen Instanzen anerkannte und geführte militärische Untergrundorganisation, die 1920 gegründet wurde, um Angriffe von Arabern auf jüdische Siedlungen und Juden in den Städten abzuwehren.

Haschomer Haza'ir: »Der junge Wächter«, eine unmittelbar vor dem Ersten Weltkrieg in Galizien begründete zionistische Jugendbewegung, deren erste Mitglieder 1920 als *Chaluzim* in Palästina einwanderten und Kibbuzim errichteten. Der H. vertrat eine Politik jüdisch-arabischer Verständigung und ging, nach Gründung des Staates Israel, in der *Mapam* auf.

Hasmonäer (auch Makkabäer): Die Heldenfamilie des Juda Ha-Makkabi, der die Herrschaft der Seleukiden über das jüdische Volk zu brechen suchte. Durch seine Brüder Jonathan und Simeon wurde 142 v.u.Z. die Wiederherstellung des jüdischen Staates vollendet.

Hatikwa: »Die Hoffnung«. Die Nationalhymne Israels wurde von N. H. Imber (1856–1909) verfaßt.

Histadruth: Allgemeiner Arbeitsverband, gegründet 1920 in Haifa, stark beeinflußt von Mitgliedern der Zweiten Alijah (1904–1914). Ben Gurion war Generalsekretär von der Gründung bis 1935. Die größte Organisation der jüdischen Gemeinschaft in Palästina, nach der Staatsgründung Israels mächtigster Verband mit zahlreichen Unterorganisationen.

Hohe Pforte: Sitz der Regierung des Osmanischen Reiches in Konstantinopel.

Jewish Agency: Jewish Agency for Palestine, die durch Artikel 4 des Palästina-Mandats des Völkerbundes vorgesehene und als offizielle Körperschaft anerkannte Vertretung der Juden, die in wirtschaftlichen, sozialen und anderen die Interessen der jüdischen Bevölkerung berührenden Fragen die britische Palästina-Regierung beraten und mit ihr zusammenarbeiten sollte. Die Jewish Agency war je zur Hälfte aus Zionisten und Nichtzionisten zusammengesetzt. Heute besteht ihre Aufgabe vor allem in der Werbung für die Einwanderung nach Israel und in der Integration der Einwanderer in die israelische Gesellschaft.

Jüdische Brigade: Wurde 1944 von den Engländern aus jüdischen Offizieren und Soldaten gebildet, die sich in Palästina zum Heeresdienst meldeten und zuvor in verschiedenen Einheiten der britischen Armee kämpften. Das lange Zaudern der englischen Regierung, dem Wunsch der Jewish Agency zu entsprechen und die Brigade aufzustellen, hatte politische Gründe.

Kibbuz Me'uchad: Im Laufe der Zeit schlossen sich die Kibbuzim (von denen einige die auf dem gleichen hebräischen Wortstamm beruhende Bezeichnung »Kwuza« führten) zu Verbänden zusammen, die politischen Parteien zugeordnet und z. T. angeschlossen sind: a) *Ichud Hakwuzot we-Hakibbuzim* (Mapai); b) *Hakibbuz Hame'uchad* war an die Achduth Awodah angelehnt und blieb auch nach dem Zusammenschluß dieser Partei mit der Mapai selbständig; c) *Hakibbuz Ha'arzi Haschomer Haza'ir* (Mapam); d) *Hakibbuz Hadati* (religiös-national).

Lechi: Akrostichon für *Lochamej Cherut Israel*, »Kämpfer für die Freiheit Israels«, nach ihrem 1942 von den Engländern ermordeten ersten Führer auch »Stern«-Gruppe genannt, vom Ezel abgesplittete Vereinigung, die gleichfalls nicht der Disziplin der gewählten Instanzen unterlag.

Machal bedeutet, in der hebräischen Abkürzung, »Freiwillige aus dem Ausland«.

Mapai: Abkürzung für »Mifleget Poale Erez Israel« (Partei der Arbeiter Palästinas): Sie entstand 1930 durch Zusammenschluß zweier zionistischer Arbeiterparteien und ging 30 Jahre später in der Israelischen Arbeitspartei auf.

Mapam: Akrostichon für *Mifleget Poalim Me'uchedet*, »Vereinigte Arbeiterpartei«, war ursprünglich der politische Zusammenschluß des Haschomer Haza'ir und der Achdut Awodah. Mapam entwickelte sich zur Partei des Haschomer Haza'ir.

Mischna: Kern der mündlichen Lehre des Judentums, kanonische Sammlung des Gesetzesschrifttums im zweiten Jahrhundert u.Z. Enthält sechs Hauptteile und sechs Traktate. Die Mischna wird in der *Gemara* kommentiert. Beide zusammen bilden den Talmud.

Misrachi: Abkürzung der beiden hebräischen Worte *Merkas Ruchani*, »Geistiges Zentrum«. Eine religiöse Partei innerhalb der Zionistischen Weltorganisation, die sich in Israel mit der religiösen Arbeiterpartei *Hapo'el Hamisrachi* zur Nationalreligiösen Partei (hebräische Abkürzung *Mafdal*) zusammenschloß.

Moschaw Owdim: Kooperative landwirtschaftliche Siedlungsform auf der Basis von Selbstversorgung, gemeinschaftlicher Arbeit und (im Gegensatz zum Kibbuz) privatem Landbesitz.

Naharajim: Das Kraftwerk wurde 1928 von der jüdischen Elektrizitätsgesellschaft erbaut und liegt südlich vom See Genezareth. Ein Wasserfall ermöglichte die Stromproduktion.

Oberstes Arabisches Komitee: Die im Jahr 1936 gegründete und aus den Führern der damals aktiven sechs politischen Parteien zusammengesetzte Leitung der palästinensischen Araber unter Führung des Jerusalemer Muftis Hadsch Emin el Husseini; im Jahr 1927 von den Engländern aufgelöst, 1945 mit dem Sitz außerhalb Palästinas neu eingesetzt.

Owed Zioni: War ehedem die den Allgemeinen Zionisten A angeschlossene und in der Histadruth vertretene Vereinigung von Siedlern und Arbeitnehmern.

Palmach: Abkürzung von »Plugot Machaz«, »Stoßtruppen«, unter britischer Förderung im Zweiten Weltkrieg ausgebildete Kommandoeinheit der Hagana zum Widerstand gegen das deutsche Afrika-Korps unter Erwin Rommel. Im Kampf gegen die Mandatsmacht als Untergrundformation eingesetzt. Der Palmach war weitgehend der Befehlsgewalt der Hagana entzogen und hatte seine eigenen Befehlshaber. Nach der Staatsgründung mußte er, nicht ohne anfänglichen Widerstand, in der israelischen Armee aufgehen.

Poale Zion: »Arbeiter Zions«, eine von Rußland ausgehende Bewegung der zionistischen Sozialisten. Die israelische Arbeitspartei ist aus der Poale Zion hervorgegangen.

Revisionisten: Aus der Partei oder Bewegung der Zionisten-Revisionisten unter W. Jabotinsky, die sich zeitweise auch von der zionistischen Weltorganisation abspaltete, ging nach Gründung des Staates Israel die »Cherut«-Partei hervor, die heute einen Teil des Likud-Blocks bildet.

Sepharden: Von der biblischen Bezeichnung Sefarad stammende Bezeichnung für Juden aus Spanien und Portugal und deren Nachfahren; z. T. auch für Juden aus orientalischen Ländern verwendet. Die landsmannschaftliche Liste der sephardischen Juden Israels war, wie alle ähnlichen Gruppierungen, nur von kurzem Bestand. Erst in den letzten Jahren sind solche Gruppierungen besonders im religiös-orthodoxen Bereich wieder politisch repräsentiert.

Solel Boneh ist die größte der Histadruth angeschlossene Gesellschaft für Bauwesen und verwandte Industrien. Wurde 1920 als kleine Werkstatt gegründet. Im Zweiten Weltkrieg erfüllte Solel Boneh verschiedene Verteidigungsaufgaben für die britische Armee.

Universität: Die Gebäude der Hebräischen Universität wurden auf dem Skopusberg errichtet, wo bis zum Winter 1947/48 die Lehr- und Forschungstätigkeit ausgeübt wurde. Der Waffenstillstandsvertrag mit Jordanien von 1948 erklärte das Universitätsgebiet zu israelischem Territorium, und Jordanien verpflichtete sich, den freien Zugang zu dieser Enklave zu ermöglichen. Die Verpflichtung wurde dann nicht eingehalten.

Versöhnungskommission: Palestine Conciliation Commission, der von der UNO-Vollversammlung im Dezember 1947 eingesetzte, aus Vertretern der Vereinigten Staaten, Frankreichs und der Türkei bestehende Ausschuß, der Juden und Arabern beistehen sollte, eine Lösung des Konflikts zu finden.

Wa'ad Le'umi: Die Juden Palästinas wählten zur Zeit des britischen Mandats eine parlamentarische Vertretung (*Assefar Haniwcharim*, »Versammlung der Abgeordneten«), deren Exekutive der Wa'ad Le'umi (Nationalrat) war.

Weißbuch: Offizielles Papier der britischen Regierung. Im Gegensatz zur Balfour-Erklärung von 1917, in der der britische Außenminister die Bildung eines »Jewish National Home« in Palästina befürwortete, und zum Churchill-Weißbuch von 1922, in dem das Recht der Juden auf Einwanderung bestätigt wurde, setzte das Weißbuch von 1939 der Immigration von Juden enge Grenzen. In den Jahren 1939–1944 sollten nur 75 000 Einwanderer zugelassen, die Zahl der illegalen Einwanderer davon abgezogen werden.

Wirtsvölker: Der Begriff wird wegen seiner biologistischen Anklänge heute nicht mehr verwendet. Er charakterisiert die Staaten und Gesellschaften, in deren Mitte (oder an deren Rande) Juden lebten, und sagt zugleich etwas über das Verhältnis von Mehrheit und Minderheit aus. Manès Sperber etwa verwendet den Begriff so: »Nie erfaßt das Wirtsvolk klar genug das Wesen, somit die bestimmenden Gründe des Andersseins der Minderheit, die *in seiner Mitte und doch stets am Rande* lebt, indes die Minderheit ihrerseits unbedingt die jeweils bestimmenden Beweggründe der Mehrheit rechtzeitig erkennen und deuten muß, um alles zu vermeiden, was bei der Majorität Mißstimmungen hervorrufen könnte.« (Manès Sperber, Mein Judesein)

Zionistisches Aktionskomitee: ein vom Zionistischen Kongreß gewählter parlamentarischer Ausschuß, der in den Jahren zwischen den Kongressen Beschlüsse faßt und die Exekutive kontrolliert.

Zionsliebe: Begriff für Bewegungen wie die Howewe Zion, die seit 1882 vor allem in Rußland entstanden und als Vorläufer des politischen Zionismus gelten.

Personen

beruhend auf den Fußnoten der Ausgabe von 1973,
in eckigen Klammern Ergänzungen von 1998 (soweit ermittelbar)

Abdallah (1882–1951), Sohn des Scherifen Hussein, wurde von den Engländern zum Herrscher des transjordanischen Teils von Palästina mit dem Titel Emir, später mit dem Titel König eingesetzt. Ermordet von politischen Gegnern. Er war der Großvater des jordanischen Königs Hussein.

Jigal Allon (geb. 1918), stellvertretender Ministerpräsident zur Zeit der Erstveröffentlichung. Sohn eines der Gründer von Rosch-Pina, Mitglied des Kibbuz Ginossar am See Genezareth und Mitbegründer des Palmach. [Nach dem Tod Levi Eschkols »Acting Prime Minister«; gest. 1981]

Josef Almogi (geb. 1910) geriet im Zweiten Weltkrieg in deutsche Gefangenschaft und war Vorsitzender des Verbandes der palästinensischen Kriegsgefangenen. Leitende Stellungen in der Hagana, Histadruth, Generalsekretär der Mapai, Mitglied der Knesset und von 1961 an mit Unterbrechungen Mitglied der Regierung.

Altalena war das Pseudonym von Wladimir Ze'ev Jabotinsky.

Salman Aranne (1899–1970) war bis zur Staatsgründung in leitenden Stellen der Histadruth tätig, 1948–1951 Generalsekretär der Mapai, bis 1969 Mitglied der Knesset, leitete als Minister für Unterricht und Kultur eine grundlegende Schulreform ein.

Nechemia Argov (1914–1957), der aus Riga gebürtige Adjutant und treue Gehilfe Ben Gurions, der unter tragischen Umständen ums Leben kam.

Daniel Auster (1893–1963), Anwalt, war in der Mandatszeit einige Male stellvertretender Bürgermeister und nach der Staatsgründung von 1948 bis 1951 Bürgermeister von Jerusalem.

Ehud Avriel (geb. 1917), Mitglied des Kibbuz Neot Mordechai in der Hula-Ebene im östlichen Obergaliläa, ehemaliger Botschafter in Prag, Budapest, Bukarest, Accra, Monrovia, Kinshasa und Rom.

Schaul Avigur (geb. 1899), Mitglied des Kibbuz Kinneret, eine der zentralen Persönlichkeiten bei der Organisation der »illegalen«, d. h. gegen den Willen der Mandatsbehörden durchgeführten Einwanderung von Juden nach Palästina, auch bei Waffenkäufen und anderen Sonderaufträgen vor und nach der Staatsgründung.

Schimon Awidan (geb. 1911), Bataillonskommandant des Palmach, organisierte nach dem Weltkrieg Auffanglager für »Displaced Persons«, meist Überlebende der Konzentrationslager, in Deutschland, befehligte die Givati-Brigade.

Israel Barsilai (1913–1970) war erster Gesandter Israels in Polen, nachher Gesundheitsminister, Mitglied der Knesset, gehörte dem Kibbuz Negba an.

Menachem Begin (geb. 1913), seit früher Jugend Mitglied der Revisionistischen Bewegung, kam 1942 nach Palästina; wurde Kommandant des »Ezel« und Mitbegründer der Cherut-Partei; seit 1948 Mitglied der Knesset, 1967–1979 Minister ohne Geschäftsbereich [1977–83 Ministerpräsident; Mitautor des Camp-David-Abkommens über den israelischen Rückzug von der Sinai-Halbinsel; gest. 1992].

Jizchak Ben-Aharon (geb. 1906), Arbeiterführer, Mitglied der Knesset, ehemaliger Minister für Transportwesen, von 1969 an Generalsekretär der Histadruth.

Mordechai Bentov (geb. 1900) gehörte zur alten Garde des Haschomer Haza'ir, wurde wiederholt in die Knesset gewählt und war mehrmals Minister. Gründer und erster Chefredakteur der Tageszeitung *Al Hamischmar*.

Norman Bentwich (1893–1971), englischer Zionist, 1918–1931 Kronanwalt Englands in Palästina. 1932–1951 Professor für Völkerrecht an der Hebräischen Universität Jerusalem, danach Direktor beim UN-Hochkommissar in Genf, Vorsitzender der United Restitution Organization.

Jizchak Ben-Zwi (1884–1963). Engster Freund und Mitstreiter Ben Gurions. Mitbegründer der Arbeiterpartei und der Gewerkschaft Histadruth. Zweiter Präsident des Staates Israel von 1952 bis 1963.

Raw Meir Berlin (1880–1949) hebraisierte seinen Namen zu Bar-Ilan. Einer der Führer der religiös-nationalen Bewegung Misrachi, Mitglied der Zionistischen Exekutive und des Provisorischen Staatsrates.

Graf Folke Bernadotte (1895–1948), ehemaliger Präsident des schwedischen Roten Kreuzes, ging 1948 im Auftrag der Vereinten Nationen nach Palästina und wurde von israelischen Terroristen ermordet, weil er angeblich eine proarabische Lösung des Konflikts befürwortete.

Perez (Fritz) Bernstein (1890–1971), ehemals Mitglied der Zionistischen Exekutive und der Knesset in den Jahren 1948/49, 1953/55 Minister für Handel und Industrie. In Meiningen gebürtig, lebte er bis zu seiner Auswanderung nach Israel in Holland, war dort Chefredakteur eines zionistischen Wochenblattes.

Louis Dembitz Brandeis (1856–1941) wurde 1916 als erster Jude Richter am Obersten Bundesgericht der USA.

Prof. Selig Brodetsky (1888–1954), Professor der Mathematik an der Universität Leeds, war eine der führenden Persönlichkeiten des englischen Zionismus, langjähriger Präsident des »Board of Deputies of British Jews«.

Dr. Ralph Bunche (1904–1971) war der erste schwarze Beamte im US-Außenministerium, seit 1946 Beamter der UNO, Hauptsekretär der Palästinakommission (1947), vermittelte die Waffenstillstandsverträge zwischen Israelis und Arabern, erhielt 1950 dafür den Friedensnobelpreis. Zuletzt stellvertretender Generalsekretär der UNO.

Jakob Chasan (geb. 1899), Gründer der Weltorganisation des Ha-schomer Haza'ir, Kibbuzmitglied, Mitglied der Knesset seit Grün-dung des Staates.

Abba Chuschi (1898–1969) war 1938–1951 Generalsekreṭär des Hai-faer Arbeiterrates, 1949–51 Mitglied der Knesset und danach bis zu seinem Tode Bürgermeister von Haifa.

Mosche Dajan (geb. 1915 im Kibbuz Degania) absolvierte die Senior Officers School in England, studierte Jura und Volkswirtschaft an der Universität Tel Aviv und an der Hebräischen Universität in Jerusalem. War Landwirt in Nahalal (in der Jesreel-Ebene, der ersten kooperati-ven Siedlung in Palästina, gegründet 1921), schloß sich in jungen Jah-ren der Hagana an, gehörte zu den ersten Freiwilligen der Nachtkom-mandos des englischen Generals Wingate während der Unruhen 1936–1939, verlor sein linkes Auge als Teilnehmer der alliierten Inva-sion in Syrien. Von den Engländern wurde er 1939–41 wegen seiner Betätigung in der Hagana eingekerkert. Leitete die israelische Dele-gation bei den Waffenstillstandsverhandlungen mit Ägypten und Jor-danien auf Rhodos. 1953–1958 Generalstabschef, danach Landwirt-schaftsminister, 1967 Sicherheitsminister. [Verteidigungsminister 1967–74, 1977–79 unter M. Begin Außenminister; gest. 1981]

Benjamin Disraeli (1804–1881) war wiederholt englischer Schatz-kanzler und Ministerpräsident, 1876 wurde er zum Earl of Beacons-field geadelt.

Eliahu Dobkin (geb. 1899), ehemaliges Mitglied der Zionistischen Exekutive.

Simon Dubnow (1860–1941) wurde in Riga von den Nationalsoziali-sten ermordet. Er schrieb die Weltgeschichte des jüdischen Volkes, in der die nationalen und soziologischen Aspekte besonders herausge-arbeitet sind.

Abba Eban (geb. 1915) studierte in Cambridge. 1946 Beamter der Je-wish Agency, 1947 Delegierter der Jewish Agency und später der Pro-visorischen Regierung bei der UN-Vollversammlung, danach Botschafter Israels bei der UNO und in Washington. 1960–63 Unterrichtsminister, danach stellvertretender Ministerpräsident. Von 1966 an Außenminister.

Eliahu Elath (früher Epstein, geb. 1903), früherer Leiter der Nahostabteilung der Jewish Agency, nach Staatsgründung erster israelischer Botschafter in den USA, später in England. Nach seinem Austritt aus dem diplomatischen Dienst bis 1968 Präsident der Hebräischen Universität.

Maurice Fischer (1903–1965), israelischer Botschafter in Rom, Paris und Ankara.

Israel Galili (geb. 1911), Mitglied der Knesset und einiger Kabinette, ehemals in führender Stellung in der Hagana.

Dr. Nahum Goldmann (geb. 1894 in Rußland, † 1982), ist in Deutschland aufgewachsen. 1932 emigriert. Ehemaliger Präsident der zionistischen Weltorganisation, Präsident des Jüdischen Weltkongresses, Vorsitzender der »Claims Conference«, die sich für die Wiedergutmachungsforderungen der Juden an Deutschland einsetzte.

Eliahu Golomb (1893–1945), Mitbegründer der Hagana und des Kibbuz Ejn-Charod in der Jesreel-Ebene. Bei Ausbruch der Unruhen in Jaffa 1921 organisierte er die Sicherung von Tel Aviv.

Meir Grabowski (1905–1963) hebraisierte seinen Namen zu Argov. Seit Staatsgründung bis zu seinem Tode Mitglied der Knesset, Vorsitzender des Außen- und Sicherheitsausschusses; Mitglied des Zentralkomitees der Mapai seit 1931, Mitglied der Exekutive der Histadruth.

Jizchak Grünbaum (1879–1970), zionistischer Politiker, ehemals Mitglied des polnischen Sejm und der Zionistischen Exekutive, Advokat einer mittelständischen Einwanderung. Erster Innenminister des Staates Israel.

Rose L. Halprin (geb. 1897), langjährige Vorsitzende der amerikanischen zionistischen Frauenorganisation »Hadassa« und Mitglied der Exekutive der Jewish Agency.

Isser Harel (geb. 1912) stand nach der Staatsgründung an der Spitze des israelischen Geheimdienstes. 1969 wurde er in die Knesset gewählt.

Chaim (Vivian) Herzog (geb. 1918), älterer Sohn des verstorbenen Oberrabbiners von Palästina und Israel. Im Zweiten Weltkrieg Major im englischen Heer und im Generalstab der britischen Besatzungsarmee in Deutschland. Hohe Funktionen in der israelischen Armee, Rundfunkkommentator für militärische und politische Fragen. [Chef des Armeegeheimdiensts bis 1967, Mitglied der Arbeitspartei, Botschafter bei der UNO (wo er öffentlich die Resolution zerriß, in der Zionismus mit Rassismus gleichgesetzt wurde). Israelischer Staatspräsident von 1983 bis 1993; gest.1997.]

Isaak Halevy Herzog (1888–1959), von 1936 bis zu seinem Tode Oberrabbiner von Palästina und Israel, vorher Oberrabbiner von Irland.

David Horowitz (geb. 1899) gehörte ursprünglich dem Haschomer Haza'ir an, war später Leiter der Wirtschaftsabteilung der Jewish Agency, nahm an der Errichtung der Bank Israel teil und war bis 1971 deren Leiter (Gouverneur).

Dov Hos (1894–1941), Mitbegründer der »Hagana« (der Verteidigungsorganisation der jüdischen Bevölkerung in Palästina bis zur Staatsgründung).

Abd el Kadar el Husseini, Sohn des ehemaligen Jerusalemer Bürgermeisters Mussa Kasim el Husseini, war in den dreißiger Jahren eine der zentralen Erscheinungen der arabischen Intelligenz in Palästina. In den Unruhen 1936–1939 und 1948 stand er an der Spitze arabischer Partisanen.

Hadsch Emin al Husseini (geb. 1893), der Mufti (mohammedanischer Rechtsgelehrter) war einer der wichtigsten Führer der palästinensischen Araber in der Mandatszeit, lebte während des Zweiten Weltkrieges in Berlin und kooperierte mit den Behörden des Dritten Reiches, für die er eine »Arabische Legion« gründete. Sie wurde u. a. an der deutschen Ostfront eingesetzt.

Beba Idelson (geb. 1895), Mitglied der Exekutive der Histadruth, Mitglied der Knesset von 1948–1969 und deren Vizepräsidentin, langjährige Funktionärin der Mapai und Leiterin von deren Frauenorganisation.

Wladimir Ze'ev Jabotinsky (1880–1940) stammte aus Odessa, gründete die »Union der Zionisten-Revisionisten«, die sich für eine militante politische Linie gegen England einsetzte. J. war auch publizistisch tätig und verwendete zeitweise das Pseudonym »Altalena«. Er galt auch als Advokat einer mittelständisch-bürgerlichen Einwanderung.

Edward Jacobson (1891–1955), Freund des US-Präsidenten Truman.

Prof. Jiga'el Jadin (geb. 1917), Professor für Archäologie an der Hebräischen Universität, war in den Jahren 1949–1952 Chef des Generalstabes. Bekannt insbesondere durch seine Ausgrabungen der Massada-Festung (1963–1965) und seine Forschungen über die Schriftrollen vom Toten Meer [gest. 1981?].

Dr. Dov Joseph (geb. 1899), ehemals Mitglied der Zionistischen Exekutive, wiederholt Mitglied der Knesset und der Regierung.

Elieser Kaplan (1891–1952), Leiter der Finanzabteilung der Jewish Agency, nach Gründung des Staates Israel dessen erster Finanzminister.

Schlomo Kaplanski (1884–1950), Mitglied der Zionistischen Exekutive, Leiter des Technikums in Haifa, Sozialist.

Mosche Karmel (geb. 1911), einer der Führer der Hagana und des Palmach, danach Brigadegeneral in der israelischen Armee, Mitglied der Knesset (Mapam, später Arbeitspartei), gehörte dem Kabinett der Großen Koalition an.

Fausi Kaukdschi, syrisch-libanesischer Politiker. Organisierte 1936 in Syrien Freiwillige, um den arabischen Aufstand in Palästina zu unterstützen. 1941 nahm er an der Revolution Raschid Alis im Irak teil, floh nach Berlin und stellte nach dem Zweiten Weltkrieg eine arabische Freischärler-Truppe auf, die in Galiläa von den Israelis niedergeschlagen wurde.

Teddy (Theodor) Kollek (geb. 1911) gehört zu den Gründern von Ejn Gev, des 1937 am Ostufer des See Genezareth gegründeten Kibbuz, war 1942–1945 in der Politischen Abteilung der Jewish Agency tätig; gleichzeitig auch Verbindungsmann zu jüdischen Untergrundzellen in Europa, später Gesandter in Washington, Generaldirektor im Amt des Ministerpräsidenten, seit 1965 [und bis 1992] Bürgermeister von Jerusalem.

Jizchak Meir Lewin (1894–1971) war Mitbegründer und Präsident der Agudat Israel in Polen, seit 1940 in Palästina / Israel und auch hier eine der führenden Persönlichkeiten dieser Partei; seit 1948 Mitglied der Knesset, ehemals Minister für Sozialfürsorge.

Chaim Laskov (geb.1919) besuchte die britische Militärschule, Universität Oxford, diente in der englischen Armee, hatte verschiedene hohe Posten in der israelischen Verteidigungsarmee inne, u. a. Kommandant der Luftwaffe und der Panzerwaffe, später Generalstabschef, war einige Jahre Direktor der staatlichen Hafenbehörde.

Berl Locker (1887–1972) war Mitglied der Zionistischen Exekutive in London und danach in Jerusalem, wurde auch in die Knesset gewählt.

Golda Meir, früher Myerson (geb. 1918 in Kiew [gest. 1974]), 1906 mit ihren Eltern nach Milwaukee (USA) ausgewandert, seit 1921 in Palästina, Sekretärin der Histadruth. Mitglied der Exekutive der Jewish Agency, seit 1948 Mitglied der Knesset, erste Gesandte Israels in Moskau, als Arbeitsministerin und Außenministerin Angehörige verschiedener israelischer Kabinette. Von 1969 bis 1974 Ministerpräsidentin.

Dr. Jehuda Leib Magnes (1877–1948), Kanzler und erster Präsident der Hebräischen Universität, eine der führenden Persönlichkeiten des *Brith Schalom* (»Friedensbund«), des jüdischen Verbandes für Verständigung mit den Arabern. Magnes und seine Freunde strebten einen binationalen Staat in Palästina an.

Jehuda Löb Hakohen Maimon [Fischmann] (1876–1962), Mitbegründer des Misrachi, erster israelischer Religionsminister, Herausgeber und Redakteur der religionswissenschaftlichen Zeitschrift *Sinai* in den Jahren 1936–1962.

Mordechai Makleff (geb. 1920 in Jerusalem) diente in der jüdischen Siedlungspolizei, im Zweiten Weltkrieg in der britischen Armee, gehörte zu den Offizieren der Hagana. Stand an der Spitze der israelischen Delegation bei den Waffenstillstandsverhandlungen mit Syrien und dem Libanon. 1952/53 Generalstabschef, später Direktor der Industrien am Toten Meer und danach Direktor des Citrus Board.

Schmu'el Mikunis (geb. 1903), Generalsekretär der Kommunistischen Partei Israels. Mitglied der Knesset.

Henry Montor (geb. 1905), Vizepräsident der Jüdischen Sammelaktion (United Jewish Appeal) in den USA 1939–1950, 1951–1955 Leiter des Amtes der Israel-Anleihe (Israel Bonds) in Amerika.

Louis B. Namier (1888–1960), 1919–1931 in der Politischen Abteilung der Zionistischen Organisation in London, 1931–1953 Professor für moderne Geschichte in Manchester.

Yizchak Rabin (geb. 1922 in Jerusalem), Hagana-Offizier, später in der israelischen Armee, Generalstabschef im Sechstagekrieg, danach israelischer Botschafter in Washington [bis 1973. Ministerpräsident 1974–77 und von 1992 an. Mitinitiator des Friedensabkommens von Oslo. Von einem jungen israelischen Rechtsextremisten im November 1995 in Tel Aviv ermordet].

Dr. Jizchak Raphael (geb. 1914), Mitglied der Nationalreligiösen Partei und Knessetmitglied seit 1951. In den Jahren 1948–1954 war er Mitglied der Exekutive der Jewish Agency.

Jochanan Ratner (1891–1965), Professor für Architektur an der Technischen Hochschule in Haifa, 1938/39 Oberkommandant der Hagana, später hoher Offizier im Palmach, nach der Staatsgründung israelischer Militärattaché in Moskau.

Aharon Remes (geb. 1919), Sohn von David Remes, war erster Kommandant der israelischen Luftwaffe, 1956/57 Mitglied der Knesset, später Botschafter in London, dann Generaldirektor der staatlichen Hafenbehörde.

David Remes (1886–1951), einer der Führer der Arbeiterbewegung, war vor der Staatsgründung Generalsekretär der Histadruth, danach Verkehrs- und Erziehungsminister.

Berl Repetur (geb. 1902), führendes Mitglied der Histadruth, einer der ehemaligen Leiter der Hagana, ehemaliges Mitglied des Wa'ad Le'umi.

Jakob Riftin (geb. 1907), Mitglied der ersten bis fünften Knesset für die Mapam.

Sam Irvin Rosenman (geb. 1896), Richter im Staat New York, war Berater der US-Präsidenten F. D. Roosevelt und Harry S. Truman.

Pinchas Rosen [Felix Rosenblüth] (geb. 1887), Mitglied der Knesset bis 1968, langjähriger Justizminister, seit seiner Jugend zionistisch in Deutschland tätig, wanderte 1923 in Palästina ein. 1926–1931 Mitglied der Zionistischen Exekutive in London, Mitbegründer der Alijah Chadascha und der Progressiven Partei.

Abraham Sabarsky (geb. 1897), Direktor der Arbeiterbank, war in den Jahren 1947–1949 Zahlmeister der Armee und wurde vom Sicherheitsministerium mit der Führung von Finanzverhandlungen im Ausland betraut.

Jizchak Sadeh (1890–1952) erhielt seine militärische Ausbildung im Ersten Weltkrieg in der russischen Armee. Einer der Gründer der Hagana und Oberkommandant des Palmach.

Herbert Samuel (1870–1963), langjähriges Mitglied des britischen Unterhauses, nach seiner Erhebung in den Adelsstand 1944 im Oberhaus, war in den Jahren 1920–1925 britischer Hochkommissar für Palästina.

David Schaltiel (1903–1969), geboren in Hamburg, wo er auch zur Schule ging. Führendes Mitglied der Hagana, als Brigadegeneral Kommandant des belagerten Jerusalem 1947/48, trat später in den diplomatischen Dienst ein, war Botschafter in Brasilien, Mexiko und den Niederlanden.

Chaim Mosche Schapira (1902–1970), seit der Gründung des Staates bis zu seinem Tode Abgeordneter der Knesset und, von kurzen Unterbrechungen abgesehen, Kabinettsmitglied für verschiedene Geschäftsbereiche. Vor Gründung des Staates Mitglied der Zionistischen Exekutive.

Seew Scherf, später hebraisiert Scharef (geb. 1906), war Beamter der Politischen Abteilung der Jewish Agency, wurde 1969 in die Knesset gewählt, Minister für Wohnungsbau.

Re'uven Schiloach (1909–1959), seit Gründung des Staates Israel einer der leitenden Beamten des Außenministeriums, vorher in der Politischen Abteilung der Jewish Agency tätig, Mitglied der israelischen Waffenstillstandsdelegation auf Rhodos, Gesandter in Washington.

Levi Schkolnik (1895–1969) änderte seinen Namen nach der Staatsgründung in Eschkol. Wanderte 1914 in Palästina ein, gehörte zu den Gründern einiger Kibbuzim. War Freiwilliger in der Jüdischen Legion; Delegierter zahlreicher Zionistenkongresse. Lebte von 1933 bis 1936 in Berlin, um beim Transfer jüdischen Vermögens aus Nazideutschland nach Palästina mitzuhelfen. Angehöriger des Oberkommandos der Hagana; erster Generaldirektor des Verteidigungsministeriums, Mitglied der Exekutive der Jewish Agency; seit 1950

Mitglied der Knesset und des Kabinetts zunächst als Landwirtschafts-, später als Finanzminister; von 1963 an bis zu seinem Tode Ministerpräsident und Verteidigungsminister [also in beiden Funktionen Nachfolger Ben Gurions].

Bechor Schalom Shitrit (1895–1967), seit Gründung des Staates Mitglied der Knesset und, fast bis zu seinem Tode, Polizeiminister. In der Mandatszeit war er Richter und Vorsitzender der sephardischen Gemeinde in Tel Aviv.

Leon Simon (1881–1965), englischer Zionist, übersetzte Ahad Ha'am ins Englische und einige Dialoge Platos ins Hebräische. War in der Leitung der Hebräischen Universität Jerusalem.

Dr. Mosche Sneh (1909–1972) wanderte 1940 in Palästina ein, war Mitglied der Zionistischen Exekutive, ging später von den Allgemeinen Zionisten A zur linkssozialistischen Mapam über und wurde 1954 Mitglied der Kommunistischen Partei. Abgeordneter der Knesset in mehreren Legislaturperioden.

Rudolf G. Sonneborn (geb. 1898), Petroleumindustrieller, einer der Führer des amerikanischen Judentums.

Nachum Sokolow (1860–1937), Publizist und Schriftsteller, übersetzte Werke Theodor Herzls ins Hebräische, u. a. den Roman Altneuland, den er (nach Ezechiel 3,15) Tel Aviv (»Frühlingshügel«) nannte. Daher stammt auch der Name der 1909 gegründeten Stadt. Sokolow war 1931 bis 1935 Präsident der Zionistischen Weltorganisation.

Josef Sprinzak (1885–1959), Mitbegründer der Histadruth und der Mapai, erster Präsident der Knesset.

David Marcus Stone (1902–1948), amerikanischer Oberst. Studierte Jura und war in Westpoint. Beteiligte sich an der Landung in der Normandie, war Richter in den Nürnberger Prozessen und Berater der Hagana. Fiel durch einen tragischen Zufall bei Jerusalem.

Nachum Verlinsky (geb. 1895) war in wirtschaftlichen Institutionen der Gewerkschaft tätig, leitete später deren landwirtschaftliche Vermarktungskooperative »Tnuva«.

Serach Warhaftig (geb. 1906), ehemals eine der prominenten Persönlichkeiten des Hapo'el Hamisrachi, später der Nationalreligiösen Partei. Seit 1948 in der Knesset und Mitglied einiger Kabinette als Religionsminister.

Meir Wolf Weisgal (geb. 1894), Gründer des Weizmann-Instituts in Rechowoth, das er bis zum Jahre 1969 leitete. Weisgal ermöglichte Max Reinhardt und Franz Werfel nach deren Einwanderung in die Vereinigten Staaten die künstlerische Betätigung in dem ihnen fremden Land.

Joseph Weitz (geb. 1890), stellvertretender Vorsitzender des Verwaltungsrates des Jüdischen Nationalfonds, Leiter der Forstabteilung, später der israelischen Bodenverwaltung.

Dr. Chaim Weizmann (1874–1952), erster Präsident des Staates Israel, vorher langjähriger Präsident der Zionistischen Weltorganisation.

Meir Wilner (geb. 1918), Mitglied der Knesset für die Kommunistische Partei Israels (hebr. Maki) und, nach deren Spaltung 1965, für die »Neue Kommunistische Liste« (hebr. Rakach) und deren Generalsekretär.

Aron Zisling (1901–1964), zentrale Persönlichkeit in der Kibbuzbewegung, Mitglied des Wa'ad Le'umi. Mitglied der Zionistischen Exekutive, Angehöriger der Leitung zahlreicher Histadruth-Unternehmungen.

Orte

beruhend auf den Fußnoten der Ausgabe von 1973

Afikim, »Flußarme«: 1928 am westlichen Jordanufer gegründeter Kibbuz.

Ajelet Haschachar, »Der Morgenstern«: Die Geschichte dieses Kibbuz geht bis zum Jahr 1916 zurück. Der Name ist an die Bezeichnung eines früher in der Nähe befindlichen arabischen Dorfes angelehnt.

Akko: Der älteste, noch aus der Zeit der Kanaaniter stammende Hafen des Landes. 22 km nördlich von Haifa. Hatte seine große Zeit in der Periode der Kreuzfahrer. Napoleon versuchte vergeblich, die Festung zu erobern. Nach Gründung des Staates Israel wurden in den alten und neuen Teilen der Stadt, die zur Zeit der Veröffentlichung etwa 35 000 Einwohner zählte, jüdische Einwanderer angesiedelt.

Aschdod: 1956 gegründete moderne israelische Hafenstadt nördlich von Gaza. In biblischer Zeit eine der wichtigsten Philisterstädte.

Aschdot Ja'akov, »Die Wasserfälle Jakobs«: 1934 gegründeter Kibbuz am Jordan. Der Name ist dem Andenken Baron Jakob Rothschilds gewidmet, dem der Erwerb des Bodens der Siedlung zu verdanken ist.

Atarot: Siedlung nördlich von Jerusalem. 1914 gegründet, mußte während des Ersten Weltkrieges aufgegeben werden, 1922 von neuem aufgebaut und 1948 von Jordanien zerstört. Der Flughafen von Jerusalem befindet sich in der Nähe der ehemaligen Siedlung.

Awichail: Das Dorf, in der Nähe von Kfar Vitkin gelegen, wurde 1932 von ehemaligen Angehörigen der jüdischen Einheiten, die während des Ersten Weltkrieges in der englischen Armee dienten, gegründet.

Bab-el-Wad, hebr. Scha'ar Hagai, ist die Stelle, an der die Straße nach Jerusalem die Ebene verläßt und der Anstieg in das Gebirge Juda beginnt.

Beerschewa: Die aus biblischen Zeiten stammende Stadt, 107 km südlich von Tel Aviv gelegen, war, als sie am 28. Oktober 1948 von israelischen Truppen eingenommen wurde, ein kleiner, von Arabern bewohnter Marktflecken. Die Stadt hatte zum Zeitpunkt der Veröffentlichung eine Bevölkerung von fast 80 000 [so auch heute] und ist ein industrielles und landwirtschaftliches Zentrum für den Süden Israels. [Die 1965 gegründete Universität trägt den Namen Ben Gurion.]

Beer-Tuvia: 1896 errichtetes Dorf an der Straße in die Negev-Wüste. Den Boden hatte Baron Rothschild 1887 erworben. Die Namensnennung erfolgte in Anlehnung an die Bezeichnung eines kleinen arabischen Dorfes in der Nähe, das Bir Tabia hieß.

Beth Govrin: Eine schon im Altertum berühmte Stadt am Rande der Küstenebene und am Fuß des Gebirges Juda gelegen. Gegenwärtig ein Kibbuz.

Beth Machsir, heute *Beth Meir*: Ehemals arabische Siedlung, deren Einwohner im Mai 1948 aus dem Ort flüchteten. Die Siedlung trägt heute den Namen Meir Bar-Ilans (Berlin), des bald nach der Staatsgründung verstorbenen Präsidenten des Misrachi.

Beth Schean (Beisan): Eine der ältesten Städte des Landes, zwischen dem Jesreel-Tal und der Jordansenke und auf der alten Straße von Damaskus nach Ägypten gelegen. Zur Zeit des Mandats ein arabischer Marktflecken, dessen Einwohner 1948 flohen. Ein Jahr später begann die Besiedlung des Ortes durch Juden.

Beth Sera: Der Name dieses 1926 entstandenen Kibbuz ist neu und bedeutet etwa »Haus des Samens«, wodurch der Wille zur Rückkehr in die Landwirtschaft bekundet werden soll.

Degania A und B. Die beiden Kibbuzim in unmittelbarer Nachbarschaft am Südende des See Genezareth gelegen, werden Degania A und B genannt. Degania A, der erste Kibbuz überhaupt, wurde 1909 gegründet. Degania B entstand 1920. Der Name kommt vom hebräischen Dagan (Getreide) und dokumentiert die Entschlossenheit der ersten Siedler, Bauern zu werden.

Dorot: 1941 gegründeter Kibbuz in der Küstenebene am Nordzipfel des Negev. Der Name ist ein Akrostichon zur Erinnerung an den bei einem Verkehrsunfall getöteten Arbeiterführer Dov Hos, seine Frau und seine Tochter.

Eilat: Hafenstadt am Roten Meer, wird schon in der biblischen Geschichte der Wüstenwanderung erwähnt und war zur Zeit der judäischen Könige die Ausgangspforte auf dem Seeweg nach Süden. Später kamen Edomiter, Nabatäer und Römer dorthin.

Ejn Schemer: Der Name wurde von den ersten Siedlern (1927) geprägt und spielt auf die Zugehörigkeit des Kibbuz zur Bewegung des Haschomer Haza'ir an.

El-Arish: Die ehemalige Hauptstadt des Sinai-Bezirks mit dem Sitz eines britischen Gouverneurs, 47 km südlich von Rafiach, der südlichsten Stadt des Mandatsgebiets Palästina.

Gan Jawne: 1931 gegründetes Dorf, unweit von Gedera (etwa 25 km südlich von Tel Aviv). Genannt nach dem Jawne der alten Geschichte.

Gedera: »Umzäuntes Gelände«, nach Hosea 2,8. Gegründet 1884.

Gescher, »die Brücke«: So genannt, weil der 1939 gegründete Kibbuz in der Nähe der Brücke über den Jordan auf der Straße nach Bagdad liegt.

Geser: Kibbuz an der Straße Ramle–Latrun, der seinen Namen von dem in der Nähe befindlichen Rest des biblischen, bei Josua und im Buch der Richter genannten Ortes bezog. Gegründet 1945.

Hartuv: 1895 gegründete Siedlung, die 1929 vernichtet und später wieder aufgebaut wurde. Während des Unabhängigkeitskrieges mußte sie erneut geräumt werden.

Hulda: Kibbuz am Rande der Küstenebene. Die Siedlung entstand ursprünglich 1907, der Kibbuz wurde westlich von ihr 1929 gegründet und glich seine Bezeichnung dem Namen eines früheren arabischen Dorfes an. Hulda war eine Prophetin zur Zeit Königs Josias (2. Buch Könige 22,12–20; Buch der Chronik 34, 20–28).

Jad Mordechai: Kibbuz in der Küstenebene, an der Straße nach Gaza gelegen, gegründet im Dezember 1943 und nach Mordechai Anilewitsch, dem Kommandanten des Ghettoaufstands in Warschau, benannt.

Kfar Szold: Kibbuz im Hulegebiet, gegründet 1942 und benannt nach Henrietta Szold, der Gründerin der Zionistischen Frauenorganisation »Hadassa« in den Vereinigten Staaten und 1933 Initiatorin der »Jugend-Alijah«, die sich um die Rettung von Jugendlichen aus Nazideutschland bemühte.

Kfar Vitkin: Eine 1939 gegründete Gemeinschaftssiedlung (Moschaw Owdim), die nach einem der ersten Lehrer im modernen jüdischen Palästina, Josef Vitkin, benannt ist. Der Ort liegt südlich von Nethanja.

Kfar Warburg: Ein im Süden des Landes gelegenes, 1939 gegründetes Dorf, das nach Felix Warburg, einem jüdischen Philanthropen in den USA, Präsident des American Jewish Committee sowie der Jewish Agency, benannt wurde.

Kinneret: Kibbuz am Südwestufer des See Genezareth (Kinneret), nach dem er benannt ist. Ursprünglich 1908 gegründete Siedlung, die erst später zu einem Kibbuz wurde.

Kirjat Anawim: Kibbuz im Westen Jerusalems an der Straße in die Ebene. Gegründet 1920. Der Name bezieht sich auf ein früher dort befindliches Dorf.

Lahawot Habaschan, »Die Fackel des Baschangebirges«: 1945 im östlichen Obergaliläa gegründeter Kibbuz. Der Name bezieht sich nicht auf biblische Quellen.

Latrun ist ein arabisches Dorf im Tale Ajalon, auf dem Weg von Jerusalem nach Tel Aviv gelegen.

Lod und das benachbarte *Ramle* liegen etwa 15 km südöstlich von Tel Aviv. In Lod ist der internationale israelische Flughafen [heute: Ben Gurion Airport], durch Ramle führt die [alte] Straße nach Jerusalem.

Ma'aleh Hachamischa: »Hügel der Fünf«. Kibbuz im Westen Jerusalems an der Straße in die Ebene. Gegründet 1938, benannt nach fünf Mitgliedern der Gründungsgruppe, die bei einer Baumpflanzung in der Nähe des Kibbuz, noch vor seiner Errichtung, getötet wurden.

Massada: 1937 in der Jordanebene gegründeter Kibbuz, der den Namen der [herodianischen] Bergfestung am Südende des Toten Meers annahm.

Mikwe Israel: »Hoffnungen Israels«, nach Jeremias 17,13. Gegründet 1870.

Mischmar Hajarden: »Wacht am Jordan«, 1884 gegründet. Das Dorf, das im Juni 1948 von den Syrern erobert und zerstört wurde, liegt in der Nähe einer Brücke über den Jordan.

Na'an: Kibbuz in der Nähe von Rechowoth, gegründet 1930. Sein Name ist dem eines arabischen Dorfes, das sich in der Nähe befand, angeglichen.

Negba: Der Kibbuz war, als er 1939 gegründet wurde, der südlichste Punkt des jüdischen Siedlungswerkes auf dem Wege in den Negev, daher auch der Name.

Nethanja: Küstenstadt nördlich von Tel Aviv auf dem halben Weg nach Haifa. Benannt nach dem amerikanisch-jüdischen Philanthropen Nathan Strauss. Gegründet 1929 als landwirtschaftliche Siedlung, in der hauptsächlich Zitrusplantagen angelegt wurden. Hatte zur Zeit der Erstveröffentlichung 65 000 Einwohner.

Neveh Ja'akow: Siedlung nördlich von Jerusalem, benannt nach einem Gründer des Misrachi »Wohnstätte Jakobs [Reines]«, entstand 1924. Wie Atarot 1948 zerstört und nach 1967 als Wohnbausiedlung neu errichtet.

Nir'am: Kibbuz an der Grenze des Gazastreifens, gegründet 1943. Der Name ist neu und bedeutet etwa »ein für das Volk gepflügtes Feld«.

Nirim: »Furchen«, ist ein 1946 gegründeter Kibbuz im westlichen Negev. Nach 1948 wurde der Kibbuz neu, und zwar nördlich von seiner ursprünglichen Lage, errichtet.

Petach Tikwa: »Tor der Hoffnung«, nach Hosea 2,17. Gegründet 1878.

Rafiach (arabisch Rafa): Kleines Städtchen südlich vom Gazastreifen und jenseits der Grenze des ehemaligen britischen Mandatsgebiets Palästina.

Ramalla liegt nördlich von Jerusalem.

Ramat David: Kibbuz in der Jesreel-Ebene, an der Straße Haifa–Afula gelegen. Nach David Lloyd George, dem englischen Ministerpräsidenten zur Zeit der Balfour-Deklaration, benannt.

Ramat Rachel: Kibbuz südlich von Jerusalem, gegründet 1926, benannt nach dem in der Nähe befindlichen Grab Rachels.

Rischon-le-Zion: »Erster in Zion«, nach Jesaia 41,27. Gegründet 1882.

Rosch-Pina: »Eckstein«, nach Psalm 118,22. Gegründet 1879.

Ruchama: »Erbarmen«, Kibbuz im Zentralnegev, gegründet 1944. Die Bezeichnung des Ortes ist aus Hosea 2,3 entnommen: »Nennt eure Brüder: Ammi (mein Volk), und eure Schwestern: Ruchama (Erbarmen).«

Scha'ar Hagolan: »Tor zum Golan«, 1937 errichteter Kibbuz.

Sedschera: Erster jüdischer Siedlungspunkt im Unteren Galiläa, hebräischer Name des Ortes: *Ilania*. Hier wurde 1907 die erste Genossenschaft jüdischer landwirtschaftlicher Arbeiter im Galiläa-Bezirk gegründet. Sedschera war einer der ersten Arbeitsplätze Ben Gurions nach seiner Einwanderung in Palästina.

Sichron Ja'akow: »Dem Gedenken Jakobs«. Gegründet 1882, zur Erinnerung an den Vater des Barons Edmond de Rothschild, Jakob (James).

Zemach: Ein am Südende des See Genezareth gelegenes Städtchen, das von Arabern bewohnt war und in den Kämpfen von 1948 zerstört wurde.

Nelson Mandela

Der lange Weg zur Freiheit

Autobiographie

Deutsch von Günter Panske

Band 13804

Kaum ein anderer Politiker dieses Jahrhunderts symbolisierte in solchem Maße die Friedenshoffnungen der Menschheit und den Gedanken der Aussöhnung aller Rassen auf Erden wie der ehemalige südafrikanische Präsident und Friedensnobelpreisträger Nelson Mandela, dessen Rolle für seinen Kontinent mit der Gandhis für Indien verglichen wurde. Seine trotz langer Haft ungebrochene Charakterstärke und Menschenfreundlichkeit haben nicht nur die Bewunderung seiner Landsleute, sondern aller friedenswilligen Menschen auf der Welt gefunden.

Obwohl als Häuptlingssohn, hochgebildeter und sprachenkundiger Rechtsanwalt gegenüber der schwarzen Bevölkerung privilegiert, war er doch nicht von vornherein zum Freiheitskämpfer und international geachteten Politiker prädestiniert. Erst die fast drei Jahrzehnte während Gefängnishaft hat ihn zum Mythos der schwarzen Befreiungsbewegung werden lassen. Nelson Mandelas Lebensgeschichte ist über die politische Bedeutung hinaus ein spannend zu lesendes, kenntnis- und faktenreiches Dokument menschlicher Entwicklung unter Bedingungen und Fährnissen, vor denen die meisten Menschen innerlich wie äußerlich kapituliert haben dürften.

Fischer Taschenbuch Verlag

Barbara Tuchman
Die Torheit der Regierenden
Von Troja bis Vietnam
Band 15394

Barbara Tuchman untersucht die vielleicht faszinierendste
Paradoxie der Geschichte: die Verwirklichung einer Politik,
die dem Eigeninteresse der Regierenden entgegensteht. Sie
führt den Leser an vier entscheidende Schauplätze. Der erste
ist der Trojanische Krieg. Gegen göttliche Omen und Be-
schwörungen aus den eigenen Reihen handelnd, ziehen die
Trojaner das Pferd in ihre Mauern und verurteilen sich selbst
zum Untergang. Das hölzerne Pferd ist das Symbol eines
Wahns, der heute existenzgefährdend geworden ist. Die sechs
Jahrzehnte päpstlicher Torheiten stellt sie im zweiten Abschnitt vor: Korruption, Amoral und Machthunger, die
hochmütige Nichtachtung aller Proteste und Klagen, die zum
Protestantismus und zu den Religionskriegen führten. Im
dritten Kapitel erzählt sie, wie Georg III. und seine Regierung die Beziehungen zu den Siedlern in den amerikanischen
Kolonien zerstörten. Die Verblendung der britischen Krone
und ihrer Berater machte aus Untertanen Rebellen und besie-
gelte den Verlust eines Kontinents. Und schließlich analysiert
sie Amerikas Verwicklung in Vietnam – von Franklin D. Roo-
sevelts zögernder Unterstützung des französischen Koloni-
alismus in Indochina über die unsinnige Domino-Theorie bis
zu Lyndon B. Johnsons törichtem Bestehen auf einem militärischen Sieg und der kaum verhüllten Niederlage der USA.

Fischer Taschenbuch Verlag

Hans Fenske
Dieter Mertens
Wolfgang Reinhard
Klaus Rosen
Geschichte der politischen Ideen
Von der Antike bis zur Gegenwart

Band 15756

Die zweieinhalb Jahrtausende der faszinierenden Geschichte politischen Denkens, politischer Ideen, Programme und Entwürfe werden in diesem Kompendium für den Leser lebendig und anschaulich dargestellt. Für die Antike werden Aischylos, Sophokles und Euripides, ferner Thukydides, Platon und Cicero ausführlich gewürdigt, für das frühe Christentum Ambrosius v. Mailand und Augustin, für die Epoche des Mittelalters Thomas v. Aquin, Wilhelm v. Ockham und Dante, für die Frühe Neuzeit Luther, Machiavelli, Hobbes, Montesquieu, Rousseau und Adam Smith. Die großen miteinander konkurrierenden Staatssysteme erläutern die Verfasser am Beispiel ihrer einflußreichen Repräsentanten. Abbé Sieyès, Kant und Hegel stehen für den politischen Liberalismus ein, Metternich, v. Haller und Disraeli für den Konservatismus, Marx, Engels, Lenin für den Sozialismus, Mussolini für den Faschismus und Hitler für den Nationalsozialismus. Als Verfechter eines politischen Nationalismus werden Ho Chi Minh und Mao Tse-tung, Gandhi und Nehru, Senghor und Nasser vorgestellt.

Fischer Taschenbuch Verlag